JALOSTOTITLÁN

PADRONES PARROQUIALES

VOLUMEN 1

1649 · 1650 · 1670

SERGIO GUTIÉRREZ

ÍNDICE

INTRODUCCIÓN 1

PADRÓN DE 1649 13

Padrón y memoria de la gente confesión y comunión de este año de mil seiscientos y cuarenta y nueve de este partido de Jalostotitlán así de los indio naturales de los pueblos de dicho partido, como de los españoles de las estancias y labores, indios laborios, esclavos y gente de servicio siendo Cura Beneficiado el Licenciado Diego de Camarena.

PADRÓN DE 1650 57

Padrón y memoria de los pueblos de indios de este partido de Jalostotitlán, y de las estancias, labores y ranchos de españoles de dicho partido de este año de mil seiscientos y cincuenta. Siendo cura beneficiado el licenciado Diego de Camarena. Los que van señalados con dos cruces son de confesión y comunió. Los que con una [cruz] de confesión.

PADRÓN DE 1670 103

Padrón de este año de mil seiscientos y setenta. Los que llevan esta señal ✝✝ *son de confesión y comunión. Y los de esta* ✝ *de solo confesión. Fecho por Juan Gómez de Santiago, Cura Beneficiado de este partido de Xalostotitlán.*

BIBLIOGRAFÍA 129

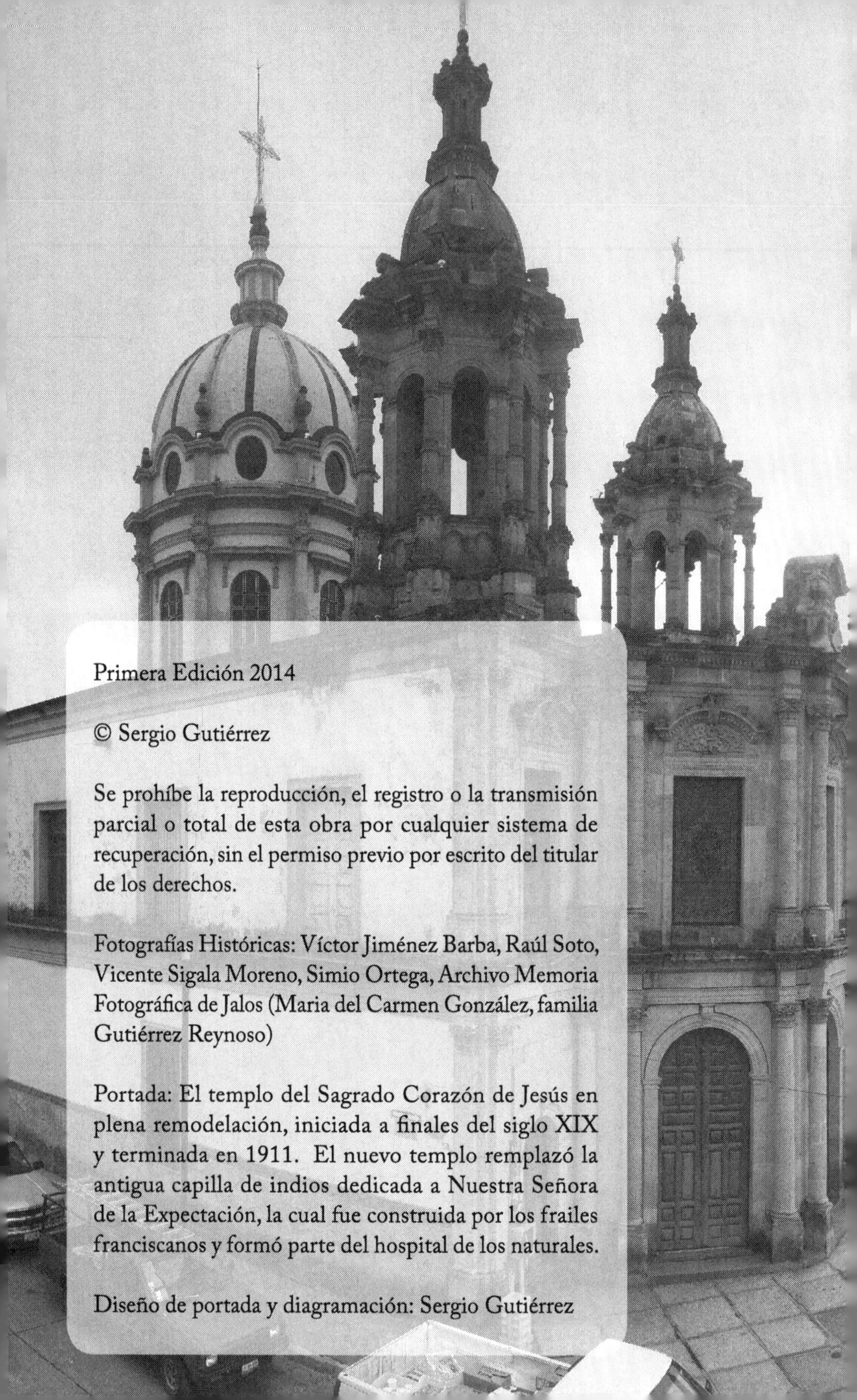

Primera Edición 2014

Fotografías Históricas: Víctor Jiménez Barba, Raúl Soto, Vicente Sigala Moreno, Simio Ortega, Archivo Memoria Fotográfica de Jalos (Maria del Carmen González, familia Gutiérrez Reynoso)

Portada: El templo del Sagrado Corazón de Jesús en plena remodelación, iniciada a finales del siglo XIX y terminada en 1911. El nuevo templo remplazó la antigua capilla de indios dedicada a Nuestra Señora de la Expectación, la cual fue construida por los frailes franciscanos y formó parte del hospital de los naturales.

Diseño de portada y diagramación: Sergio Gutiérrez

Para mi querida esposa Griselda,

y Anna Victoria, mi hija.

Parroquia de Nuestra Señora de la Asunción de Jalostotitlán

INTRODUCCIÓN

A través de los años los curas de Jalostotitlán, como en las demás parroquias de la Iglesia Católica, levantaron padrones con cierta periodicidad cuyo objeto era conocer la cantidad de personas que comprendían su feligresía, así como su extensión geográfica y límites precisos. Gracias a la labor de esos párrocos, hoy existen varios padrones de la parroquia de Jalos que fueron realizados durante el periodo de mediados del siglo XVII hasta finales del siglo XIX. Ya que son muchos los padrones para publicar en una sola obra, he decidido dividir la información en una serie de libros. En el primer volumen, de esta serie, me limito a reproducir los primeros tres padrones que se levantaron durante el siglo XVII, los cuales paleografié completamente. En el siguiente volumen, que saldrá posteriormente, incluirá el resto de los padrones de dicho siglo. En un futuro cercano, me daré a la tarea de paleografiar y publicar algunos de los padrones de los siglos XVIII y XIX. Esta obra incluye el primer padrón que fue hecho en 1649, mientras que los restantes fueron levantados en 1650 y 1670. La mayoría de éstos junto con otros padrones de Jalos se encuentran resguardados en el Archivo Histórico de la Archidiócesis de Guadalajara, también conocida como la Sagrada Mitra, mientras los demás pueden consultarse en la notaría de la Parroquia de Nuestra Señora de la Asunción de Jalostotitlán. Gracias al Presbítero José R. Ramírez Mercado[1] obtuve una copia del padrón de 1649, el más antiguo que se conoce hasta el momento, fue levantado por el señor cura Diego de Camarena, mientras los otros cinco se deben al licenciado Juan Gómez de Santiago, cura de dicha parroquia en los años de referencia.

[1] Archivo Particular del padre José R. Ramírez Mercado, Padrón del Partido de Jalostotitlán, 1649.

Ubicación de la región conocida como Los Altos de Jalisco

A continuación explicaré brevemente cómo fue la fundación de la parroquia de Jalos, su extensión durante el siglo XVII, la definición del Padrón y finalmente el por qué los padrones son importantes para los investigadores, en particular para quienes estén armando su árbol genealógico.

Antes de proceder al análisis de los padrones, es importante hablar primero sobre la creación de la parroquia de Jalostotitlán, también conocida como "Beneficio de los Tecuexes" y las circunstancias que acompañan a su fundación. Durante el virreinato, la parroquia de Jalostotitlán, cuya jurisdicción, se conoce como feligresía o partido, pertenecía al Obispado de la Nueva Galicia, con sede en Guadalajara, capital del Reino de la Nueva Galicia y hoy del estado de Jalisco. En el año de 1572, se desprendió del partido de Teocaltiche una nueva y muy extensa parroquia, que también llevó el nombre de Beneficio de los Tecuexes. Su sede primera estuvo en el antiguo pueblo de Mitíc y años después se pasó a Jalostotitlán. La parroquia de Teocaltiche fue la primera parroquia erigida en la región de los Altos de Jalisco, ya que había sido fundada hacia 1550. En su momento y a petición de los naturales, el Obispo de Guadalajara Don Francisco

Aproximaciones de los límites de las feligresías en los Altos de Jalisco

Gómez de Mendiola, erigió la parroquia porque los indios Tecuexes carecían de falta de instrucción cristiana. Así lo dice una relación del Obispo, fechada en 1572:

> El beneficio de Teoqualtich es en los llanos que dicen de este obispado, es de pueblos indios, que su cabecera es Teoqualtich [...] Es tierra más fría que cálida, cáele Zacatecas a veinte leguas, tiene otra vicaría a cinco leguas que es la de los Tequexes, que sucede a esta que ágora nuevamente se ha fecho [...] y entra en lo de Teoqualtich, donde ha estado siempre incluso, hasta dos meses que se hizo vicaría y beneficio diviso por partido a pedimento de los naturales que dijeron padecer necesidad de doctrina y se le quitaron siete pueblos que eran del vicario de Teoqualtich y puse en ellos nuevo vicario. El beneficio de los Tequexes es tierra de su mismo temple y calidad, aunque los naturales son de diferentes lenguajes [...] Tendrá 400 indios este beneficio en los siete pueblos que tiene y entre ellos hay 8 vecinos españoles que viven con ellos. Es así mismo tierra llana y a donde acuden los indios de guerra chichimecas, salteadores y hacen muchos daños, muertes y robos en los naturales y españoles que caminan

San Miguel el Alto, Mezquitíc, San Juan de los Lagos, San Gaspar de los Reyes y Teocaltitán; cinco de los siete pueblos indios de la antigua Parroquia de los Tecuexes

> y también dan en los pueblos y los destruyen. Los diezmos y renta proceden de las labores de los españoles, que es tierra aparejada para ello en lo tocante al maíz y ganado.[2]

Así pues la nueva parroquia incluía los siete pueblos de indios que se le adscribieron: Xalostotitlán, Mitíc, San Gaspar de los Reyes, Mezquitíc, San Juan Mezquitíc, Teocaltitán y San Miguel el Alto. El territorio de la parroquia abarcaba en su jurisdicción lo que hoy en día son los municipios de Jalostotitlán, San Miguel el Alto, Cañadas, Valle de Guadalupe, San Juan de los Lagos, y una porción de Tepatitlán. Estos datos se conocen gracias a los archivos de la iglesia Católica, y particularmente los que resguarda la Sagrada Mitra, en atención a que la propia iglesia tuvo una intervención directa en la vida cotidiana de nuestros antepasados. Gracias a ella existen estos registros, que para los historiadores son fuente original muy valiosa que sirve para formar o corregir nuestra historia, ya sea particular, familiar, regional o nacional.

La Sagrada Mitra de Guadalajara es garante de un acervo histórico donde acuciosos investigadores han recuperado fragmentos de esa historia que se creía perdida; es por ello que se ponen a disposición de los investigadores actuales y futuros documentos recuperados del siglo XVII que hasta ahora resultaban poco accesibles; en algunos casos, cabe decir que algunos padrones, al ser fotografiados, su copia digital fue devuelta a su origen, las propias parroquias que los generaron en tiempos ya muy lejanos.

Nuestro siguiente tema, ¿Qué es un padrón?, ¿Por qué los levantaban los Curas de las iglesias? El padrón o censo de una parroquia o feligresía tiene carácter meramente estadístico y su objetivo es proporcionar información, al Cura y Obispado, sobre el número y distribución de la población en los pueblos, estancias, haciendas, labores y ranchos. Es decir, el padrón ofrece una foto fija de la sociedad dentro límites geográficos bastante precisos de dicha feligresía, en el momento de su realización.

Los padrones fueron solicitados por el propio obispo de Guadalajara que requirió se le informara puntualmente y con detalle sobre el estado que guardaba; en este caso, la parroquia de los Tecuexes, en particular sobre si sus feligreses cumplían con los santos sacramentos de comunión y confesión. El mismo modo, las autoridades eclesiásticas y civiles requerían

---

[2] Gutiérrez Gutiérrez, José Antonio, Jalostotitlán a través de los siglos Volumen Primero, Segunda Edición, Universidad de Guadalajara y Universidad Autónoma de Aguascalientes, Acento, 2001, pp. 120-121; Archivo Histórico del Estado de Jalisco (AHJ), Instrumentos Públicos, Libro IV, f. 125-126.

información lo más apegada a la realidad que pudiera, ser para saber la cantidad de personas que residían en esa jurisdicción parroquial. Para la jerarquía eclesiástica, estos datos servían para determinar si la Parroquia comprendía un elevado número de feligreses, circunstancia que impedía el cura beneficiado atendiera convenientemente sus necesidades espirituales. Si así fuera, los límites de las jurisdicciones parroquiales se ajustarían, creando nuevas parroquias, lo que efectivamente sucedió en varias parroquias de la región años después.

Enseguida haré un breve análisis sobre la importancia de los tres padrones. Los padrones son muy importantes para los historiadores, sociólogos, genealogistas y otros profesionistas de las ciencias sociales, porque proporcionan información sobre qué personas, individuos de carne y hueso, que vivían en el momento que se levantaron los padrones; y es que en algunas ocasiones, el padrón incluye no solamente a los ancianos, adultos y adolescentes, sino también niños más pequeños. El documento clasifica a las personas, estableciendo si son casados, viudos, solteros, hijos, esclavos, indios o españoles (criollos), y si la persona es soltera se indica su edad, además de que en el aspecto religioso indica si son de confesión y comunión.

Al leer y analizar los tres padrones, podrá verse que están divididos en dos partes. La primera contiene habitantes de los siete pueblos indios, mientras que la segunda incluye a los españoles, mestizos, esclavos e indios laboríos[3], que residen conviviendo en las estancias, labores y ranchos. En la segunda parte también incluye a los españoles, con sus esclavos e indios sirvientes, que residían dentro los pueblos indígenas, como Jalos y San Juan de los Lagos, porque en los demás pueblos del partido todavía no habitaban españoles ni criollos.

Los padrones de 1649 y 1650, son los más completos por su riqueza de datos, pues no solamente incluyen a los ancianos, adultos y adolescentes, sino también a los niños más pequeños, de quienes podemos saber sus edades. Estos mismos incluyen todos los pueblos indios, estancias, labores y ranchos del partido, así como su distancia en leguas de la parroquia

---

[3] Indio laborío: Expresión utilizada en los siglos del XVI al XVIII, que tenía una connotación jurídica del individuo, generalmente ligado a la explotación de la tierra en estancias y haciendas. Por desgracia este significado no viene ya en las últimas ediciones del Diccionario de la Academia de la Lengua. En Diccionarios de internet los describen como un estrato o casta inferior ubicada en la base de la pirámide social, y hasta como esclavos, cosa que es incorrecta, pues la Corona Española prohibió la esclavitud de los indios desde épocas muy tempranas (véanse las llamadas Leyes Nuevas de 1542 y 1543).

de Jalos. Finalmente, los primeros dos padrones contienen el estatus marital de los feligreses, si son solteros, casados y viudos, además de su condición racial: español, indio, mestizo o negro.

Mitíc, uno de los siete pueblos indios del partido de Jalostotitlán

En contraste con los padrones de 1649 y 1650, el que se levantó posteriormente en 1670, no es tan rico de datos. En el padrón de 1670, las edades de las personas no están incluidas, los niños que no tenían la edad para confesar ni comulgar fueron excluidos; tampoco fueron adscritos el estatus marital y condición racial de los feligreses.

Después de consultar los padrones, el lector se dará cuenta de que no había aún muchos españoles avecindados en los pueblos indios; la razón, es que por cédula real se prohibió a los españoles vivir en los pueblos indios, para evitar que abusaran de éstos. Esta prohibición aparece en las leyes de Indias. Excepcionalmente, para vivir debía solicitar al virrey y a la Audiencia que diera el permiso a nombre del rey. Así, los españoles viviendo relativamente alejados de esos pueblos, en sus estancias, labores y ranchos tenían muy poca relación con los naturales de esta tierra. En última instancia, sólo con licencia especial de la autoridad, en este caso de la Real Audiencia de Guadalajara, podían establecerse en pueblos indios, tanto de la Nueva España como de la Nueva Galicia y otros reinos que después se establecieron,[4] de manera que en los primeros tiempos, la mayoría de los criollos tenían casa en el pueblo sólo para asistir a compromisos y eventos religiosos.

Con el tiempo, la legislación se hizo más laxa al permitir la "españolización" de los pueblos y así, los españoles se expandieron hacia los pueblos indígenas pero tardó tiempo en suceder, ya que el Rey había asumido en su persona la protección de los indios prohibiéndoles apropiarse de las tierras de los naturales. En los primeros tiempos los españoles solo podían vivir en los pueblos de indios, con un permiso un permiso especial o el

[4] Gutiérrez Gutiérrez 2001, *op. cit.*, p. 4.

caso que fueran religiosos o autoridades civiles españolas. Pero al final, como se ha dicho, los pueblos de Jalos y San Juan fueron "españolizados", hecho que permitió que familias españolas, con sus sirvientes y esclavos, pudieran vivir permanentemente dentro de ellos.

Aparte de las razones ya expuestas, los padrones también son importantes porque indican la cantidad de personas establecidas en los pueblos, detalle importante para darse una idea de la extensión que tenían los siete pueblos que comprendía la parroquia de Jalos durante el siglo XVII. En todos los casos, el pueblo de San Gaspar de los Reyes siempre tuvo la mayor cantidad de población, dato curioso que ahora nos sorprende, ya que hoy Jalos, San Juan y San Miguel son mucho más grandes.

Finalmente, la razón que me parece de mayor peso para recalcar la importancia de estos tres padrones son valiosos para quienes investigan el pasado remoto, es que en 1692 ocurrió un incendio en la notaría parroquial de Jalostotitlán que destruyó varios libros eclesiásticos dejando un gran vacío de documentación relacionada con las partidas de bautismo, matrimonio y defunción anteriores al siniestro. Aunque existe más documentación

paralela, aparte de los padrones y generada antes de 1692, como dispensas matrimoniales, anotaciones del cuaderno de la Cofradía de las Ánimas de Jalos fundada en 1627 y documentación civil que los genealogistas pueden utilizar, carece de la información precisa y detallada que contienen los padrones, instrumento eficiente y muy útil para la creación de árboles genealógicos.

El mensaje final a los genealogistas, deseo sinceramente que esta obra *Jalostotitlán: Padrones Parroquiales Volumen 1* contenga la información suficiente para investigar y avanzar sus árboles genealógicos. Del mismo modo espero que el cúmulo de información ofrecido sirva para historiadores y sociólogos, demás profesionistas logren una visión lo más completa y lo más precisa posible de los primeros pobladores del centro de la Meseta Alteña.

Panorama de Jalostotitlán visto desde su rio, circa 1930.
Fotografía: José González Hermosillo

PUEBLOS Y RANCHOS DEL CENTRO DE LOS ALTOS DE JALISCO

TEOCALTICHE
Rio Verde
San José
de la Cueva
SAN GASPAR
DE LOS REYES
MEXTICACÁN
Rio Verde
Santa Isabel
La Estancia
de Abajo
Los Sauces
San Francisco
Coca
Rio de Jalos
TEMACAPULÍN
La Barranca
Potrerillos
JALOSTOTITLÁN
CAÑADAS
DE OBREGÓN
Catachimé
Tecameca
Santa Maria
de la O
Rio Verde
El Húmedo
La Laja
Los
Acahuales
El Tortuguero
Jesús María
Rio el Salto
Presa el Salto
Rio el Salto
La Llave
Salto de Agua
(Hacienda del
Salto Grande)
Rio del Valle
VALLE DE
GUADALUPE
Magueyes
PEGUEROS
Mirandilla
Mazatitlán
El Zapote

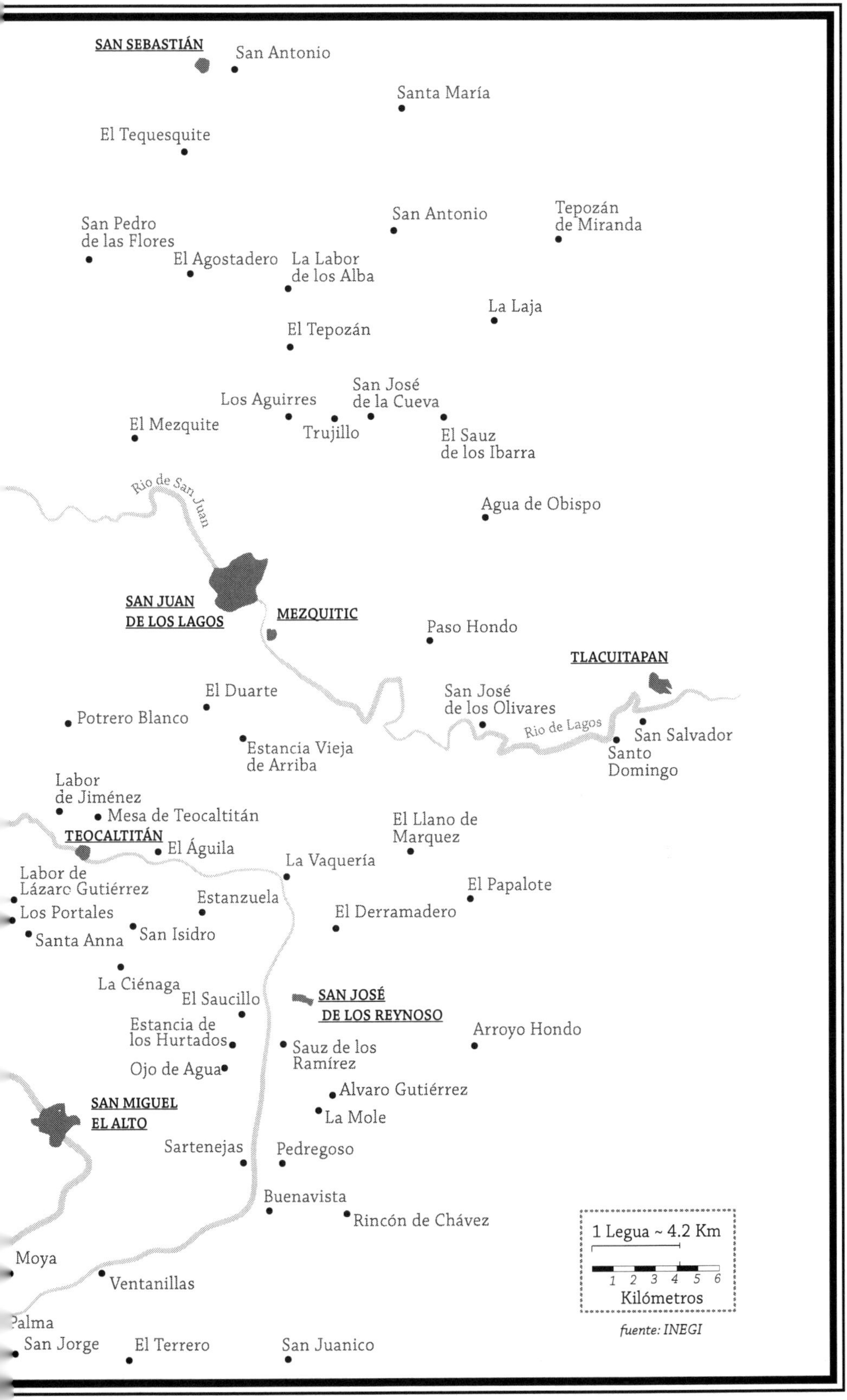

SAN SEBASTIÁN
San Antonio
Santa María
El Tequesquite
San Pedro de las Flores
El Agostadero
La Labor de los Alba
San Antonio
Tepozán de Miranda
La Laja
El Tepozán
Los Aguirres
San José de la Cueva
Trujillo
El Mezquite
El Sauz de los Ibarra
Rio de San Juan
Agua de Obispo
SAN JUAN DE LOS LAGOS
MEZQUITIC
Paso Hondo
TLACUITAPAN
El Duarte
San José de los Olivares
Potrero Blanco
Rio de Lagos
San Salvador
Santo Domingo
Estancia Vieja de Arriba
Labor de Jiménez
Mesa de Teocaltitán
El Llano de Marquez
TEOCALTITÁN
El Águila
La Vaquería
Labor de Lázaro Gutiérrez
Estanzuela
El Papalote
Los Portales
El Derramadero
Santa Anna
San Isidro
La Ciénaga
El Saucillo
SAN JOSÉ DE LOS REYNOSO
Estancia de los Hurtados
Arroyo Hondo
Sauz de los Ramírez
Ojo de Agua
Alvaro Gutiérrez
SAN MIGUEL EL ALTO
La Mole
Sartenejas
Pedregoso
Buenavista
Rincón de Chávez
1 Legua ~ 4.2 Km
1 2 3 4 5 6
Kilómetros
fuente: INEGI
Moya
Ventanillas
San Jorge
El Terrero
San Juanico

Templo del Sagrado Corazón de Jesús de Jalostotitlán

PADRÓN DE 1649

PADRÓN Y MEMORIA DE LA GENTE CONFESIÓN Y COMUNIÓN DE ESTE AÑO DE MIL SEISCIENTOS Y CUARENTA Y NUEVE DE ESTE PARTIDO DE JALOSTOTITLÁN ASÍ DE LOS INDIO NATURALES DE LOS PUEBLOS DE DICHO PARTIDO, COMO DE LOS ESPAÑOLES DE LAS ESTANCIAS Y LABORES, INDIOS LABORIOS, ESCLAVOS Y GENTE DE SERVICIO SIENDO CURA BENEFICIADO EL LICENCIADO DIEGO DE CAMARENA.

Pueblo de indios de Jalostotitlán, cabecera de este partido

Casa de Sebastián Marfil indio
- Sebastián Marfil ††
- Juana Catalina india su mujer ††
- Catalina Lucia viuda ††
- Justina Elena su hija de 15 años ††
- María Rodríguez su hija 12 años ††
- Proguata su hija de 9 años †
- Diego su hijo de 6 años †
- Francisco su hijo de 3 años
- Juan Martín indio ††
- Juana Águeda india su mujer ††
- María Salomé su hija de 4 años
- Juan Miguel indio ††
- María Magdalena su mujer ††
- Miguel su hijo de 3 años
- Bartolomé su hijo de 3 años

Casa de Miguel Sánchez indio
- Miguel Sánchez ††
- María Justina india su mujer ††
- Agustín Sánchez su hijo 18 años ††
- Ana María su hija de 14 años ††
- Andrés su hijo de 9 años †
- Miguel su hijo de 6 años †
- Diego Felipe indio ††
- Juana Concesión su mujer ††
- Miguel su hijo de 4 años
- Baltazar su hijo de 4 años hijo de Francisco Miguel y de Magdalena indios

Casa de Sebastián Bernabé indio
- Sebastián Bernabé indio ††
- Petronila Inés india su mujer ††
- Sebastián su hijo de 13 años †
- Andrés su hijo de 11 años †

Casa de Juan Miguel indio
- Juan Miguel indio ††
- Catalina Francisca india su mujer ††
- Catalina Juana india viuda ††
- Diego su hijo de 12 años †

Casa de Juan Hernández indio
- Juan Hernández indio ††
- Agustina Juan su mujer ††
- María su hija de 4 años
- Catalina Muñoz india viuda ††

Casa de Francisco Melchor indio
- Francisco Melchor indio ††
- Teresa María india su mujer ††
- José su hijo de 3 años
- Ana María india mujer de Tomás Juan indio ausente ††
- Miguel indio de 14 años ††
- Isabel su hija de 6 años
- Ana su hija de 3 años
- Baltazar su hijo de 1 año
- Alonso indio de 9 años † padres difuntos

Casa de Juan Hernández indio
- Juan Hernández indio ✝✝
- María Magdalena india su mujer ✝✝
- Catalina Hernández india viuda ✝✝ de Juan Mexicano indio difunto
- Juan su hijo solt. 12 años ✝✝
- María su hija de 10 años ✝
- Francisco su hijo de 8 años ✝
- Juan Felipe indio solt. 15 años ✝ hijo de padres no conocidos

Casa de Diego Francisco indio
- Diego Francisco indio ✝✝
- Juliana Verónica india su mujer ✝✝
- Inés su hija de 9 años ✝
- Juan su hijo de 5 años
- Diego su hijo de 3 años
- Casa de Juan Miguel indio
- Juan Miguel indio viudo ✝✝
- de Magdalena Lucía india difunta
- Agustín su hijo solt. 15 años ✝✝
- Bartolomé Ramírez indio ✝✝
- Ana Marta india su mujer ✝✝
- Nicolás su hijo de 1 año

Pueblo de indios de San Gaspar, que está de la cabecera que es Xalostotitlán, 3 leguas

Casa de Juan Lorenzo indio
- Juan Lorenzo indio ✝✝
- Luisa Magdalena india su mujer ✝✝
- Ana su hija de 8 años ✝
- María su hija de 5 años
- Pedro su hijo de 3 años

Casa de Juan Gaspar indio
- Juan Gaspar indio ✝✝
- María Magdalena su mujer ✝✝
- Miguel su hijo solt. 15 años ✝✝
- Nicolás Francisco su hijo de 6 años
- Catalina su hija de 4 años

Casa de Francisco Sebastián indio
- Francisco Sebastián indio ✝✝ sin hijos
- Ana Isabel india su mujer ✝✝
- Juan Rodríguez indio ✝✝
- Angelina Micaela india su mujer ✝✝
- Sebastián su hijo de 3 años
- Isabel india de 4 años hija de Juan Martín y de Magdalena indios ausentes

Casa de Juan García indio
- Juan García indio ✝✝ sin hijos
- Juana Isabel india su mujer ✝✝
- Diego Jacobo indio ✝✝ sin hijos
- Catalina María india su mujer ✝✝
- Casa de Juan Martín indio
- Juan Martín indio ✝✝ sin hijos
- Luisa Magdalena india su mujer ✝✝
- Diego Pérez indio ✝✝ sin hijos
- María Magdalena india su mujer ✝✝

Casa de Andrés Francisco indio
- Andrés Francisco indio ✝✝
- Francisca Magdalena india su mujer ✝✝
- Francisco Nicolás su hijo de 11 años ✝
- Miguel su hijo de 4 años
- Pedro Jacobo indio ✝✝ sin hijos
- Agustina Juana india su mujer ✝✝

Casa de Pedro Luis indio
- Pedro Luis indio ✝✝ sin hijos
- María Juana india su mujer ✝✝
- Ana Juárez india de 9 años ✝ hija de los arriba dichos

Casa de Juan Agustín indio
- Juan Agustín indio ✝✝
- Ana Cecilia india su mujer ✝✝
- Magdalena su hija solt. 14 años ✝✝
- Francisco su hijo de 7 años ✝
- Nicolás su hijo de 5 años
- Magdalena su hija de 2 años

Casa de Juan Bautista indio
- Juan Baptista indio ✝✝
- Catalina Martina su mujer ✝✝
- Magdalena su hija de 10 años ✝
- Simón su hijo de 6 años ✝
- María su hija de 3 años
- Pedro Mateo indio ✝✝ sin hijos

- María Magdalena india su mujer ††
- María Magdalena india viuda ††

Casa de Francisco Martín indio
- Francisco Martín indio ††
- Luisa Justina india su mujer
- Pedro Miguel su hijo de 7 años †
- Nicolás su hijo de 5 años
- Juan Ventura indio ††
- Ana Justina india su mujer ††
- María su hija de 2 años

Casa de Pedro Miguel indio
- Pedro Miguel indio ††
- Magdalena María india su mujer ††
- Diego su hijo de 10 años †
- Juan su hijo de 7 años †

Casa de Juan Martín indio
- Juan Martín indio ††
- Ana María india su mujer ††
- Juan su hijo de 8 años †
- Magdalena su hija de 3 años
- Francisco Sebastián indio †† sin hijos
- Catalina Juana india su mujer ††

Casa de Pedro Gaspar indio
- Pedro Gaspar indio ††
- Catalina Isabel india su mujer ††
- María Ángela su hija de 9 años †
- Ana María su hija de 4 años

Casa de Diego Jacobo indio
- Diego Jacobo indio ††
- Lucía Juan india su mujer ††
- María Magdalena india viuda ††

Casa de Diego Jacobo indio
- Diego Jacobo indio ††
- María Ana india su mujer ††
- María su hija de 3 años
- Salvador su hijo de 1 año
- Ana Isabel india viuda ††

Casa de Francisco Nicolás indio
- Francisco Nicolás indio ††
- María Magdalena india su mujer ††
- Juan su hijo de 10 años †
- Isabel su hijo de 8 años †
- Juan Gallego indio †† sin hijos
- Juana Catalina india su mujer ††

Casa de Martín Vásquez indio
- Martín Vásquez indio ††
- María Magdalena su mujer ††
- Francisco Nicolás su hijo de 5 años
- Diego Jacobo indio de 4 años
- Francisco su hijo de 2 años

Casa de Diego Jacobo indio
- Diego Jacobo indio ††
- María Magdalena su mujer ††
- María su hija de 10 años †
- Agustín Miguel indio ††
- Ana Catalina su mujer ††
- Magdalena su hija de 3 años

Casa de Juan Vásquez indio
- Juan Vásquez indio ††
- María Susana su mujer ††
- Sebastián su hijo de 1 año

Casa de Miguel Sánchez indio
- Miguel Sánchez indio ††
- Ana Isabel india su mujer ††
- Pedro Juan Solt. 18 años ††

Casa de Pedro Lucas indio
- Pedro Lucas indio †† sin hijos
- Ana Isabel india su mujer ††
- Juan Damián indio ††
- Isabel Justina india su mujer ††
- Miguel su hijo solt. 12 años ††

Casa de Antón Felipe indio
- Antón Felipe indio ††
- Magdalena Lucía india su mujer ††
- Ana su hija de 8 años †
- Miguel su hijo de 1años
- Francisco Jiménez indio †† sin hijos
- Isabel Justina india su mujer ††

Casa de Francisco Martín indio
- Francisco Martín indio ✝✝ sin hijos
- Lucía Magdalena india su mujer ✝✝
- Pedro Gerónimo indio ✝✝
- Catalina María india su mujer ✝✝
- María su hija de 10 años

Casa de Miguel Felipe indio
- Miguel Felipe indio ✝✝
- Ana Elvira india su mujer ✝✝
- Juan Vásquez su hijo de 6 años ✝
- Juan Vásquez indio ✝✝
- María Magdalena india su mujer ✝✝
- Francisco Nicolás su hijo de 2 años

Casa de Juan Bautista indio
- Juan Baptista indio ✝✝
- María Magdalena india su mujer ✝✝
- Pascuala su hija de 1 año

Casa de Magdalena Susana india
- Magdalena Susana india viuda ✝✝
- Juan Vásquez indio su hijo 12 años ✝
- Magdalena Susana su hija 10 años ✝
- María hija de la dicha de 8 años

Casa de Pedro Gaspar indio
- Pedro Gaspar indio ✝✝
- Ana María india su mujer ✝✝
- Pedro su hijo de 7 años ✝
- Juan su hijo de 5 años ✝

Casa de Diego Jacobo indio
- Diego Jacobo indio ✝✝
- Catalina Luisa su mujer ✝✝
- Magdalena su hija de 5 años
- Antón su hijo de 4 años
- Magdalena María su hija 3 años
- Francisco su hijo de 2 años
- Magdalena Isabel india viuda ✝✝

Casa de Diego Cristóbal indio
- Diego Cristóbal indio ✝✝
- María Salomé india su mujer ✝✝
- María su hija de 2 años
- Casa de Juan Francisco india
- Juan Francisco indio ✝✝
- Luisa Magdalena india su mujer ✝✝
- Lucía su hija de 6 años
- Catalina su hija de 2 años
- Andrés Martín indio ✝✝ sin hijos
- Luisa Verónica india su mujer ✝✝

Casa de Melchor Baltasar indio
- Melchor Baltasar indio ✝✝
- María Magdalena su mujer ✝✝
- Inés su hija de 9 años ✝
- Isabel su hija de 7 años ✝

Casa de Pedro Juan indio
- Pedro Juan indio ✝✝
- María Susana india su mujer ✝✝
- Jacobo su hijo de 5 años
- Sebastián su hijo de 3 años
- Antón su hijo de 1 años

Casa de Miguel Felipe indio
- Miguel Felipe indio ✝✝ sin hijos
- Magdalena María su mujer ✝✝
- Miguel Damián indio ✝✝ sin hijos
- María Magdalena su mujer india ✝✝

Casa de Juan Domingo indio
- Juan Domingo indio ✝✝
- María Salomé su mujer ✝✝
- María Magdalena su hija de 3 años
- Magdalena su hija de 1 años

Casa de Juan Miguel indio
- Juan Miguel indio ✝✝ sin hijos
- Ana María su mujer ✝✝
- Juan Bautista indio ✝✝
- Juana Pascuala su mujer ✝✝
- Antón su hijo de 9 años ✝

Casa de Antón González indio
- Antón González indio ✝✝
- Ana Magdalena su mujer ✝✝
- María su hija de 9 años ✝
- Petronila su hija de 6 años ✝
- Sebastián Bautista indio ✝✝
- Catalina Verónica su mujer ✝✝

• Juan su hijo de 4 años
• Antón su hijo de 1 año

Casa de Juan Damián indio
• Juan Damián indio ††
• Ana Isabel india su mujer ††
• Diego su hijo de 12 años †
• Miguel Juan indio †† sin hijos
• María Marta india su mujer ††

Casa de Alonso Sebastián indio
• Alonso Sebastián indio ††
• María Magdalena su mujer ††
• Gaspar su hijo de 9 años †
• Isabel su hija de 5 años †
• Nicolás su hijo de 3 años

Casa de Juan Melchor indio
• Juan Melchor indio ††
• Catalina Verónica su mujer ††
• Francisco su hijo de 3 años
• Lucía su hija de 1 años

Casa de Diego Martín indio
• Diego Martín indio †† sin hijos
• María Catalina su mujer ††
• María Magdalena buida ††

Casa de Martín Vásquez indio
• Martín Vásquez indio ††
• Catalina Juana india su mujer ††
• Pedro su hijo de 9 años †

Casa de Miguel Ángel indio
• Miguel Ángel indio ††
• María Magdalena su mujer ††
• Juan Pascual de 4 años †
• Juan Martín su hijo de 3 años

Casa de Pedro Francisco indio
• Pedro Francisco indio ††
• Magdalena María india su mujer ††
• Isabel su hija de 5 años †
• Juan su hijo de 4 años

Casa de Pedro Jacobo indio
• Pedro Jacobo indio †† sin hijos
• María Magdalena india su mujer ††
• Agustín Francisco indio †† sin hijos
• María Magdalena su mujer ††
• María Magdalena Susana viuda ††

Casa de Pedro Gaspar indio
• Pedro Gaspar indio ††
• Catalina Verónica india su mujer ††
• Juan su hijo solt. 9 años †
• María su hija de 8 años †
• Lucía su hija de 3 años

Casa de Alonso Sebastián indio
• Alonso Sebastián indio †† sin hijos
• Isabel María india su mujer ††
• Juan Gregorio indio ††
• Ana Magdalena su mujer ††
• Sebastián su hijo de 2 años

Casa de Cristóbal García indio
• Cristóbal García indio ††
• María de los Ángeles su mujer ††
• Pedro su hijo de 9 años †
• Ana su hija de 8 años †
• Lucas su hijo de 3 años

Casa de Francisco Martín indio
• Francisco Martín indio ††
• Ana Juárez india su mujer ††
• Miguel su hijo de 5 años †
• Juana su hija de 3 años
• Isabel su hija de 1 año

Casa de Juan Francisco indio
• Juan Francisco indio ††
• Petrona María su mujer ††
• María su hija de 2 años

Casa de Juan Andrés indio
• Juan Andrés indio ††
• María Magdalena india su mujer ††
• María solt. su hija solt. 12 años †
• Miguel su hijo de 6 años †
• Martín su hijo de 4 años

Casa de Diego Andrés indio
- Diego Andrés ††
- Salomé María india su mujer ††
- Pedro su hijo de 8 años

Casa de Pedro Jacobo indio
- Pedro Jacobo indio ††
- Magdalena María su mujer ††
- Ana su hija de 8 años †
- Lucía su hija de 2 años
- Lucía Bernardina india viuda †† de Juan Francisco indio difunto
- Miguel su hijo solt. 15 años ††
- María su hija de 8 años †
- Isabel su hija de 5 años

Pueblo de indios de Mitíc, que está de la cabecera 3 leguas

Casa de Juan Ávalos mestizo
- Juan Ávalos mestizo ††
- Ana María india su mujer ††
- Juan su hijo de 4 años
- Nicolás indio de 12 años † sus padres ya difuntos
- Domingo de Ávalos mestizo ††
- María Magdalena india su mujer
- Ana su hija de 10 años †
- María Clara india viuda ††

Casa de Esteban Pascual mestizo
- Esteban Pascual india su mujer ††
- Juana Ana india su mujer ††
- Miguel su hijo de 12 años †
- Antonio su hijo de 7 años †

Casa de Juan Sánchez indio
- Juan Sánchez indio viudo †† de Juana Catalina india su mujer difunta
- Isabel Sánchez su hija de 10 años †
- Diego su hijo de 9 años †
- Pascuala india solt. 15 años †
- María india de 10 años † hijas de padres ya difuntos
- Bartolomé José indio viudo ††

Casa de Francisco Gaspar indio
- Francisco Gaspar indio ††
- Melchora Petrona india su mujer ††
- Francisca su hija de 5 años †

Casa de Nicolás Martín indio
- Nicolás Martín indio ††
- Ana Lucia india su mujer ††
- Felipa de 6 años †
- Marcos su hijo de 2 años
- María Beatriz viuda ††

Casa de Pedro Miguel indio
- Pedro Miguel indio ††
- Bernardina Francisca india su mujer ††
- Francisco su hijo de 4 años
- Luis indio de 9 años †
- Vicente indio de 7 † hijos padres ya difuntos

Casa de Diego Juan indio
- Diego Juan indio ††
- Josefa Teresa india su mujer ††
- Isabel india de 9 años †
- Andrés su hijo de 7 años

Casa de Juan Miguel indio
- Juan Miguel indio ††
- Felipa Antonia su mujer ††
- Pedro su hijo de 3 años
- Gaspar Ramos indio ††
- Francisca Agustina india su mujer ††
- Mateo su hijo de 2 años
- Francisco Sánchez indio ††
- María Hernández india su mujer ††
- Clara su hija de 7 años †

Casa de Catalina Lucia india
- Catalina Lucia india viuda†† de Juan Martín indio difunto
- Miguel Ángel su hijo de 9 años †

Casa de Francisco Miguel indio
- Francisco Miguel indio ††
- Ana Lucía india su mujer ††
- Magdalena su hija de 6 años †
- María su hija de 3 años

- Tomasa su hija de 1 año
- Pedro Miguel indio †† sin hijos
- Juana Catalina india su mujer ††
- Luis Salvador viudo ††

Casa de Diego Baltasar indio
- Diego Baltasar indio ††
- Petrona Magdalena su mujer ††
- José su hijo de 12 años †
- Pedro su hijo de 10 años †
- Juan su hijo de 5 años †
- Clara su hija de 2 años

Casa de Bartolomé García indio
- Bartolomé García indio ††
- Paula Salomé su mujer ††
- Juan su hijo de 1 año
- Bartolomé García indio viudo ††

Casa de Diego Hernández indio
- Diego Hernández indio ††
- Ana Beatriz india su mujer ††
- José Hernández su hijo solt. 15 años †
- Mateo su hijo de 10 años †
- Diego su hijo de 7 años †
- Gabriel su hijo de 3 años
- Diego Juan indio †† sin hijos
- Magdalena Lucia india su mujer ††

Casa de Gaspar Martín indio
- Gaspar Martín indio ††
- Francisca María india su mujer ††
- Juan su hijo de 12 años †
- Diego su hijo de 4 años
- Juan Alejandro indio †† sin hijos
- Lorenza Catalina india su mujer ††
- Juan Francisco indio viudo ††
- De Juan Melchora india difunta
- María su hija de 9 años

Casa de Juan Diego indio
- Juan Diego indio buido ††
- Catalina Beatriz india su mujer ††
- Ana su hija de 10 años †
- María su hija de 5 años
- Juan su hijo de 3 años

Casa de Baltazar García indio
- Baltazar García indio ††
- Ana Sebastiana india su mujer ††
- Josefa su hija de 9 años †
- María su hija de 7 años †
- Magdalena su hija de 3 años
- María su hija de 1 año
- Diego Flores indio viudo ††

Casa de Juan Lázaro indio
- Juan Lázaro indio ††
- Catalina María su mujer ††
- Juana su hija de 8 años †
- Lázaro su hijo de 4 años
- Francisco Sánchez indio viudo ††
- Miguel Francisco indio viudo ††

Pueblo de indios de San Juan, que está de la cabecera 3 leguas

Casa de Domingo Felipe indio
- Domingo Felipe indio ††
- Clara Lucía india su mujer ††
- José Domingo solt. 9 años †
- Diego Domingo indio ††
- Ana María india su mujer ††
- Lorenzo su hijo de 2 años
- Tomás Flores indio de 15 años †† hijo de Juan Tomás y de María Isabel difuntos

Casa de Ana María india
- Ana María india viuda ††
- Francisca Luisa †† mujer de Bernabé García indio ausente
- Ana su hija de 6 años †
- Ana Luisa india viuda †† de Francisco Ambrosio difunto
- Polonia María su hija de 7 años †

Casa de Juan Martín indio
- Juan Martín indio ††
- Ana Lucía mulata su mujer ††
- Antonio su hijo de 8 años
- Isabel india de 8 años † hija de Miguel Gerónimo ausente y de Magdalena difunta

- Ana mestiza de 9 años †
- Pedro indio de 6 años
- Nicolás indio de 5 años
- Bárbula Juan india solt. 30 años †† hijos de padres no conocidos

Casa de Gaspar Juárez difunto

- Gaspar Juárez indio ††
- Juliana Andrea india su mujer ††
- Domingo su hijo de 7 años †
- Gaspar su hijo de 5 años
- Josefa su hija de 3 años
- Francisco Joseph indio ††
- María Francisca india su mujer ††
- Agustín su hijo de 9 años †
- Magdalena su hija de 8 años †
- Melchora su hija de 5 años
- Salvador su hijo de 2 años
- Luisa Magdalena india viuda ††
- Bernardina india de 4 años
- Benito de la Cruz mestizo solt. 26 ††

Casa de Juan de Torres indio

- Juan de Torres indio viudo †† de Isabel Hernández india difunta
- Josefa su hija de 4 años
- Pedro Andrés indio viejo viudo ††
- Juana de la Cruz mulata libre soltera de 40 años ††
- Tomasa morisca de 2 años hija de padres no conocidos

Casa de Juan Andrés indio

- Juan Andrés indio ††
- Isabel de los Santos india su mujer ††
- Salvador su hijo de 2 años
- Melchor de los Reyes indio †† sin hijos
- Ana Pascuala su mujer ††

Casa de Baltasar Juárez indio

- Baltasar Juárez indio ††
- Luisa María india su mujer ††
- Baltasar su hijo de 8 años †
- Magdalena su hija de 7 años †
- María su hija de 5 años †
- Juan su hijo de 2 años
- Andrés Juan indio ††
- María Juana india su mujer ††
- Andrés su hijo de 4 años
- León su hijo de 1 año

Casa de Juan Baptista indio

- Juan Baptista indio ††
- María Magdalena india su mujer ††
- María su hija de 4 años
- Isabel su hija de 3 años
- Juan Miguel indio †† sin hijos
- Juana de la Cruz india su mujer ††
- Juan López indio ††
- Magdalena María india su mujer ††
- Diego Felipe su hijo solt. 16 años ††

Casa de Baltasar Melchor indio

- Baltasar Melchor indio †† sin hijos
- María Salomé india su mujer ††

Casa de Sebastián Lucas indio

- Sebastián Lucas indio viudo †† de María Isabel india difunta
- Juana su hija de 8 años †
- Magdalena su hija de 6 años †
- María su hija de 3 años

Casa de Francisco Melchor indio

- Francisco Melchor indio ††
- Melchora Inés india su mujer ††
- Inés su hija de 5 años
- Juan su hijo de 1 año
- Juan Lorenzo indio viudo †† de Inés
- Miguel indio solt. 15 años ††
- Lorenzo su hijo de 7 años †
- Inés María india viuda ††

Pueblo de Indios de Mezquitíc, que está de la cabecera 4 leguas

Casa de Pedro Vásquez indio

- Pedro Vásquez indio ††
- María Inés india su mujer ††
- Pedro su hijo solt. 18 años ††
- Juan García indio ††
- Catalina Hernández india su mujer ††

- Antonia su hija de 4 años
- Marcos González indio ✝✝
- Isabel Vásquez india su mujer ✝✝
- Juan su hijo de 5 años
- Pascual su hijo de 3 años
- Francisco su hijo de 1 año
- Juan Miguel indio ✝✝
- Juana Vásquez india su mujer ✝✝
- Rafael su hijo de 4 años

Casa de Sebastián Flores indio
- Sebastián Flores indio ✝✝
- Francisca Vásquez india su mujer ✝✝
- Roque su hijo solt. 16 años ✝✝
- Lázaro su hijo solt. 14 años ✝
- Isabel su hija de 12 años ✝
- Florenciana su hija de 7 años
- Francisco su hijo de 5 años ✝

Casa de Juan Baltasar indio
- Juan Baltasar indio ✝✝
- Ana Verónica su mujer ✝✝
- Lázaro Vásquez su hijo 12 años ✝
- Bartolomé su hijo de 10 años ✝
- Juan su hijo de 7 años
- Catalina su hija de 5 años ✝
- Pedro su hijo de 2 años
- Diego Jacobo indio ✝✝
- Inés Muñoz india su mujer ✝✝
- Diego su hijo de 2 años

Casa de Esteban Miguel indio
- Esteban Miguel indio ✝✝
- Ana María india su mujer ✝✝
- Diego su hija de 8 años ✝
- Gregorio su hijo de 6 años ✝
- María su hija de 2años

Casa de Diego Miguel indio
- Diego Miguel indio ✝✝ sin hijos
- Agustina María india su mujer ✝✝
- Diego Bartolomé indio ✝✝
- María Magdalena india su mujer ✝✝
- Juan su hijo de 3 años
- Ana su hija de 1 año

Casa de Juan Gregorio indio
- Juan Gregorio indio ✝✝
- Ana Beatriz india su mujer ✝✝
- Pascual su hijo de 9 años ✝
- Juana su hija de 2 años
- Bartolomé Flores indio ✝✝ sin hijos
- Catalina Clara india su mujer ✝✝

Casa de Cristóbal Calderón
- Cristóbal Calderón mulato libre ✝✝
- Ana Isabel india su mujer ✝✝
- Francisco su hijo de 10 años ✝
- Juan Francisco indio ✝✝
- Ana Lucía india su mujer ✝✝
- María su hija de 6 años ✝
- Juan su hijo de 4 años
- Juan Miguel indio ✝✝ sin hijos
- Tomasa de la Cruz india su mujer ✝✝

Casa de Juan Mateo indio
- Juan Mateo indio ✝✝
- Ana Justina india su mujer ✝✝
- Josefa su hija de 8 años ✝

Casa de Nicolás Sánchez indio
- Nicolás Sánchez indio ✝✝ sin hijos
- Margarita Vásquez india su mujer ✝✝
- Ana india 8 años ✝ padres no conocidos
- Diego Juan indio ✝✝ sin hijos
- María Magdalena su mujer ✝✝
- Francisca Jiménez india viuda ✝✝
- Bartolomé mulato libre de 10 años ✝ hijo de padres no conocidos

Casa de Pedro de Rojas indio
- Pedro de Rojas indio ✝✝
- Pascuala Hernández india su mujer ✝✝
- Nicolás su hijo solt. 10 años ✝
- Domingo su hijo de 7 años ✝
- José Martín indio ✝✝ sin hijos
- María Josefa india su mujer ✝✝

Casa de Beatriz Ramírez india
- Beatriz Ramírez india viuda ✝✝ de Pedro Sánchez indio difunto
- Pedro su hijo soltero de 8 años ✝

- Bernandina su hija de 6 años
- Juan Felipe indio †† sin hijos
- Catalina Sánchez india su mujer ††

Pueblo de indios de Teocaltitán, que está de la cabecera 2 leguas

Casa de Francisco Miguel indio
- Francisco Miguel indio ††
- Isabel Elena india su mujer ††
- Diego su hijo de 2 años
- Miguel su hijo de 1 año
- Gaspar Melchor indio ††
- Ana María su mujer india ††
- Juan su hijo solt. 9 años †
- Juana su hija de 7 años †
- Ana su hija de 5 años †
- Ana su hija de 1 año

Casa de Francisco Gutierrez indio
- Francisco Gutierrez indio ††
- Angelina Peralta india su mujer ††
- Simón su hijo solt. 11 años †
- Josefa su hija de 9 años †
- Isabel su hija de 5 años
- Juliana su hija de 3 años

Casa de Juan Bautista indio
- Juan Bautista indio ††
- Mariana Marta india su mujer ††
- Juana su hija de 1 año

Casa de Juan Luis indio
- Juan Luis indio ††
- María Lucía india su mujer ††
- Francisca su hija de 1 año

Casa de Miguel Ángel indio
- Miguel Ángel indio ††
- Mariana Inés india su mujer ††
- Alonso su hijo de 2 años
- Juan Miguel indio viudo †† de María Magdalena india difunta
- Juan Miguel su hijo solt. 15 años ††
- Melchor su hijo de 10 años †

Casa de Baltasar Gutiérrez indio
- Baltasar Gutiérrez indio ††
- Magdalena Flor su mujer ††
- Micaela su hija de 2 años

Casa de Alonso Sebastián indio
- Alonso Sebastián indio ††
- María Susana india su mujer ††
- Felipa su hija de 3 años
- Sebastián su hijo de 1 año

Casa de Francisco Sebastián indio
- Francisco Sebastián indio ††
- María Justina india su mujer ††
- Pedro su hijo solt. 12 años †
- María su hija de 10 años †
- Angelina su hija de 5 años †
- Diego su hijo de 1 año
- Miguel Pérez indio †† sin hijos
- María Magdalena su mujer ††

Pueblo de indios de San Miguel, que está de la cabecera 3 leguas

Casa de Francisco Miguel indio
- Francisco Miguel indio ††
- Angelina Lucía su mujer ††
- Ana su hija de 9 años †
- Angelina Lucia su hija de 6 años
- Juana su hija de 4 años
- Diego su hijo de 1 año
- Gaspar Sánchez indio ††
- Ana Lucía india su mujer ††
- Magdalena su hija de 4 años
- Ana María india viuda ††

Casa de Juan Pascual indio
- Juan Pascual indio ††
- Magdalena Agustina su mujer ††
- Pablo su hijo de 12 años†
- Juan Francisco indio viudo

Casa de Cristóbal Sebastián
- Cristóbal Sebastián indio †† sin hijos
- Magdalena Isabel india su mujer ††
- María Catalina india viuda ††

- Úrsula india de 8 años † hija de Juan Miguel y de María Magdalena su mujer ausentes

Casa de Juan Diego indio
- Juan Diego indio ††
- Ana María india su mujer ††
- Hernando su hijo solt. 12 años †
- Micaela su hija de 10 años †
- Gaspar su hija de 6 años †
- María su hija de 4 años
- Francisco Bernabé indio †† sin hijos
- Catalina Hernández india su mujer ††
- Francisco Sánchez indio viudo ††

Casa de Juan Cervantes indio
- Juan Cervantes indio ††
- Ana Micaela india su mujer ††
- Agustina su hija de 6 años
- Juliana su hija de 3 años
- María su hija de 1 año

Casa de Sebastián Gutiérrez indio
- Sebastián Gutiérrez indio ††
- Francisca Cecilia india su mujer
- Juana su hija de 7 años †
- Francisca su hija de 5 años
- Magdalena su hija de 2 años

Casa de Juan Miguel indio
- Juan Miguel indio ††
- Ana María india su mujer ††
- Luisa su hija de 1 año
- Gaspar Melchor indio ††
- Luisa María india su mujer ††

Casa de Miguel García indio
- Miguel García indio ++
- Inés Cecilia india su mujer ††
- Juana García su hija de 7 años †
- Magdalena su hija de 4 años
- Micaela su hija de 2 años
- Diego Martín indio ††
- Isabel María india su mujer ††

Casa de Alonso Martín indio
- Alonso Martín indio ††
- Juana Francisca india su mujer ††
- María su hija de 8 años †
- Inés su hija de 4 años
- Cecilia su hija de 2 años

Casa de Juan Francisco indio
- Juan Francisco indio ††
- Francisca Cecilia india su mujer ††
- Juana su hija de 4 años
- Juan su hijo de 2 años

Casa de Juan Melchor indio
- Juan Melchor indio ††
- Agustina Clara su mujer ††
- Juan Dionisio su hijo de 10 años †
- Juan su hijo de 6 años
- María su hija de 2 años
- Juan Diego indio ††
- Luisa María india su mujer ††
- Inés su hija de 2 años

Casa de Juan Andrés indio
- Juan Andrés indio ††
- Magdalena Sánchez india su mujer ††
- Juan su hijo solt. 12 años †
- Juan Martín indio ††
- María Lucía india su mujer ††
- Andrés su hijo de 2 años

Casa de Andrés Lázaro indio
- Andrés Lázaro indio viudo †† de Isabel Elena india difunta
- María Magdalena su hija solt. 15 años ††
- Lucía su hija solt. 12 años †

Casa de Pedro Juan indio
- Pedro Juan indio ††
- Magdalena Isabel india su mujer ††
- Catalina su hija de 8 años †
- Lázaro su hijo de 6 años
- Francisca su hija de 2 años

Padrón y memoria de las casas, y estancias de los españoles que viven en este pueblo y partido de Jalostotitlán, y así mismo de todos los mestizos, mulatos y negros libres y esclavos que viven en él.

Casa y Estancia de Br. Alonso Muñoz de Huerta, que está de la cabecera Jalostotitlán, 5 leguas.

- El bachiller Alonso Muñoz de Huerta presbítero ✝✝
- Pascual mestiza viuda ✝✝ de Miguel Muñoz mulato difunto
- Juan Mulato su hijo solt. 20 años ✝✝
- Lorenza mulata su hija solt. 14 años ✝✝
- Polonia mulata su hija de 8 años ✝
- María mulata su hija de 4 años✝
- Miguel mulato su hijo de 2 años
- María mulata esclava solt. 35 años ✝✝
- Isabel mulata libre hija de padres no conocidos de 7 años ✝
- Luis mulato esclavo de 6 años
- Sebastián mulato esclavo de 3 años ✝
- Juan Miguel indio ✝✝ sin hijos
- Catalina mulata esclava su mujer ✝✝
- Alonso mulato esclavo 22 años solt. ✝✝
- Pedro Juan indio ✝✝ sin hijos
- Magdalena india su mujer ✝✝
- Hipólito su hijo de 5 años
- Alonso Francisco indio ✝✝
- María Anna india su mujer ✝✝
- Diego su hijo de 7 años ✝
- Juan Diego su hijo de 3 años
- Francisca su hija de 2 años
- Hipólito Lucas indio ✝✝
- María Francisca india su mujer ✝✝
- Hipólito su hijo de 7 años ✝
- Cristóbal Juan indio ✝
- María Juana india su mujer ✝✝
- Juan Miguel su hijo de 8 años ✝
- Diego su hijo de 6 años
- Petrona su hija de 2 años
- Nicolás Francisco indio ✝✝ sin hijos
- Ana María india su mujer ✝✝
- Felipe Jacobo indio ✝✝
- Magdalena Inés india su mujer ✝✝
- María Lucía su hija de 3 años

Casa y Estancia de Juan de Huerta, que está de la cabecera 4 leguas

- Juan de Huerta español ✝✝
- María de Nava española su mujer ✝✝
- Juan de Huerta su hijo de 5 años
- Pedro de Huerta su hijo de 2 años
- Nicolás Sebastián indio ✝✝
- Juana Luciana mulata esclava su mujer ✝✝
- Juana su hija mulata esclava de 8 años ✝
- Francisca su hija mulata esclava 6 años
- Anna su hija mulata esclava de 4 años
- Teresa su hija mulata esclava de 2 años
- Beatriz mulata esclava solt. 22 años ✝✝
- Juan Martín indio sin hijos
- Verónica su mujer ✝✝
- Andrés Felipe indio ✝✝ sin hijos
- María Justina india su mujer ✝✝
- Diego Nicolás indio ✝✝
- Juana Isabel india su mujer ✝✝

Casa y estancia de Francisco Gutiérrez español, que está de la cabecera 2 leguas

- Francisco Gutiérrez, español ✝✝
- Francisca de Mendoza, española su mujer ✝✝
- Diego Gutiérrez, su hijo solt. 18 años ✝✝
- Juan Gutiérrez, español ✝✝
- Ana Camacho, española su mujer ✝✝
- Teresa, su hija de 3 años
- Francisco Gutiérrez, español ✝✝
- Catalina Mejía, su mujer ✝✝
- Sebastián Gutiérrez, español de 24 años, ✝✝ hijo de padres no conocidos
- Josefa Gutiérrez, española solt. 14 años, ✝✝ hija de padres no conocidos
- Ana Gutiérrez, mestiza solt. 18 años, ✝✝ hija de padres no conocidos
- Marcos Ortiz, español de 4 años, hijo de padres no conocidos
- Juan de la Cruz negro escl. ✝✝ sin hijos
- Luisa Delgadillo mulato libre su mujer ✝✝

- Agustina mulata esclava casada ✝✝ con Lázaro negro esclavo ausente
- Juana mulata esclava su hija de 10 años ✝
- Antonia mulata esclava su hija 9 años ✝
- María negra esclava solt. 30 años ✝✝
- Francisco mulato esclavo de 6 años
- Felipe mulato esclavo de 7 años ✝
- Lorenzo Domingo indio ✝✝
- Angelina Luisa india su mujer ✝✝
- Sebastián su hijo de 8 años ✝
- Juana su hija de 5 años
- Domingo Ramón su hijo de 3 años
- Catalina su hija de 2 años
- Luis Antón mulato libre✝✝
- Melchora Ana india su mujer ✝✝
- María su hija de 1 años
- Baltasar indio ✝✝ sin hijos
- Antonia Peralta india su mujer ✝✝
- Margarita india de 6 años, padres no conocidos

Casa y Estancia de Diego González Rubio español, que está de la cabecera 2 leguas

- Diego González español ✝✝
- Polonia de Torres española su mujer ✝✝
- Diego González su hijo solt.16 años ✝✝
- María González su hija solt. 14 años ✝
- Domingo González su hijo de 12 años ✝
- Antonio González su hijo de 7 años ✝
- Gerónimo Camacho español ✝✝
- Catalina González española su mujer ✝✝
- Leonor González su hija de 2 años
- Luis Gómez mestizo solt. 20 años ✝✝
- José Gómez mestizo de 14 años solt. ✝✝
- Sus padres son difuntos
- Juan Gregorio indio ✝✝
- Catalina Felipa mulata esclava su mujer ✝✝
- Juana mulata esclava su hija de 7 años ✝
- Felipe mulato esclavo su hijo de 3 años
- Catalina negra esclava solt. 45 años ✝✝
- Juan mulato esclavo de 3 años
- Alonso mulato esclavo de 2 años
- María Lucia india viuda ✝✝
- Alonso Miguel indio
- Ana su hija solt. 14 años ✝

- Francisca su hija de 10 años ✝
- María su hija de 8 años ✝
- Petrona su hija de 5 años
- Blas su hijo de 3 años
- Juan Tomas indio ✝✝
- Juan María india su mujer ✝✝
- María su hija de 1 año
- Cristóbal mulato libre ✝✝
- Catalina Agustina india su mujer ✝✝
- Cristóbal su hijo de 5 años
- María Elena india viuda ✝✝
- de Agustín Fernando indio
- Juan su hijo de 10 años ✝
- Andrés su hijo de 8 años ✝
- Sebastián su hijo de 7 años ✝
- María su hija de 5 años
- Antonia su hija de 4 años
- Matías su hijo de 3 años
- Cristóbal su hijo de 2 años
- Diego Fabián indio solt.30 años ✝✝

Casa y Estancia de Cristóbal Vásquez español, que está de la cabecera 4 leguas

- Cristóbal Vásquez español solt.
- Ambrosio negro esclavo ✝✝
- Inés negra esclava su mujer ✝✝
- Luis negro esclavo su hijo de 4 años
- Andrés negro esclavo su hijo de 2 años
- Domingo negro esclavo ✝✝
- Gracia negra esclava su mujer ✝✝
- Pascuala negra esclava su hija de 4 años
- Domingo negro esclavo su hijo de 2 años
- Ana mulata esclava de 14 años ✝
- José mulato esclavo de 11 años ✝
- Antón de Loya indio ✝✝
- Catalina Juana india su mujer ✝✝
- Juan su hijo solt. 12 años ✝
- Nicolás indio de 13 años ✝ hijo de padres no conocidos

Casa y Estancia de Manuel Fernández español, que está de la cabecera 3 leguas

- Manuel Fernández español viudo ✝✝
- De Beatriz Ortiz difunta
- María Ortiz su hija solt. 40 años ✝✝
- Manuel Fernández su hijo solt. 26 años ✝✝

- Lucas su hijo solt. 16 años ††
- Andrés su hijo de 13 años †
- Cristóbal su hijo de 10 años †
- Francisca Ortiz española †† mujer de
- Juan Pérez ausente ††
- Catalina su hija de 13 años †
- Juan Bautista español ††
- Ana Ortiz española su mujer ††
- María Ortiz española de 30 años solt. ††
- Andrés mestizo de 3 años hijo de padres no conocidos
- Andrés mestizo de 2 años hijo de padres no conocidos

Casa y Estancia de El Águila, que está de la cabecera 6 leguas

- Juan Bautista mestizo ††
- Madalena india su mujer ††
- Diego su hijo solt. 17 años ††
- Pascuala su hija solt. 15 años ††
- María su hija de 13 años †
- Nicolás su hijo de Pedro Alonso difunto y de Juan Bautista su mujer ausenta de edad 4 años
- Diego español de 3 años hijo de padres no conocidos

Casa y Estancia del Astillero, que está de la cabecera 6 leguas

- Francisco Vásquez mestizo ††
- Josefa Ortiz mestiza su mujer ††
- Isabel su hija de 3 años
- Francisco su hijo de 1 año
- Lorenzo Martín mestizo †† sin hijos
- Francisca Vásquez mestiza su mujer ††
- Isabel mestiza de 9 años † hija de padres conocidos
- Nicolás indio de 12 años † hijo de padres conocidos

Casa y Estancia de Andrés Ortiz español, que está de la cabecera 5 leguas

- Andrés Ortiz español ††
- Luisa Fernández española su mujer †† sin hijos
- Luis Ortiz español de 14 años †
- Josefa Ortiz de 11 años †
- Diego Ortiz de 8 años †
- Hijos de Diego Ortiz de Moya y de Inés Vásquez difuntos en dicha casa Juana negra esclava 60 años ††
- Ana Juana negra esclava solt. 40 años ††
- Gregorio mulato esclavo de 8 años †
- María negra esclava de 5 años
- Diego mulato esclavo de 1 año
- Juan Francisco indio ††
- Salomé Mariana india su mujer ††
- Miguel su hijo solt. 18 años ††
- Alejo su hijo de 15 años †
- María su hija de 12 años †
- Inés su hija de 10 años †
- Mateo su hijo de 8 años †
- Juana su hija de 4 años
- Juan Miguel indio solt. 30 años ††

Casa y Estancia de José Ramírez, que está de la cabecera 3 leguas

- José Ramírez español ††
- Ana Muñoz española su mujer ††
- Leonor su hija de 8 años ††
- José su hijo de 5 años
- Bernardo su hijo de 2 años
- Isabel de un año su hija
- Tomasa negra esclava solt. 20 años ††
- Antonio mulato esclavo de un año
- Tomás Hernández indio ††
- Leonor de Hermosillo mestiza su mujer ††
- Josefa su hija de 4 años
- Pascuala su hija de 2 años

Casa y Estancia de Leonor de Hermosillo española, viuda de Miguel Gutiérrez que está de la cabecera 3 leguas

- Leonor de Hermosillo, española viuda ††
- El Brachiller Lázaro Gutiérrez, su hijo presbítero ††
- Juan de Aceves, español solt. 20 años ††
- Catalina Mejía, española de 15 años †† hijos de Juan de Aceves y de Beatriz de Hermosillo españoles difuntos.
- Leonor de Hermosillo, española de 7 años † hija de padres no conocidos

- Francisco Gerónimo, indio ✝✝
- Sebastiana, mulata esclava su mujer ✝✝
- Catalina, mulata escl. su hija, solt. 18 ✝✝
- Mariana, mulata esclava, su hija14 años ✝
- Gerónima, mulata escl., su hija solt.18 años ✝
- Mariana, mulata escl, su hija solt. 14 años ✝
- Gerónima, mulata esclava, su hija de 12 años soltera ✝
- Sebastiana, mulata esclava, su hija10 ✝
- Juana, mulata esclava, su hija de 8 años ✝
- Juan, mulato esclavo, su hijo de 6 años
- Francisco, mulato esclavo, su hijo de 4
- Nicolás, mulato esclavo, su hijo de 2 años
- José Hernández, mulato esclavo ✝✝
- María Magdalena, india su mujer, sin hijos
- Pascual de los Remedios, mestizo ✝✝
- María González, mulata esclava, su mujer ✝✝
- Lázaro, mulato esclavo, su hijo de 5 años
- Ana, mulata esclava, su hija de 3 años
- Juana, mulata esclava, su hija de 1 año
- Juana, mulata esclava, su hija de 2 años
- Catalina, negra esclava, de 50 años ✝✝
- José, negro esclavo, de 6 años
- Mariana, mulata esclava, solt. 30 años ✝✝
- Francisca Gómez, mulata esclave soltera de 22 años ✝✝
- Nicolás, mulato, esclavo de 15 años ✝
- Martín, negro esclavo, de 12 años ✝
- Catalina, negra esclava, solt. 40 años ✝✝
- José, negro esclavo, de 4 años
- Mariana, mulata esclava, de 28 años ✝✝
- Francisca Gómez, mulata esclava, soltera 20 años ✝✝
- Nicolás, mulato esclavo, de 13 años ✝
- Catalina, mulata esclava, de 1 año
- Martin, negro esclavo, de 10 años ✝
- Madalena, negra esclava, de 8 años ✝
- Juana, india solt., de 14 años ✝✝
- Andrea, india, viuda de Marcos Hernández, mulato difunto ✝✝
- Diego Hernández, su hijo de 8 años ✝
- Tomás, su hijo de 3 años
- Domingo, indio solt. 20 años ✝✝
- Domingo Francisco, indio solt. 22 años ✝✝
- Juan Francisco, indio solt. 44 años ✝✝
- Juan González, morisco libre ✝✝
- María de Trujillo, mulata, su mujer ✝✝
- Andrés, su hijo de 8 años ✝
- María, su hija de 1 año

Casa y Estancia de Don Andrés de Estrada y Bocanegra, que está de la cabecera 2 leguas

- Don Andrés de Estrada y Bocanegra español ✝✝
- Doña Luisa Flores española su mujer ✝✝
- Don Baltazar de Estrada su hijo soltero de 24 años ✝✝
- Don Francisco de Estrada su hijo soltero de 22 años ✝✝
- Don Juan de Estrada su hijo solt. 20 años ✝✝
- Don Pedro de Estrada su hijo solt. 18 años ✝✝
- Doña Teresa de Estrada su hija de 16 ✝✝
- Doña María de Estrada su hija de 10 ✝
- Don José de Estrada de 8 años ✝
- Cristóbal Hernández español ✝✝
- Francisca Flores mestiza su mujer ✝✝
- José su hijo de 1 año
- Gaspar García Tafoya mulato libre ✝✝
- Juana Flores india su mujer ✝
- Andrés su hijo de 13 años ✝
- Catalina su hija de 10 años ✝
- Lázaro su hijo de 8 años ✝
- Catalina negra esclava solt. 45 años ✝✝
- Francisca negra esclava solt. 17 años ✝✝
- Juan negro esclavo solt. 30 años ✝✝
- Ignacio mulato esclavo solt. 18 años ✝✝
- José mulato esclavo de 14 años ✝✝
- Juan negro esclavo solt. 60 años ✝✝
- Pascual mulato esclavo de 8 años ✝
- Catalina de Salazar india viuda ✝✝
- De Juan Baltazar indio difunto
- María Flores su hija solt. 20 años ✝✝
- Luisa su hija solt. 18 años ✝✝
- Josefa de Salazar su hija de 13 años ✝
- Inés su hija de 10 años
- Juan Antón indio ✝✝
- Catalina Juana india su mujer ✝✝
- Blas su hijo de 7 años ✝
- Anores Melchor indio ✝✝
- Ana María india su mujer ✝✝
- María su hija de 9 años ✝

- Inés su hija de 3 años
- Juan Miguel indio ††
- María Salomé india su mujer ††
- Isabel su hija de 2 anos

Casa y Estancia de Francisco Muñoz Cabeza español, que está de la cabecera 3 leguas

- Francisco Muñoz Cabeza español ††
- Francisca de Torres su mujer ††
- Juan González de Hermosillo su hijo presbítero
- Ana Muñoz su hija solt. 24 años ††
- Mariana Muñoz su hija de 22 años ††
- Miguel Muñoz su hijo solt. de 28 años ††
- Otro Miguel de Hermosillo su hijo de 14 años ††
- Micaela su hija de 12 años †
- Francisco su hijo de 8 años †
- Felipe mulato esclavo solt. 20 años ††
- Juan mulato esclavo solt. 15 años ††
- Luisa mulata esclava de 10 años †
- Nicolás mulato esclavo de 8 años †
- Inés negra esclava solt. 50 años ††
- Antonia mulata esclava de 20 años ††
- Diego Antonio indio ††
- María Juana india su mujer ††
- Juan su hijo de 1 año
- Andrés Damián indio ††
- Magdalena Andrea india su mujer ††
- Agustín su hijo de 1 año
- Antón Francisco indio ††
- María Madalena india su mujer ††
- Pedro su hijo de 2 años
- Nicolás mulato libre solt. 22 años ††

Casa y Estancia de Juan Becerra español, que está de la cabecera 2 leguas

- Juan Becerra español ††
- Catalina Galindo española su mujer ††
- María Galindo su hija solt. e 18 años ††
- Andrea Rodríguez su hija solt. 15 años ††
- Ana su hija de 10 años †
- Catalina su hija de 8 años †
- Juan su hijo de 7 años †
- Sebastián su hijo de 5 años
- Francisca su hija de 4 años
- Cristóbal su hijo de 1 año
- Andrea Rodríguez española viuda ††

Casa y Estancia de Juan de Saavedra ausente, que está de la cabecera 2 leguas

- Vive en ella Juan Velásquez indio ††
- Ana de Rentería mestiza su mujer ††
- Domingo su hijo de 1 año

Labor La Laja, 2 leguas, vive Mariana de Salvatierra, viuda de Juan de Mendoza mulato libre

- Mariana de Salvatierra mestiza ††
- Inés de Medina su hija mujer de Juan Agustín mestizo ausente ††
- Baltazar su hijo de 2 años
- Miguel de Medina solt. hijo de dicha Mariana de 18 años ††
- Mariana de 18 años ††
- Juan de Medina hijo de la dicha 15 años ††
- Francisco de Medina hijo de la dicha 6 de años †
- Ana hija de la dicha de 8 años †
- Nicolás de Medina mestizo ††
- Beatriz de Leyva mestiza su mujer ††
- Mariana su hija de 3 años

Casa y Estancia de Francisco Muñoz de la Barba, que está de la cabecera 2 leguas

- Francisco Muñoz de la Barba español ††
- Catalina González española su mujer ††
- María Rubio su hija solt. 28 años ††
- Isabel Gutiérrez su hija solt. 23 años ††
- Catalina Rubio solt. 20 años ††
- Ana González su hija de 25 años ††
- Josefa Muñoz su hija solt. 18 años ††
- Francisco Gutiérrez su hijo solt. 16 años ††
- María Muñoz su hija solt. 14 años ††
- Benito Muñoz su hijo de 12 años †
- Luis su hijo de 5 años
- José su hijo de 3 años
- Manuel negro esclavo solt. 50 años ††
- Antonia negra esclava solt. 30 años ††
- Josefa mulata esclava de 7 años †

- Magdalena mulata esclava de 5 años
- Miguel negro esclavo de 1 año

Casa y Estancia de Diego Alonso del Pedroso español, está de la cabecera 5 leguas

- Diego Alonso del Pedroso español ††
- Paula de Torres española su mujer ††
- Agustín García su hijo solt. 14 años ††
- Matías González su hijo solt. 20 años ††
- María de Hermosillo su hija solt. 22 años ††
- Alonso Ramírez su hijo solt. 20 años ††
- Nicolás Ramírez su hijo de 10 años †
- Paula su hija de 5 años
- María negra esclava solt. 60 años ††
- Gracia negra esclava solt. 40 años ††
- Josefa mulata esclava de 16 años ††
- Francisco mulato esclavo de 4 años
- Juan Domingo indio ††
- María Juana india su mujer ††
- Josefa su hija de 4 años
- Juana su hija de 1 años

Casa de Álvaro de Ornelas español, que está de la cabecera a 6 leguas

- Álvaro de Ornelas solt. 40 años ††
- Diego de Mendoza mestizo ††
- Ana Rodríguez mestiza su mujer ††
- Pedro de Mendoza su hijo solt. 25 años ††
- José Martín indio solt. 20 años ††
- Nicolás de Mendoza español hijo de padres no conocidos de 16 años ††
- Pedro Miguel indio ††
- Catalina Inés india su mujer ††
- Tomás su hijo de 3 años
- José su hijo e 1 año
- Tomás Pérez indio ††
- Catalina Pascuala india su mujer ††
- María su hija de 4 años
- Antonio su hijo de 3 años
- Pedro su hijo de 1 año
- Marta de la Cruz india viuda ††
- de Esteban negro difunto
- Juan su hijo de 8 años †
- José su hijo de 4 años
- María su hija de 2 años
- Felipa su hija de 13 años † sin hijos
- Juan de Vargas indio ††
- María Isabel india su mujer ††
- Diego indio de 2 años de padres no conocidos
- Francisco Hernández indio 15 años ††

Casa y Estancia de Manuel de Ornelas español, que está de la cabecera 5 leguas

- Manuel de Ornelas ††
- Beatriz de Alarcón española su mujer ††
- Felipa de Ledesma 8 años †
- Hija de Antonio de Ledesma y de Antonia de Ornelas difuntos
- Sebastián de Ornelas mestizo de 12 años †
- Petrona mestiza 10 años† padres no conocidos

Casa y Estancia de Martin Aguirre español, que está de la cabecera 4 leguas

- Martín de Aguirre ††
- Leonor de Mendoza española su mujer ††
- Nicolás de Aguirre su hijo solt. 25 años ††
- Martín de Aguirre su hijo solt. 22 años ††
- Anna de Mendoza su hija solt. 20 años ††
- Leonor de Aguirre su hija solt. 18 años ††
- Luisa de Mendoza su hija solt. 16 años ††
- María de Mendoza su hija solt. 14 años ††
- Salvador de Aguirre su hijo de 8 años †
- Nicolás su hijo de 3 años

Casa y Estancia de Francisco de Quezada español, que está de la cabecera 5 leguas

- Francisco de Quezada ††
- Catalina de los Ángeles española su mujer ††
- Juan de Quezada su hija solt. 20 años ††
- Alonso de Quezada su hijo solt. 18 años ††
- María su hija solt. 14 años ††
- Luisa su hija solt. 12 años †
- Josefa su hija de 9 años †
- Catalina su hija de 8 años †
- Gerónimo su hijo de 6 años
- Nicolás su hijo de 4 años
- Francisco de Quezada español †† sin hijos
- Juana Rangel española su mujer ††

- Juan Calvo de Rangel español ✝✝ sin hijos
- Isabel de Quezada española su mujer ✝✝
- Mariana de Mendoza española de 9 años ✝
- María de Mendoza española 5 años hija
- de Francisco de Orozco español y de María de Mendoza su mujer difuntos
- Francisco de Quezada de 9 años mestizo ✝
- María india de 10 años ✝ hija de padres no conocidos

Casa y Estancia de Diego Márquez español, que está de la cabecera 4 leguas
- Diego Márquez solt. 26 años ✝✝
- Isabel de Mendoza española viuda ✝✝
- Juan de Ornelas español solt. 15 años ✝✝
- Tomás de Mendoza mulato libre 40 años ✝✝
- Rafael de Mendoza mestizo solt. 18 años ✝✝ hijos de padres no conocidos
- Juan de Avalos mestizo ✝✝
- María Madalena india su mujer ✝✝
- Lázaro su hijo de 14 años ✝✝
- Ana su hija de 12 años ✝
- Baltazar Hernández indio ✝✝
- Ana Lucia india su mujer ✝✝
- Nicolás su hijo de 13 años ✝
- Ana su hija de 9 años ✝
- Diego su hijo de 4 años ✝
- Miguel Hernández indio solt. 16 años ✝✝
- Luisa de Mendoza mestiza solt. 15 años ✝✝
- Damiana de la Cruz mestiza solt. 16 años ✝✝
- Isabel de Mendoza mestiza solt. 20 años ✝✝
- Constanza mestiza solt. 9 años ✝ hija de padres no conocidos

Casa y Estancia de Rodrigo de Ornelas español, que está de la cabecera 4 leguas
- Rodrigo de Ornelas ✝✝
- Doña María Luduína su mujer ✝✝
- Gabriel Sánchez su hijo solt. 25 años ✝✝
- Andrea Sánchez española de 15 años ✝✝
- Alonso de la Cruz indio solt. 40 años ✝✝
- Juan mestizo de 8 años ✝
- Felipe mestizo de 4 años hijo de padres no conocidos

Casa y Estancia de Alonso de Ávalos, que está de la cabecera 5 leguas
- Alonso de Ávalos ✝✝
- Doña Catalina de Orozco española su mujer ✝✝
- José de Ávalos su hijo solt. 24 años ✝✝
- Nicolás de Ávalos su hijo solt. 20 años ✝✝
- Juan de Orozco su hijo solt. 15 años ✝✝
- Doña Catalina de Orozco su hija soltera de 14 años ✝
- Aparicio de Orozco su hijo de 12 años ✝
- Francisco de Orozco español ✝✝
- Menosa Meléndez española su mujer ✝✝
- Juan su hijo de 8 años ✝
- José su hijo de 2 anos

Casa y Estancia de Lázaro Martin del Campo español, que está de la cabecera 4 leguas
- Lázaro Martín ✝✝
- María de la Cruz española su mujer ✝✝
- Miguel Díaz su hijo solt. 18 años ✝✝
- Francisco Martín su hijo solt. de 16 años ✝✝
- Beatriz López su hija solt. 12 años ✝
- Nicolás del Campo su hijo de 11 años ✝
- María su hija de 9 años ✝
- María su hija dijo Josefa de 5 años
- Antonio su hijo de 2 años
- Luisa Salomé negra esclava solt. 24 años ✝✝
- Luisa de los Reyes mulata esclava solt. 12✝✝
- Baltazar de los Reyes mulato esclavo soltero de 20 años ✝✝
- Cristóbal mulato esclavo de 5 años
- Juan Martín indio ✝✝
- Francisca María india su mujer ✝✝
- Juan Agustín indio ✝✝
- Inés María india su mujer ✝✝
- Pedro Sebastián indio ✝✝
- Ana María india su mujer ✝✝
- Polonia su hija de 1 año
- Miguel Gabriel indio ✝✝ sin hijos
- María Angelina india su mujer
- Miguel Gaspar indio ✝✝
- Luisa Madalena india su mujer ✝✝
- Luisa su hija de 3 años

Casa y Estancia de Madalena de Arona española
- Madalena de Arona española ✝✝ mujer de Lorenzo de Monroy ausente sin hijos
- Diego Servín español ✝✝
- Madalena de Arrona su mujer ✝✝
- María su hija de 2 años
- Luis de Ledesma español soltero de 16 años ✝✝ hijo de Martín de Ledesma y de Juana García su mujer ausentes
- Madalena Juan india solt. 30 años ✝✝
- Madalena india de 3 años
- Juan mestizo de 9 años ✝
- Josefa mestiza de 5 años hijo de padres no conocidos

Casa y Estancia de Juan Martin del Ángel mestizo, que está de la cabecera 5 leguas
- Juan Martín del Ángel ✝✝ hijo de Ana Gutiérrez viuda de Juan Martín del Ángel, sin hijos
- Francisca Hernández su mujer mestiza ✝✝
- Ana Gutiérrez mestiza viuda ✝✝
- Constanza Martín hija de 22 años solt. ✝✝
- Francisco Hernández mestizo ✝✝
- Madalena de Cabrera mestiza su mujer ✝✝
- María Hernández su hija solt. 16 años ✝✝
- Bernardino su hijo de 8 años ✝
- Juan su hijo de 12 años ✝
- Madalena su hija de 4 años
- Antonio su hijo de 3 años

Casa y Estancia que tiene Agustín Rincón en esta jurisdicción, que está de la cabecera 5 leguas
- Diego Flores mestizo ✝✝
- María de Torres india su mujer ✝✝
- Miguel su hijo de 2 años

Casa y Estancia del Mezquite que esta de la cabecera 4 leguas
- Diego Sánchez de Porras ✝✝
- Elvira Sánchez española su mujer ✝✝
- Lorenzo su hijo solt. 25 años ✝✝
- Juana mulata esclava de 8 años ✝

Casa y Estancia de Teresa de Hermosillo, viuda de Silvestre Camacho, que está a 2 leguas de la cabecera
- Teresa de Hermosillo española viuda ✝✝ de Silvestre Camacho español difunto
- Gonzalo Camacho hijo solt. 30 años ✝✝
- Mariana Camacho su hija solt. 22 años ✝✝
- Teresa de Hermosillo su hija de 18 años ✝✝
- Silvestre Camacho su hijo solt. 15 años ✝✝
- Madalena india solt. 40 años ✝✝
- Antonia mestiza de 8 años ✝
- Silvestre mestizo de 5 padres no conocidos

Casa y Estancia de María Tavera española, viuda de Felipe Macías, que está de la cabecera 3 leguas
- María Tavera ✝✝
- Viuda de Felipe Macías difunto
- José Macías su hijo solt. 22 años
- Juan de Trujillo español tuerto ✝✝
- Antonia de Tavera española su mujer ✝✝
- Micaela su hija de un año
- Clemente de Ledesma español ✝✝
- Beatriz Ramírez española su mujer ✝✝
- Juan de Mendoza su hijo de 10 años ✝
- Clemente su hijo de 1 año

Casa y Estancia que llaman Del Salto, que está de la cabecera 3 leguas
- Nicolás Jaramillo mestizo ✝✝
- Madalena Hernández su mujer mestiza ✝✝
- Francisco Gerardo su hijo de 2 años

Casa y Rancho de Blas Santillán mestizo, que está de la cabecera un cuarto de leguas
- Blas Santillán ✝✝
- Catalina González india su mujer ✝✝
- Felipa de Santiago su hija solt. 17 años ✝✝
- Juana de Santillán su hija solt. 15 años ✝✝
- Diego González su hijo de 11 años ✝
- Inés Gonzales su hija de 11 años ✝
- Miguel Gutiérrez su hijo de 10 años ✝
- Madalena de 8 años su hija ✝
- Blas su hijo de 6 años
- María su hija de 5 años

- Nicolás su hijo de 3 años
- Carlos Hernández mestizo ††
- Melchora de la Cruz mestiza su mujer ††
- Catalina su hija de 3 años
- Alonso su hijo de 1 año

Casas de los españoles que viven en este pueblo de Jalostotitlán Cabecera este partido

Casa de Isabel de Olivares española, viuda de Juan Jiménez

- Isabel de Olivares viuda ††
- Pedro Jiménez su hijo solt. 24 años ††
- Juan de Olivares su hijo solt. 22 años ††
- María de Mendoza su hija solt. 18 años ††
- Luisa de Mendoza su hija solt. 13 años ††
- Nicolás Jiménez español ††
- Regina de Mendoza española su mujer ††
- José su hijo de 1 año
- Don Juan de Orantes pasa calle español ††
- Isabel de Mendoza su mujer ††
- María su hija de 6 años
- Regina su hija de 2 años
- María Asunción negra esclava soltera de 25 años ††
- Antonia mulata esclava de 3 años
- Ana mulata esclava de 1 año
- Lorenzo Gómez mulato esclavo soltero de 18 años

Casa de Águeda de Torres española

- Águeda de Torres viuda †† de Hernando de Valdivia
- Blas de Valdivia su hijo solt. 20 años ††
- Diego Ramírez español ††
- Polonia de Torres su mujer española ††
- Isabel su hija de 3 años
- Alonso su hijo de 1 año
- Rodrigo de Orozco mestizo ††
- Antonia de Torres su mujer mestiza ††
- Elvira india solt. 50 años ††
- Simón de Torres mestizo de 10 años †
- Francisca mestiza de 5 años hijos de padres no conocidos

Casas de los españoles que viven en el pueblo de Nuestra Señora de San Juan

Casa de Bartolomé Martin

- Bartolomé Martín ††
- María Sánchez española su mujer ††
- Juan García solt. su hijo de 25 años ††
- Lázaro de la Peña español ††
- Gerónima de Echavarría mestiza su mujer
- José su hijo de 3 años
- Blas su hijo de 2 años
- José Sánchez español ††
- Doña María de Orozco su mujer ††
- José su hijo de 7 años †
- Luisa su hija de 5 años
- Nicolás su hijo de 4 años

- Catalina su hija de 2 años
- Francisco Estirado español †† sin hijos
- Ana de la Peña española su mujer ††
- María Sánchez española mujer de Miguel Muñoz ausente ††
- Juana su hija de 4 años
- Juana mestiza de 10 años † hija de padres no conocida

Casa de María de Alvarado mestiza
- María de Alvarado viuda de Francisco Sánchez ††
- Manuel Sánchez su hijo solt. 22 años ††
- Felipa de Santiago su hija solt. 18 años ††
- Pedro su hijo de 13 años †
- Luisa su hija de 11 años †
- José Muebacho español delano hijo de padres no conocidos

Casa de María de los Ángeles
- María de los Ángeles mestiza viuda ††
- Diego de Alvarado mestizo solt. 23 años ††
- Josefa de los Ángeles mestiza solt. 20 ††
- Mariana mestiza de 3 años hijos de padres no conocidos

Casa de Gerónimo de Mejía
- Gerónimo Mejía ††
- Doña Tomasina de Vera su mujer ††
- Doña María de Ocampo su hija soltera de 15 años ††
- Doña Gerónima de la Torre su hija 12†
- Nicolás de la Torre su hijo de 9 años †
- Josefa negra esclava de 24 años solt. ††

Casa de Rafael Ángel de Rueda
- Rafael Ángel de Rueda español ††
- Angelina Guillen española su mujer †† sin hijos
- Miguel Ángel español ††
- María de los Ángeles mestiza su mujer ††
- Juan su hijo de 6 años
- Sebastián su hijo de 3 años
- Juliana Hernández mestiza viuda ††
- de Juan de Alvarado mestizo difunto
- Gaspar de Alvarado su hijo solt. 17 años ††
- Madalena su hija solt. 15 años
- Luisa de Fausto mulata libre solt. 16 años †† hija de padres no conocidos

Concuerda con el original al que queda en poder del dicho Vicario y lo firmo en Xalostotitlán a Primero día del mes de mayo de mil y seiscientos y cuarenta y nueva años. Fecho [rúbrica] Diego de Camarena Ante mí y por [rúbrica] Juan Páez notario nombrado.

Plaza de Armas de Jalostotitlán.

Calle González Hermosillo en Jalostotitlán.

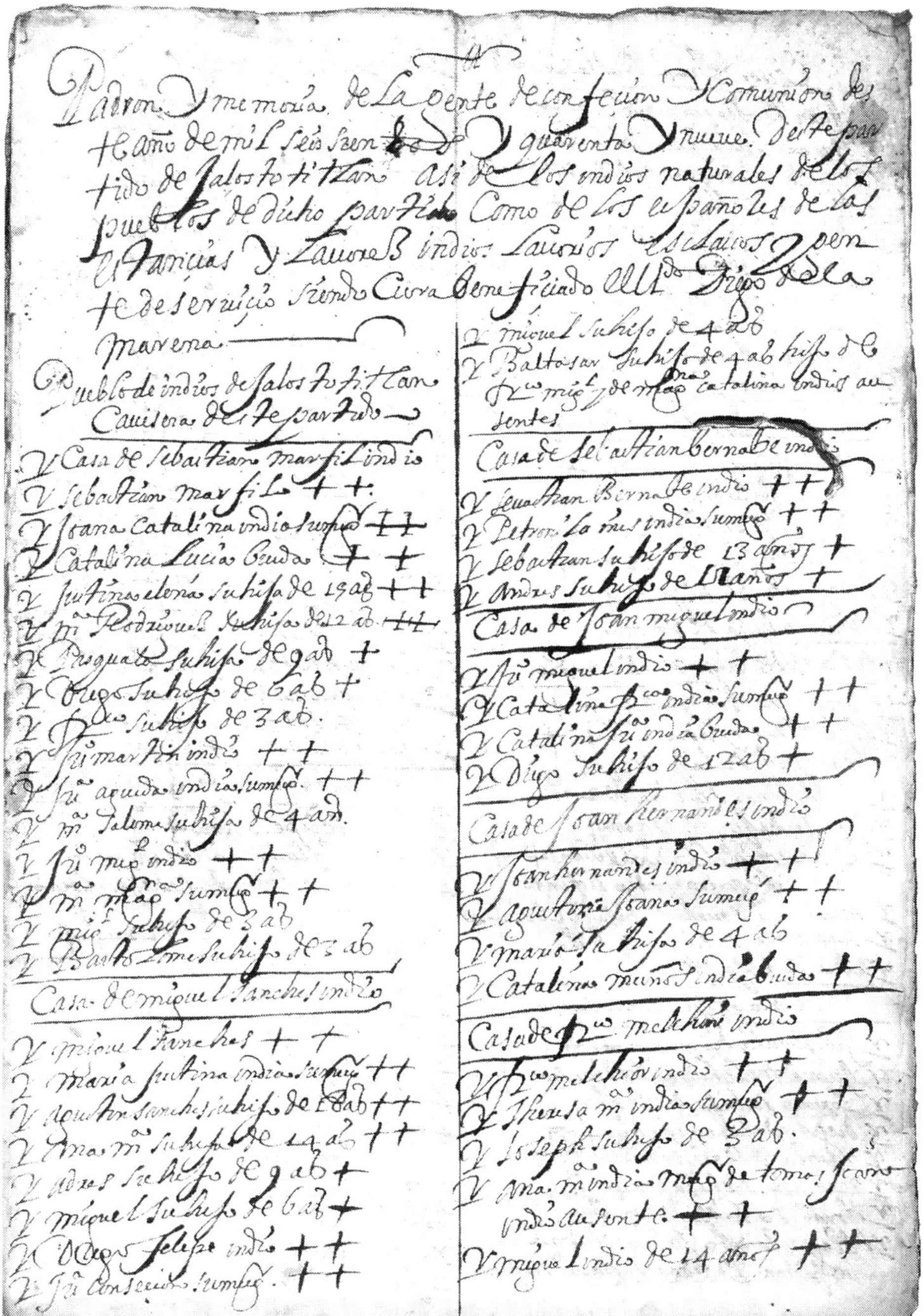

Padron y memoria de la gente de confesion y comunion de este año de mil seis sientos y quarenta y nueve de este partido de Jalostotitlan así de los indios naturales de los pueblos de dicho partido como de los españoles de las estancias y labores indios laborios esclavos y gente de servicio siendo Cura beneficiado el Lic.do Diego de la Marena

Pueblo de indios de Jalostotitlan cabesera de este partido

Casa de Sebastian Marsil indio
V Sebastian Marsil ++
V Joana Catalina india su mujer ++
V Catalina Lucia biuda ++
V Justina Elena su hija de 19 a.s ++
V M.a Rodriguez su hija de 12 a.s ++
V Pasquala su hija de 9 a.s +
V Diego su hijo de 6 a.s +
V Ju.o su hijo de 3 a.s
V Ju.o Martin indio ++
V Ju.a Agueda india su mujer ++
V M.a Salome su hija de 4 a.s
V Ju.o Mig.l indio ++
V M.a Mag.na su mujer ++
V Mig.l su hijo de 3 a.s
V Bartolome su hijo de 3 a.s

Casa de Miguel Sanches indio
V Miguel Sanches ++
V Maria Justina india su mujer ++
V Agustin Sanches su hijo de 16 a.s ++
V Ma. M.a su hija de 14 a.s ++
V Andres su hijo de 9 a.s +
V Miguel su hijo de 6 a.s +
V Diego Felipe indio ++
V Ju.a Consecion su mujer ++

V Miguel su hijo de 4 a.s
V Baltasar su hijo de 4 a.s hijos de P.o Mig.l y de Mag.na Catalina indios ausentes

Casa de Sebastian Bernabe indio
V Sebastian Bernabe indio ++
V Petronila Ines india su mujer ++
V Sebastian su hijo de 13 años +
V Andres su hijo de 11 años +

Casa de Joan Miguel indio
V Ju.o Miguel indio ++
V Catalina M.a india su mujer ++
V Catalina Ju.a india biuda ++
V Diego su hijo de 12 a.s +

Casa de Joan Hernandes indio
V Joan Hernandes indio ++
V Agustina Joana su mujer ++
V Mario su hija de 4 a.s
V Catalina Nuñes india biuda ++

Casa de P.o Melchor indio
V P.o Melchor indio ++
V Theresa M.a india su mujer ++
V Joseph su hijo de 3 a.s
V Ma. M.a india mujer de Tomas Juarez indio ausente ++
V Miguel indio de 14 años ++

Ysauel su hija de 6 as
Ana su hija de 3 as
Baltasar su hijo de vn año
alonso yndio de 9 as +
sus P.es son ya difuntos

Cassa de Jhoan hernandez yndio
Juan hernandez yndio + +
maria mag.na yndia sum + +
Cathalina hernandez yndia viuda + + de p.o mexicano yndio difunto
Juan su hijo solt.o de 12 as +
maria su hija de 10 as +
fran.co su hijo de 8 as +
Luis felipe yndio solt.o de 15 as +
hijo de Padres ya difuntos

Cassa de diego francisco yndio
Diego fran.co yndio + +
Juliana beronica yndia sum + +
Ynes su hija de 9 as +
Juan su hijo de 5 as
Diego su hijo de 3 as

Cassa de Juan miguel yndio
Juan miguel yndio viudo + + de mag.na Lucia yndia difunta
Augustin su hijo solt.o de 15 as + +
Bartolome Ramirez yndio + +
ana marta yndia sum + +
nicolas su hijo de vn año

Pueblo de yndios de san Gaspar questa de tlacauesera que es de los tototlan tres leg.s

Cassa de Juan Lorenço yndio
Juan Lorenço yndio + +
Lucia mag.na yndia sum + +
ana su hija de 8 as +
maria su hija de 5 as
P.o su hijo de 3 as

Cassa de Juan gaspar yndio
Juan gaspar yndio + +
maria mag.na yndia sum + +

miguel su hijo solt.o de 15 as + +
nicolas fran.co su hijo de 6 as
Cathalina su hija de 4 as

Cassa de fran.co sebastian yndio
fran.co sebastian yndio + + sin hijos
Ana Ysauel yndia sum + +
Juan Rodriguez yndio + +
Angelina micaela yndia sum + +
Sebastian su hijo de 3 as
Ysauel yndia de 4 as
hija de p.o m.n y de Juana [illegible] yndios [illegible]

Cassa de Juan garcia yndio
Juan garcia yndio + + sin hijos
Juana Ysauel yndia sum + +
diego Jacobo yndio + + sin hijos
Cathalina maria yndia sum + +

Cassa de Juan martin yndio
Juan martin yndio + + sin hijos
Lucia mag.na yndia sum + +
diego Perez yndio + + sin hijos
maria mag.na yndia sum + +

Cassa de andres fran.co yndio
andres fran.co yndio + +
fran.ca mag.na yndia sum + +
fran.co nicolas su hijo de 11 as +
miguel su hijo de 4 as
Pedro Jacobo yndio + + sin hijos
Augustina Juana yndia sum + +

Cassa de Pedro Luis yndio
[P]edro Luis yndio + + sin hijos
maria Juana yndia sum + +
Ana Juarez yndia de 9 as +
hija de los [illegible]

Cassa [illegible]
[illegible] tin yndio + +
ana [illegible] yndia sum + +
magdalena su hija solt.a de 14 as + +
fran.co su hijo de 7 as +
nicolas su hijo de 5 as
[illegible]na su hija de 2 as

Cassa de Juan [illegible] yndio

v Juan Bautista Indio ++
v Catharina martina yndia sum ++
v magna su hija de 10 as +
v Simon su hijo de 6 as
v maria su hija de 3 as
v Pedro matheo Indio ++ sin hijos
v maria magna India sum ++
v maria magna India viuda ++

Cassa de franco martin Indio

v franco martin yndio ++
v Lucia Justina yndia sum ++
v Po miguel su hijo de 7 as +
v nicolas su hijo de 5 as
v Juan Bentura yndio ++
v Ana Justina India sum ++
v maria su hija de 2 as

Cassa de Po miguel Indio

v Pedro miguel yndio ++
v magdalena maria yndia sum ++
v Diego su hijo de 10 as +
v Juan su hijo de 7 as +

Cassa de Juan martin Indio

v Juan martin yndio ++
v ana maria India sum ++
v Juan su hijo de 8 as +
v magna su hija de 3 as
v franco Sebastian Indio ++ sin hijos
v Catharina Juana yndia sum ++

Cassa de Pedro gaspar yndio

v Pedro gaspar yndio ++
v Cathalina Ysauel yndia sum ++
v maria Angela su hija de 9 as +
v Ana maria su hija de 4 as

Cassa de Diego Jacobo yndio

v Diego Jacobo yndio ++
v Lucia Juana India sum ++
v maria magna yndia viuda ++

Cassa de Diego Jacobo yndio

v Diego Jacobo yndio ++
v maria ana yndia sum ++

v maria su hija de 3 as
v Saluador su hijo de vn año
v Ana Ysauel yndia viuda ++

Casa de franco nicolas yndio

v franco nicolas yndio ++
v maria magna yndia sum ++
v Juan su hijo de 10 as +
v Ysauel su hija de 8 as
v Juan gallego Indio ++ sin hijos
v Juana catalina yndia sum ++

Cassa de martin barquez yndio

v martin barquez yndio ++
v maria magna India sum ++
v franco nicolas su hijo de 5 as
v diego Jacobo su hijo de 4 as
v franco su hijo de 2 as

Casa de Diego Jacobo yndio

v Diego Jacobo yndio ++
v maria magna India sum ++
v maria su hija de 8 as +
v Augustin miguel Indio ++
v Ana catalina India sum +
v magna su hija de vn año

Casa de Juan Vazquez Indio

v Juan Barquez yndio ++
v maria Seluana yndia sum ++
v Sebastian su hijo de vn año

Cassa de miguel sanches yndio

v miguel sanches yndio ++
v ana Ysauel India sum ++
v Po Juo su hijo solto de 16 as ++

Cassa de Po Lucas Indio

v Po Lucas Indio ++ sin hijos
v Ana Ysauel yndia sum ++
v Juan damian Indio ++
v Ysauel Justina India sum ++
v miguel su hijo de 12 as +

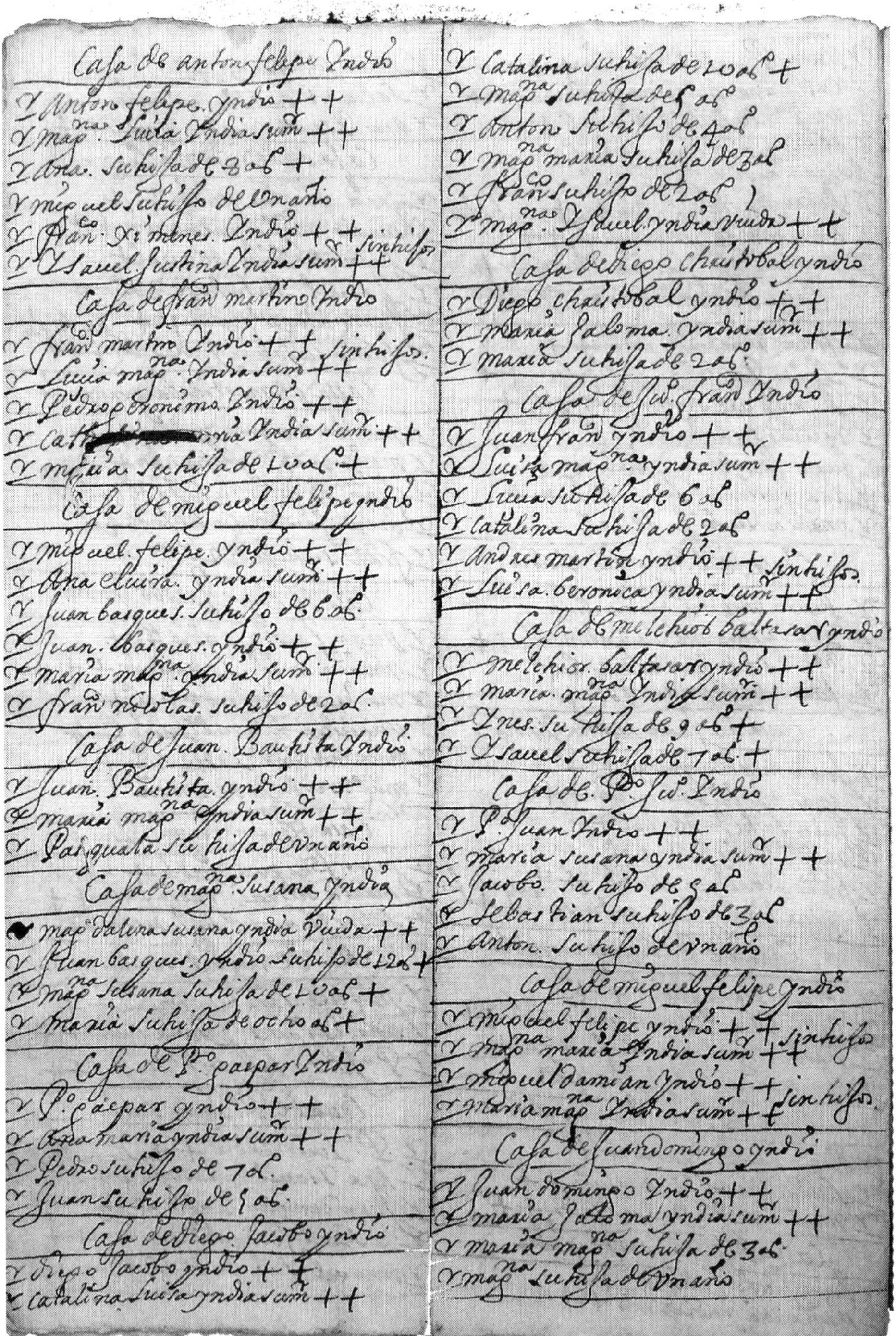

Casa de anton felipe Yndio
V Anton felipe. yndio ++
V mag.na Lucia Yndia sum ++
V Ana. su hija de 8 as +
V miguel su hijo de Un año
V Fran.co Ximenes. Yndio ++
V Ysavel Justina Yndia sum ++ sin hijos

Casa de fran.co martin Yndio
V fran.co martin Yndio ++ sin hijos.
V Lucia mag.na Yndia sum ++
V Pedro geronimo Yndio ++
V Cath [redacted] na Yndia sum ++
V m.a su hija de 10 as +

Casa de miguel felipe yndio
V miguel. felipe. yndio ++
V Ana eluira. yndia sum ++
V Juan basques. su hijo de 6 as.
V Juan. basques. yndio ++
V maria mag.na yndia sum ++
V fran.co nicolas. su hijo de 2 as.

Casa de Juan. Bautista Yndio
V Juan. Bautista. yndio ++
V maria mag.na yndia sum ++
V Pasquala su hija de Un año

Casa de mag.na Susana yndia
mag.dalena susana yndia Viuda ++
V Juan basques. yndio su hijo de 12 as +
V mag.na Susana su hija de 10 as +
V maria su hija de ocho as +

Casa de P.o gaspar Yndio
V P.o gaspar yndio ++
V Ana maria yndia sum ++
V Pedro su hijo de 7 as.
V Juan su hijo de 5 as.

Casa de diego. Jacobo yndio
V diego Jacobo yndio ++
V catalina Lucia yndia sum ++

V Catalina su hija de 10 as +
V mag.na su hija de 5 as
V Anton su hijo de 4 as
V mag.na maria su hija de 3 as
V fran.co su hijo de 2 as
V mag.na Ysavel yndia viuda ++

Casa de diego christobal yndio
V Diego christobal yndio ++
V maria Saloma. yndia sum ++
V maria su hija de 2 as.

Casa de Ju.o fran.co Yndio
V Juan fran.co yndio ++
V Luisa mag.na yndia sum ++
V Lucia su hija de 6 as
V catalina su hija de 2 as
V Andres martin yndio ++ sin hijos.
V Luisa. beronica yndia sum ++

Casa de melchior baltasar yndio
V melchior. baltasar yndio ++
V maria. mag.na Yndia sum ++
V Ynes. su hija de 9 as +
V Ysavel su hija de 7 as. +

Casa de P.o Ju.o Yndio
V P. Juan Yndio ++
V maria susana yndia sum ++
V Jacobo. su hijo de 5 as
V Sebastian su hijo de 3 as
V Anton. su hijo de Un año

Casa de miguel felipe yndio
V miguel felipe yndio ++ sin hijos
V mag.na maria yndia sum ++
V miguel damian yndio ++ sin hijos.
V maria mag.na yndia sum ++

Casa de Juan domingo yndio
V Juan domingo Yndio ++
V maria Saloma yndia sum ++
V maria mag.na su hija de 3 as.
V mag.na su hija de Un año

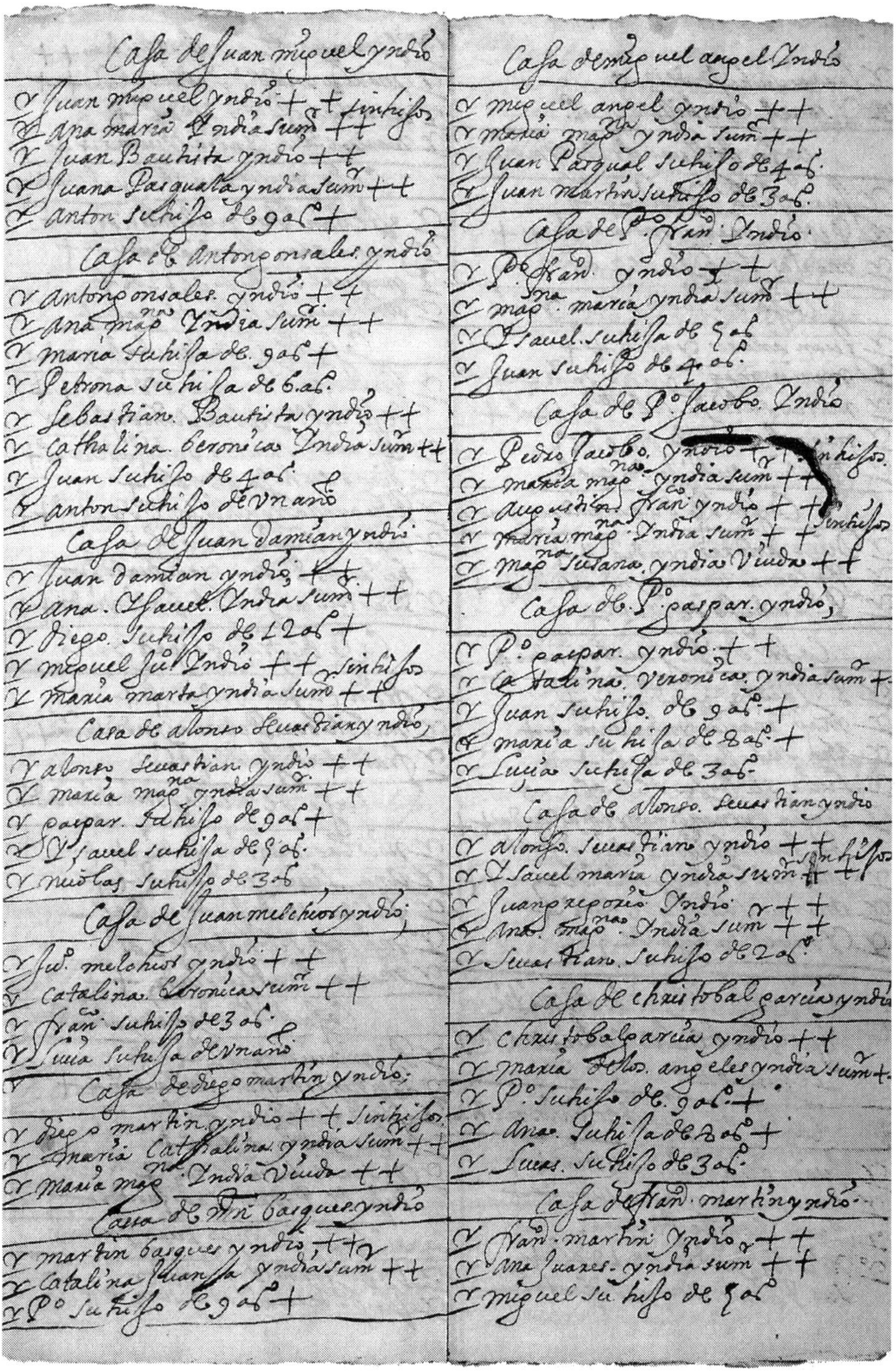

Casa de Juan miguel yndio

r Juan miguel yndio + + r sin hijos
r Ana maria yndia su m + +
r Juan Bautista yndio + +
r Juana Pasquala yndia su m + +
r anton su hijo de 9 as +

Casa de Anton gonsales yndio

r anton gonsales yndio + +
r Ana mag^{na} yndia su m + +
r maria su hija de 9 as +
r Petrona su hija de 6 as
r Sebastian Bautista yndio + +
r cathalina beronica yndia su m + +
r Juan su hijo de 4 as
r anton su hijo de vn año

Casa de Juan damian yndio

r Juan damian yndio + +
r ana Ysauel yndia su m + +
r diego su hijo de 12 as +
r miguel Ju^{o} yndio + + r sin hijos
r maria marta yndia su m + +

Casa de alonso seuastian yndio,

r alonso seuastian yndio + +
r maria mag^{na} yndia su m + +
r gaspar su hijo de 9 as +
r Ysauel su hija de 5 as
r nicolas su hijo de 3 as

Casa de Juan melchior yndio;

r Ju^{o} melchior yndio + +
r catalina beronica su m + +
r fran^{co} su hijo de 3 as
r lucia su hija de vn año

Casa de diego martin yndio;

r diego martin yndio + + sin hijos
r maria cathalina yndia su m + +
r maria mag^{na} yndia viuda + +

Casa de m^{n} barques yndio

r martin barques yndio + + r
r catalina Juansa yndia su m + +
r P^{o} su hijo de 9 as +

Casa de miguel angel yndio

r miguel angel yndio + +
r maria mag^{na} yndia su m + +
r Juan Pasqual su hijo de 4 as
r Juan martin su hijo de 3 as

Casa de P^{o} fran^{co} yndio

r P^{o} fran^{co} yndio + + r
r mag^{na} maria yndia su m + +
r Ysauel su hija de 5 as
r Juan su hijo de 4 as

Casa de P^{o} Jacobo yndio

r Pedro Jacobo yndio + r + sin hijos
r maria mag^{na} yndia su m + +
r augustin fran^{co} yndio + + sin hijos
r maria mag^{na} yndia su m + +
r mag^{na} Susana yndia viuda + +

Casa de P^{o} gaspar yndio,

r P^{o} gaspar yndio + +
r catalina veronica yndia su m +
r Juan su hijo de 9 as +
r maria su hija de 8 as +
r lucia su hija de 3 as

Casa de alonso seuastian yndio

r alonso seuastian yndio + + sin hijos
r Ysauel maria yndia su m + +
r Juan gregorio yndio r + +
r Ana mag^{na} yndia su m + +
r seuastian su hijo de 2 as

Casa de christobal garcia yndio

r christobal garcia yndio + +
r maria de los angeles yndia su m +
r P^{o} su hijo de 9 as +
r Ana su hija de 8 as +
r lucas su hijo de 3 as

Casa de fran^{co} martin yndio

r fran^{co} martin yndio r + +
r Ana Juares yndia su m + +
r miguel su hijo de 5 as

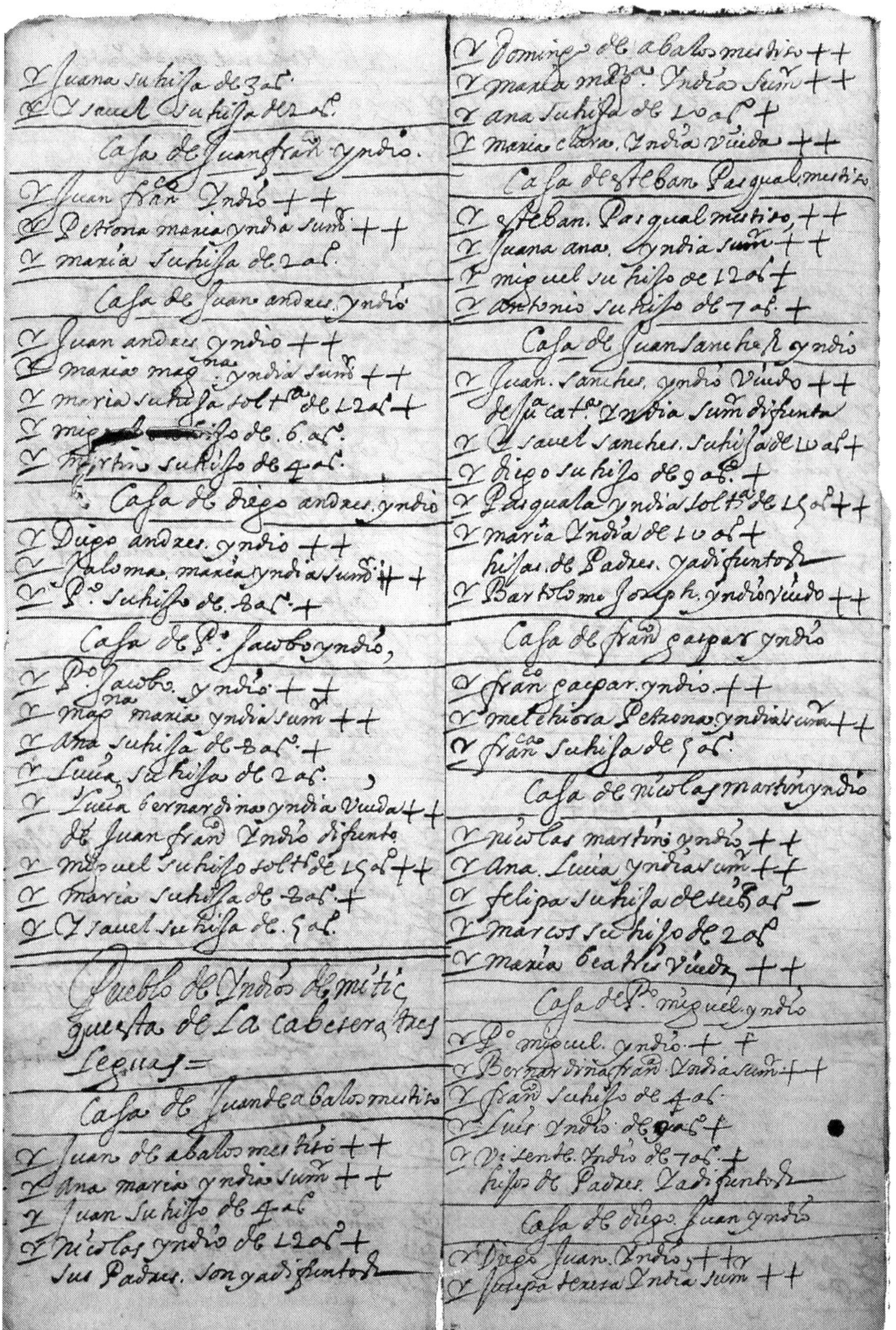

Juana su hija de 3 as
Ysauel su hija de 2 as

Casa de Juan franco yndio

Juan franco yndio ++
Petrona maria yndia sum ++
maria su hija de 2 as

Casa de Juan andres yndio

Juan andres yndio ++
maria magna yndia sum ++
maria su hija solta de 12 as +
miguel su hijo de 6 as
martin su hijo de 4 as

Casa de diego andres yndio

Diego andres yndio ++
Paloma maria yndia sum ++
Po su hijo de 8 as +

Casa de Po Jacobo yndio

Po Jacobo yndio ++
magna maria yndia sum ++
Ana su hija de 8 as +
Lucia su hija de 2 as
Lucia bernardina yndia viuda ++
de Juan franco yndio difunto
miguel su hijo solto de 15 as ++
maria su hija de 8 as +
Ysauel su hija de 5 as

Pueblo de yndios de Mitic
questa de la cabesera tres
leguas=

Casa de Juan de abalos mestizo

Juan de abalos mestizo ++
Ana maria yndia sum ++
Juan su hijo de 4 as
nicolas yndio de 12 as +
sus Padres son ya difuntos

Domingo de abalos mestizo ++
maria magna yndia sum ++
ana su hija de 10 as +
maria clara yndia viuda ++

Casa de estevan Pasqual mestizo

estevan Pasqual mestizo ++
Juana ana yndia sum ++
miguel su hijo de 12 as +
Antonio su hijo de 7 as +

Casa de Juan sanchez yndio

Juan sanchez yndio viudo ++
de Juana catalina yndia sum difunta
Ysauel sanchez su hija de 10 as +
diego su hijo de 9 as +
Pasquala yndia solta de 15 as ++
maria yndia de 10 as +
hijas de Padres ya difuntos
Bartolome Joseph yndio viudo ++

Casa de franco gaspar yndio

franco gaspar yndio ++
melchiora Petrona yndia sum ++
franco su hijo de 5 as

Casa de nicolas martin yndio

nicolas martin yndio ++
Ana Lucia yndia sum ++
felipa su hija de seis as
marcos su hijo de 2 as
maria beatris viuda ++

Casa de Po miguel yndio

Po miguel yndio ++
Bernardina franca yndia sum ++
franco su hijo de 4 as
Luis yndio de 9 as +
Visente yndio de 7 as +
hijos de Padres ya difuntos

Casa de diego Juan yndio

Diego Juan yndio ++
felipa teresa yndia sum ++

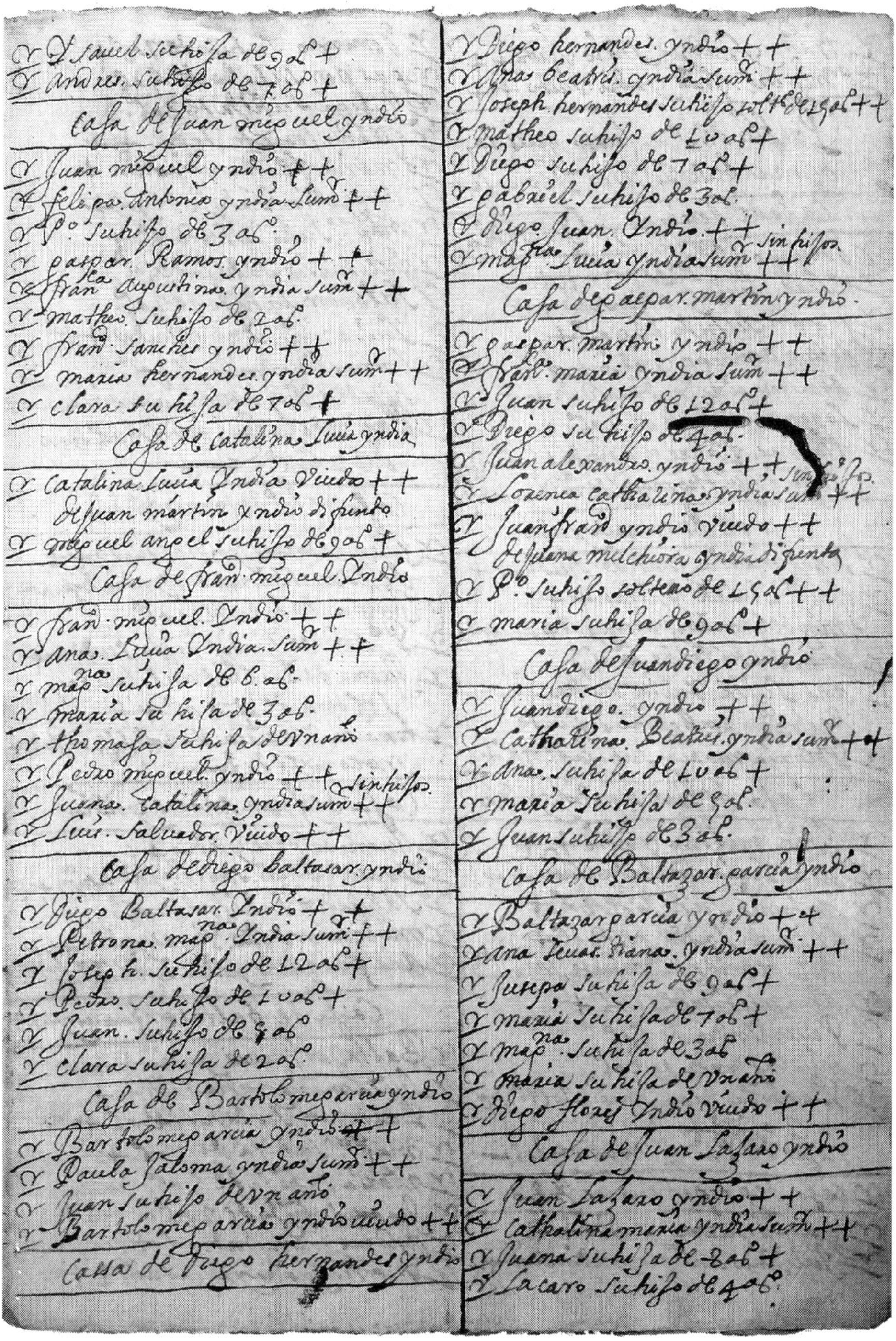

Ysauel su hija de 9 aºs +
Andres su hijo de 7 aºs +

Casa de Juan miguel yndio

Juan miguel yndio + +
felipa Antonia yndia sum + +
Pº su hijo de 3 aºs
gaspar Ramos yndio + +
franca Agustina yndia sum + +
matheo su hijo de 2 aºs
fran.co sanches yndio + +
maria hernandes yndia sum + +
clara su hija de 7 aºs +

Casa de catalina Lucia yndia

Catalina Lucia yndia viuda + +
de Juan martin yndio difunto
miguel angel su hijo de 9 aºs +

Casa de fran.co miguel yndio

fran.co miguel yndio + +
Ana Lucia yndia sum + +
maria su hija de 6 aºs
maria su hija de 3 aºs
thomasa su hija de un año
Pedro miguel yndio + + sin hijos
Juana catalina yndia sum + +
Luis salvador viudo + +

Casa de diego baltasar yndio

Diego Baltasar yndio + +
Petrona maria yndia sum + +
Joseph su hijo de 12 aºs +
Pedro su hijo de 10 aºs +
Juan su hijo de 9 aºs
clara su hija de 2 aºs

Casa de Bartolome garcia yndio

Bartolome garcia yndio + +
Paula Saloma yndia sum + +
Juan su hijo de un año
Bartolome garcia yndio viudo + +

Cassa de Diego hernandes yndio

Diego hernandes yndio + +
Ana beatris yndia sum + +
Joseph hernandes su hijo soltero de 19 aºs + +
matheo su hijo de 10 aºs +
Diego su hijo de 7 aºs +
gabriel su hijo de 3 aºs
Diego Juan yndio + + sin hijos
maria Lucia yndia sum + +

Casa de gaspar martin yndio

gaspar martin yndio + +
franca maria yndia sum + +
Juan su hijo de 12 aºs +
Diego su hijo de 4 aºs
Juan alexandro yndio + + sin hijos
Lorenza catharina yndia sum + +
Juan fran.co yndio viudo + +
de Juana melchiora yndia difunta
Pº su hijo soltero de 15 aºs + +
maria su hija de 9 aºs +

Casa de Juan diego yndio

Juan diego yndio + +
Catharina Beatris yndia sum + +
Ana su hija de 10 aºs +
maria su hija de 9 aºs
Juan su hijo de 3 aºs

Casa de Baltazar garcia yndio

Baltazar garcia yndio + +
Ana Lucas diana yndia sum + +
Josepha su hija de 9 aºs +
maria su hija de 7 aºs +
maria su hija de 3 aºs
maria su hija de un año
Diego flores yndio viudo + +

Casa de Juan Lazaro yndio

Juan Lazaro yndio + +
cathalina maria yndia sum + +
Juana su hija de 8 aºs +
Lazaro su hijo de 4 aºs

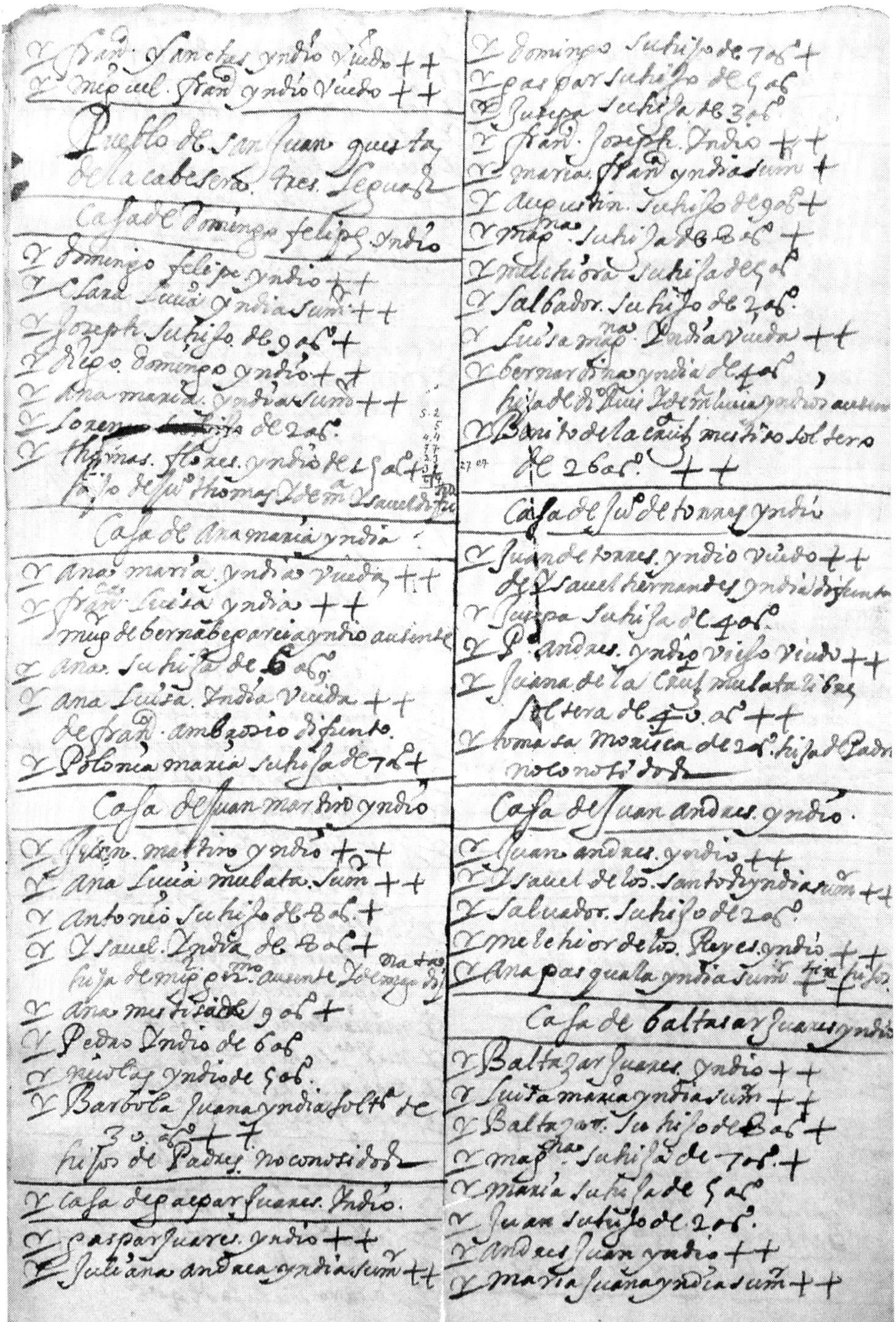

Fran.co Sanchez yndio viudo ++
Miguel Fran.co yndio viudo ++

Pueblo de San Juan questa de la cabesera tres leguas

Casa de domingo felipe yndio

Domingo felipe yndio ++
Clara Lucia yndia su m. ++
Joseph su hijo de 9 as. +
Diego domingo yndio ++
Ana maria yndia su m. ++
Lorenzo su hijo de 2 as.
thomas flores yndio de 1[illegible] as. + hijo de Ju.o thomas y de m.a ysauel di[illegible]

Casa de Ana maria yndia

Ana maria yndia viuda ++
Fran.ca Lucia yndia ++ muger de bernabe garcia yndio ausente
Ana su hija de 6 as.
Ana Lucia yndia viuda ++ de fran.co ambrosio difunto
Polonia maria su hija de 7 as. +

Casa de Juan martin yndio

Juan martin yndio ++
Ana Lucia mulata su m. ++
Antonio su hijo de 8 as. +
Ysauel yndia de 8 as. + hija de miguel ortiz ausente y de ma tomasa di[illegible]
Ana mestiça de 9 as. +
Pedro yndio de 6 as.
Nicolas yndio de 5 as.
Barbola Juana yndia soltera de 30 as. ++
hijos de padres no conocidos

Casa de gaspar juarez yndio

gaspar juarez yndio ++
Juliana andrea yndia su m. ++
Domingo su hijo de 7 as. +
gaspar su hijo de 5 as.
Juliana su hija de 3 as.
Fran.co Joseph yndio ++
maria Fran.ca yndia su m. +
Augustin su hijo de 9 as. +
Ma.na su hija de 6 as. +
melchiora su hija de 5 as.
Salbador su hijo de 4 as.
Luisa mag.na yndia viuda ++
bernardina yndia de 4 as. hija de Luis y de m.a lucia yndios ausentes
Benito de la cruz mestizo soltero de 26 as. ++

Casa de Ju.o de torres yndio

Juan de torres yndio viudo ++ de ysauel hernandez yndia difunta
Juana su hija de 4 as.
andres yndio viejo viudo ++
Juana de la cruz mulata libre soltera de 40 as. ++
tomasa morisca de 2 as. hija de padres no conocidos

Casa de Juan andres yndio

Juan andres yndio ++
Ysauel de los santos yndia su m. ++
Salbador su hijo de 2 as.
melchior de los Reyes yndio ++
Ana pasquala yndia su m. ++ sin hijos

Casa de baltasar juarez yndio

Baltazar juarez yndio ++
Luisa maria yndia su m. ++
Baltazar su hijo de 8 as. +
mag.na su hija de 7 as. +
maria su hija de 5 as.
Juan su hijo de 2 as.
Andres Juan yndio ++
maria Juana yndia su m. ++

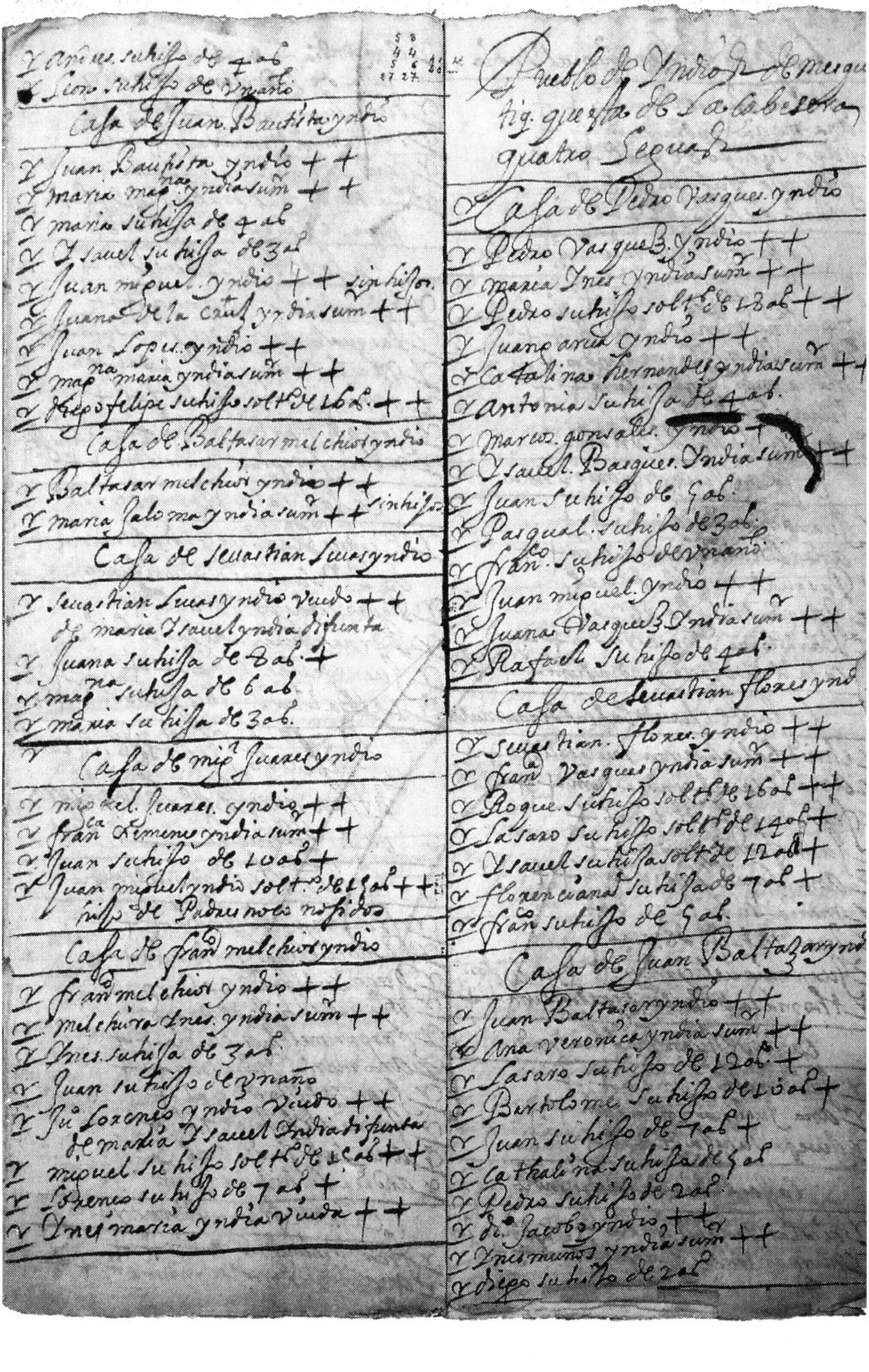

Y ynes su hija de 4 as
Y Leon su hijo de un año
Casa de Juan Bautista yndio
Y Juan Bautista yndio + +
Y maria magdalena yndia su m + +
Y maria su hija de 4 as
Y Ysauel su hija de 3 as
Y Juan miguel yndio + + sin hijos
Y Juana de la cruz yndia su m + +
Y Juan Lopez yndio + +
Y magdalena maria yndia su m + +
Y Diego felipe su hijo solt de 16 as + +
Casa de Baltasar melchor yndio
Y Baltasar melchor yndio + +
Y maria Salome yndia su m + + sin hijos
Casa de Seuastian Lucas yndio
Y Seuastian Lucas yndio viudo + +
de maria Ysauel yndia difunta
Y Juana su hija de 8 as +
Y magdalena su hija de 6 as
Y maria su hija de 3 as
Casa de miguel Juarez yndio
Y miguel Juarez yndio + +
Y francisca Ximenez yndia su m + +
Y Juan su hijo de 10 as +
Y Juan miguel yndio solt de 19 as + +
hijo de Padres no conosidos
Casa de francisco melchor yndio
Y francisco melchor yndio + +
Y melchora Ynes yndia su m + +
Y Ynes su hija de 3 as
Y Juan su hijo de un año
Y Juan Lorenzo yndio viudo + +
de maria Ysauel yndia difunta
Y miguel su hijo solt de 16 as + +
Y Lorenzo su hijo de 7 as +
Y Ynes maria yndia viuda + +

Pueblo de Yndios de S. miguel
tig. questa de la cabesera
quatro leguas
Casa de Pedro Vasquez yndio
Y Pedro Vasquez yndio + +
Y maria Ynes yndia su m + +
Y Pedro su hijo solt de 18 as + +
Y Juana ana yndia + +
Y Catalina hernandez yndia su m + +
Y Antonia su hija de 4 as
Y marcos gonsales yndio +
Y Ysauel Basquez yndia su m + +
Y Juan su hijo de 9 as
Y Pasqual su hijo de 3 as
Y francisco su hijo de un año
Y Juan miguel yndio + +
Y Juana Vasquez yndia su m + +
Y Rafael su hijo de 4 as
Casa de Seuastian flores yndio
Y Seuastian flores yndio + +
Y francisca Vasquez yndia su m + +
Y Roque su hijo solt de 16 as + +
Y Lazaro su hijo solt de 14 as +
Y Ysauel su hija solt de 12 as +
Y florenciana su hija de 7 as +
Y francisco su hijo de 9 as
Casa de Juan Baltazar yndio
Y Juan Baltazar yndio + +
Y Ana veronica yndia su m + +
Y Lazaro su hijo de 12 as +
Y Bartolome su hijo de 10 as +
Y Juan su hijo de 7 as +
Y cathalina su hija de 9 as
Y Pedro su hijo de 2 as
Y D. Jacobo yndio + +
Y Ynes muños yndia su m + +
Y diego su hijo de 2 as

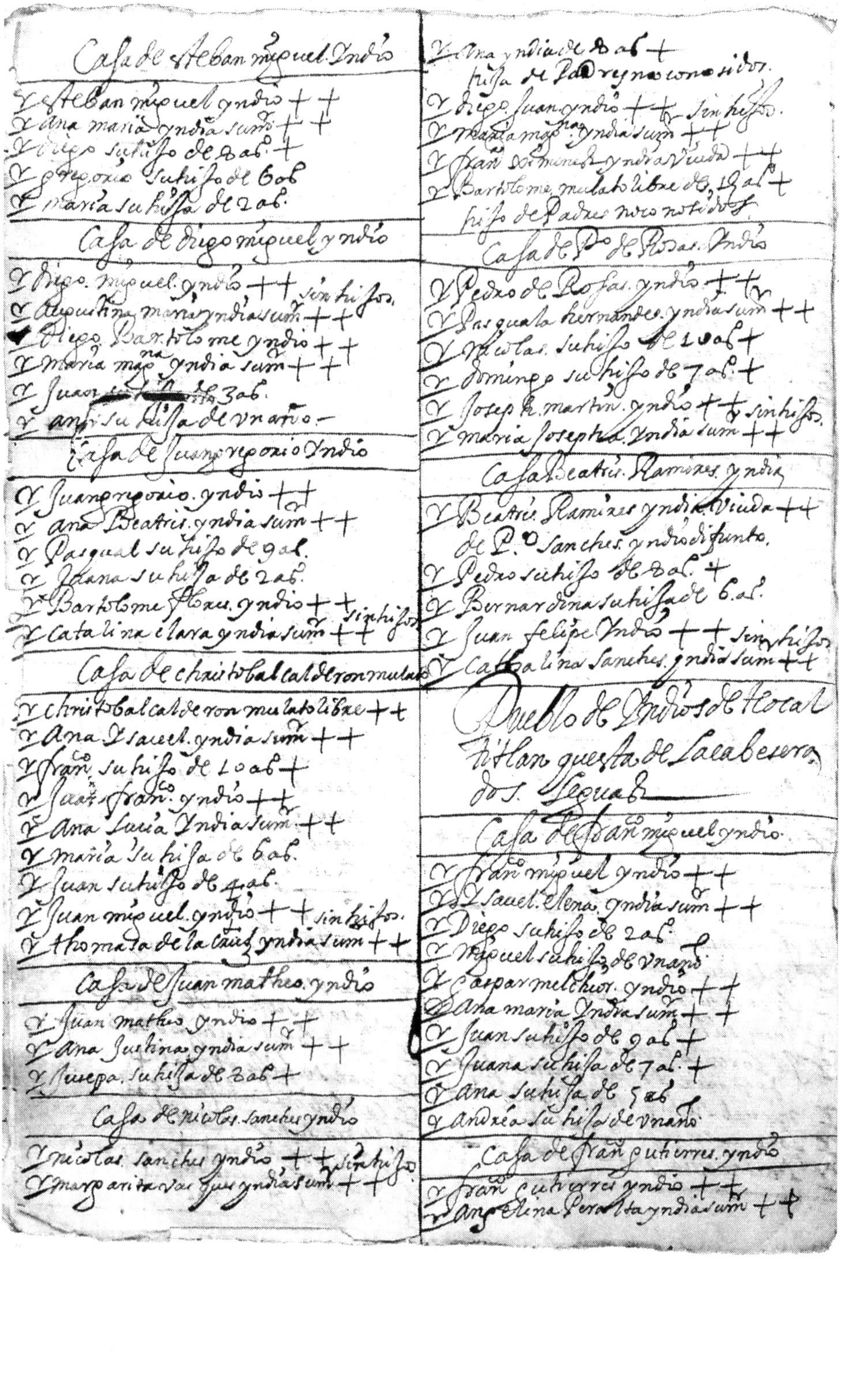

Casa de Esteban miguel Yndio
Esteban miguel yndio + +
Ana maria yndia sum + +
diego su hijo de 8 a. +
gregorio su hijo de 6 a.
maria su hija de 2 a.

Casa de diego miguel yndio
diego miguel yndio + + sin hijos.
Augustina maria yndia sum + +
Diego Bartolome yndio + +
maria magdalena yndia sum + +
Juan [illegible] de 3 a.
ana su hija de vn año.

Casa de Juan gregorio Yndio
Juan gregorio yndio + +
ana Beatris yndia sum + +
Pasqual su hijo de 9 a.
Juana su hija de 2 a.
Bartolome Florez yndio + + sin hijos
catalina clara yndia sum + +

Casa de christobal calderon mulato
christobal calderon mulato libre + +
Ana Ysabel yndia sum + +
fran.co su hijo de 10 a. +
Juan fran.co yndio + +
Ana Lucia Yndia sum + +
maria su hija de 6 a.
Juan su hijo de 4 a.
Juan miguel yndio + + sin hijos.
thomasa de la cruz yndia sum + +

Casa de Juan matheo yndio
Juan matheo yndio + +
Ana Justina yndia sum + +
Josepa su hija de 3 a. +

Casa de nicolas sanchez yndio
nicolas sanchez yndio + + sin hijos
margarita vazquez yndia sum + +

Ana yndia de 8 a. +
hija de padres no conocidos.
diego Juan yndio + + sin hijos.
maria magd.a yndia sum + +
fran.ca ximenez yndia viuda + +
Bartolome mulato libre de 12 a. +
hijo de padres no conocidos.

Casa de P.o de Rosas Yndio
Pedro de Rosas yndio + +
Pasquala hernandez yndia sum + +
nicolas su hijo de 10 a. +
domingo su hijo de 7 a. +
Joseph martin yndio + + sin hijos.
maria josepha yndia sum + +

Casa Beatris Ramirez yndia
Beatris Ramirez yndia viuda + +
de P.o sanchez yndio difunto.
Pedro su hijo de 8 a. +
Bernardina su hija de 6 a.
Juan felipe yndio + + sin hijos
catalina sanchez yndia sum + +

Pueblo de Yndios de Tlocal
titlan questa de la cabesera
dos leguas

Casa de fran.co miguel yndio
fran.co miguel yndio + +
Ysabel Elena yndia sum + +
Diego su hijo de 2 a.
miguel su hijo de vn año
Gaspar melchior yndio + +
Ana maria Yndia sum + +
Juan su hijo de 9 a. +
Juana su hija de 7 a. +
Ana su hija de 5 a.
andrea su hija de vn año

Casa de fran.co gutierres yndio
fran.co gutierres yndio + +
angelina peralta yndia sum + +

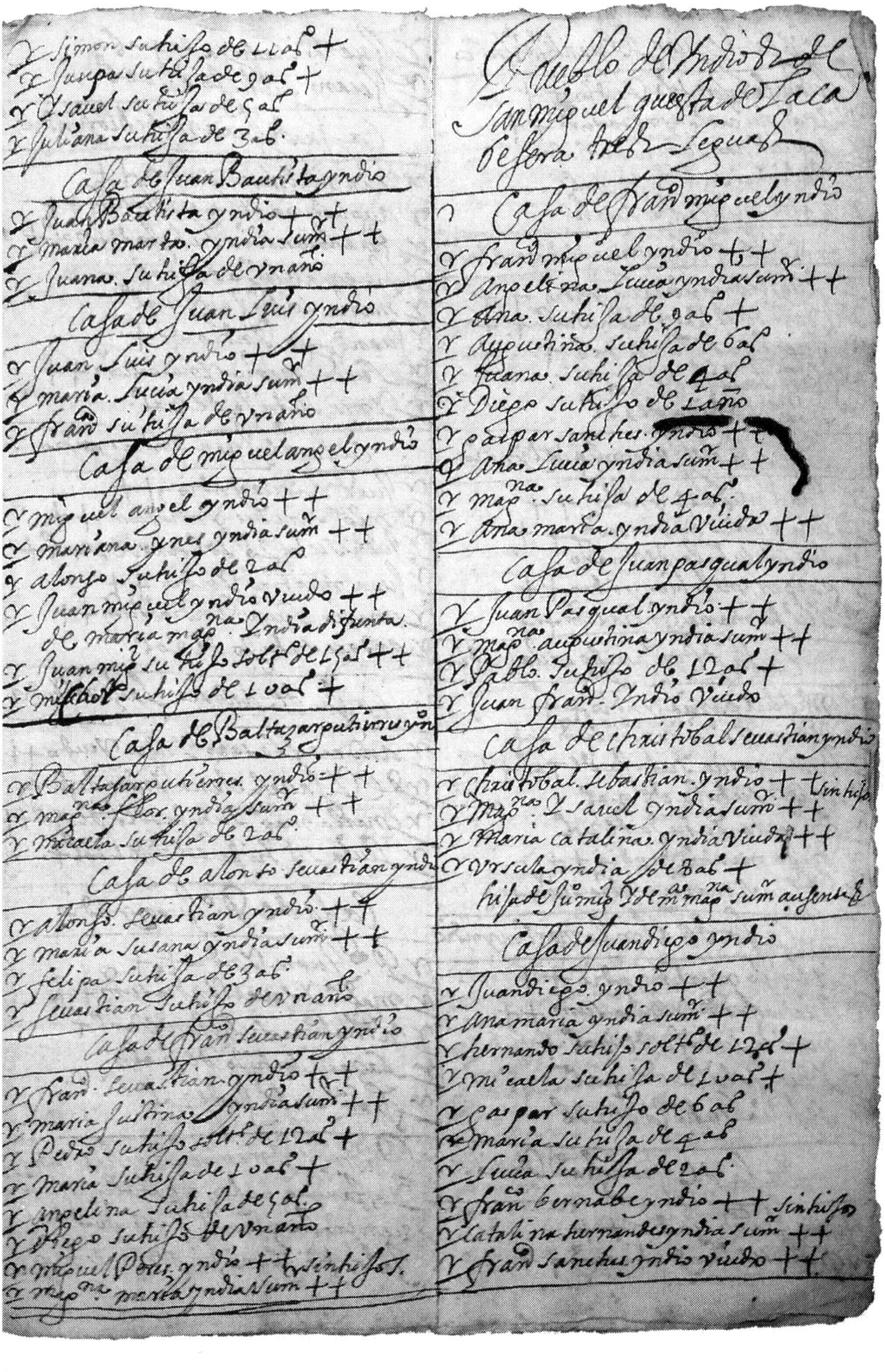
x Simon su hijo de 11 as +
x Juana su hija de 9 as +
x Ysauel su hija de 5 as
x Juliana su hija de 3 as

Casa de Juan Bautista yndio

x Juan Bautista yndio + x
x maria marta yndia su mr + +
x Juana su hija de vn año

Casa de Juan Luis yndio

x Juan Luis yndio + x
x maria Lucia yndia su mr + +
x Franco su hijo de vn año

Casa de miguel angel yndio

x miguel angel yndio + +
x mariana ynes yndia su mr + +
x alonso su hijo de 2 as
x Juan miguel yndio viudo + +
de maria magdna yndia difunta
x Juan migl su hijo solto de 15 as + +
x michael su hijo de 10 as +

Casa de Baltazar gutierrez yndio

x Baltasar gutierrez yndio + +
x magdna flor yndia su mr + +
x micaela su hija de 2 as

Casa de alonso sebastian yndio

x alonso sebastian yndio + +
x maria susana yndia su mr + +
x felipa su hija de 3 as
x sebastian su hijo de vn año

Casa de Fran sebastian yndio

x Fran sebastian yndio + +
x maria Justina yndia su mr + +
x Pedro su hijo solto de 12 as +
x maria su hija de 10 as +
x angelina su hija de 5 as
x diego su hijo de vn año
x miguel Perez yndio + + sin hijos
x magdna marta yndia su mr + +

Pueblo de Yndios de San miguel que esta de Tala de esta tres leguas

Casa de Fran miguel yndio

x Fran miguel yndio + +
x angelina Lucia yndia su mr + +
x Ana su hija de 9 as +
x augustina su hija de 6 as
x Juana su hija de 4 as
x Diego su hijo de 1 año
x gaspar sanchez yndio + +
x Ana Lucia yndia su mr + +
x magdna su hija de 4 as
x Ana maria yndia viuda + +

Casa de Juan pasqual yndio

x Juan Pasqual yndio + +
x magdna augustina yndia su mr + +
x Pablo su hijo de 12 as +
x Juan Fran yndio viudo

Casa de christobal sebastian yndio

x christobal sebastian yndio + + sin hijos
x magdna Ysauel yndia su mr + +
x maria catalina yndia viuda + +
x Vrsula yndia de 8 as +
hija de su mismo de la ma magdna su mr ausente

Casa de Juan diego yndio

x Juan diego yndio + +
x Ana maria yndia su mr + +
x hernando su hijo solto de 12 as +
x micaela su hija de 10 as +
x gaspar su hijo de 6 as
x maria su hija de 4 as
x Lucia su hija de 2 as
x Franco bernabe yndio + + sin hijos
x catalina hernandez yndia su mr + +
x Fran sanchez yndio viudo + +

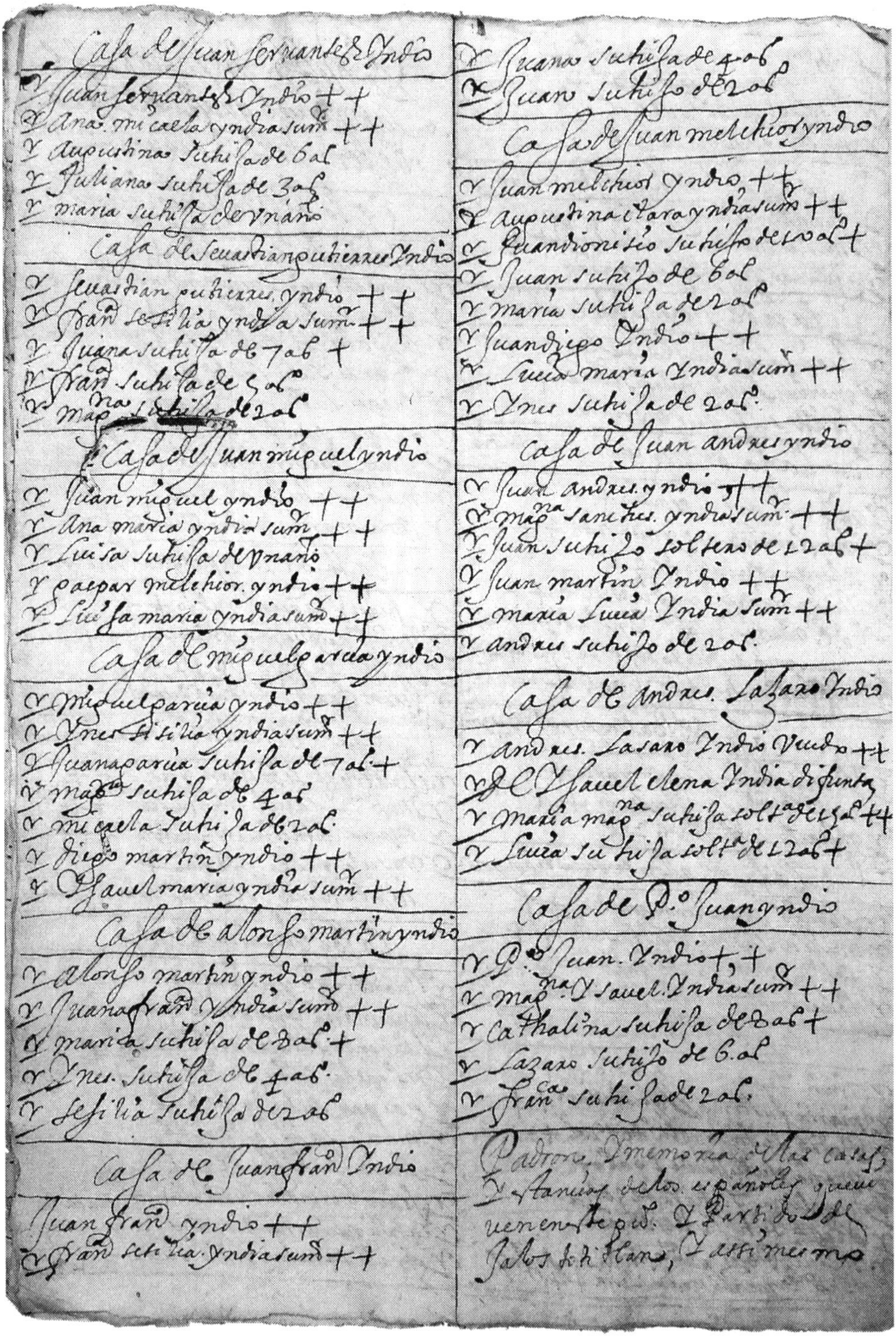

Casa de Juan Fernandez Yndio
Juan Fernandez yndio ++
Ana micaela yndia su m^r ++
Augustina su hija de 6 as
Juliana su hija de 3 as
maria su hija de un año

Casa de Sevastian Gutierrez Yndio
Sevastian Gutierrez yndio ++
Fran^ca Sesilia yndia su m^r ++
Juana su hija de 7 as +
Fran^co su hijo de 5 as
Mag^na su hija de 2 as

Casa de Juan Miguel yndio
Juan Miguel yndio ++
Ana Maria yndia su m^r ++
Luisa su hija de un año
Gaspar Melchior yndio ++
Luisa Maria yndia su m^r ++

Casa de Miguel Garcia yndio
Miguel Garcia yndio ++
Ynes Sesilia yndia su m^r ++
Juana Garcia su hija de 7 as +
Mag^na su hija de 4 as
Micaela su hija de 2 as
Diego Martin yndio ++
Ysabel Maria yndia su m^r ++

Casa de Alonso Martin yndio
Alonso Martin yndio ++
Juana Fran^ca yndia su m^r ++
Maria su hija de 3 as +
Ynes su hija de 4 as
Sesilia su hija de 2 as

Casa de Juan Fran^co Yndio
Juan Fran^co yndio ++
Fran^ca Sesilia yndia su m^r ++

Juana su hija de 4 as
Juan su hijo de 2 as

Casa de Juan Melchior yndio
Juan Melchior yndio ++
Augustina Clara yndia su m^r ++
Juan Dionisio su hijo de 10 as +
Juan su hijo de 6 as
Maria su hija de 2 as
Juan Diego yndio ++
Lucia Maria yndia su m^r ++
Ynes su hija de 2 as

Casa de Juan Andres yndio
Juan Andres yndio ++
Mag^na Sanchez yndia su m^r ++
Juan su hijo soltero de 12 as +
Juan Martin yndio ++
Maria Lucia yndia su m^r ++
Andres su hijo de 2 as

Casa de Andres Lazaro yndio
Andres Lazaro yndio viudo ++
de Ysabel Elena yndia difunta
Maria Mag^na su hija solt^a de 15 as ++
Lucia su hija solt^a de 12 as +

Casa de P^o Juan yndio
P^o Juan yndio ++
Mag^na Ysabel yndia su m^r ++
Cathalina su hija de 8 as +
Lazaro su hijo de 6 as
Fran^ca su hija de 2 as

Padron y memoria de las casas
y estancias de los españoles que
vienen en este p^d y partido de
Jalos [illegible] y assi mesmo

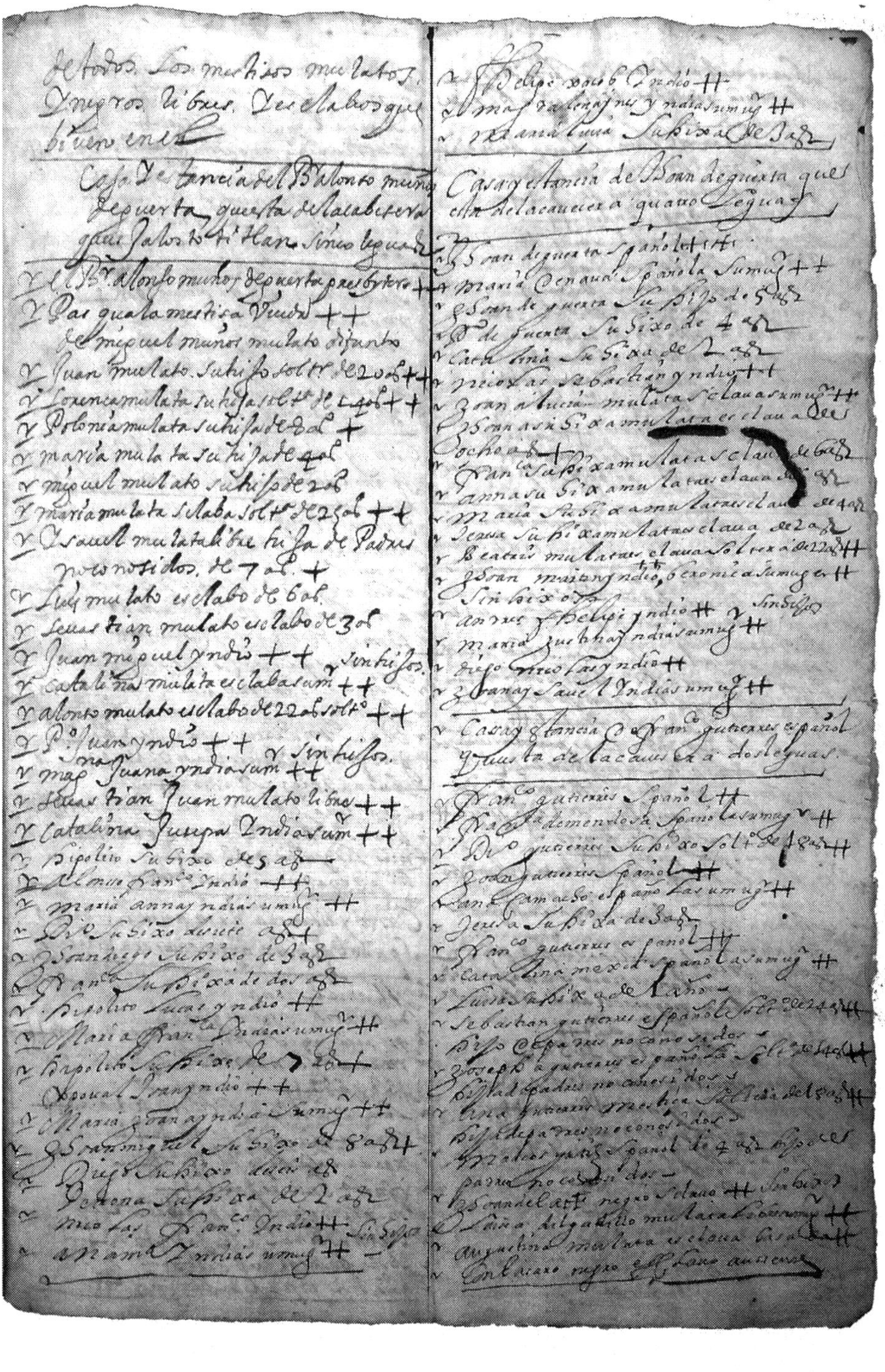
de todos los mestisos mulatos
y negros libres y esclabos que
biuen en el

Casa de estancia del Br. Alonso muños
de puerta que esta de la cabesera
de Jalostotitlan [illegible] leguas

Br. Alonso muños de puerta presbytero ++
Pasquala mestisa viuda ++
de miguel muños mulato difunto
Juan mulato su hijo solt.o de 20 as. ++
Lorensa mulata su hija solt.a de 40 as. ++
Polonia mulata su hija de [illegible] as. +
maria mulata su hija de 4 as.
miguel mulato su hijo de 2 as.
maria mulata eslaba solt.a de 23 as. ++
Ysauel mulata libre hija de Padres
no conosidos de 7 as. +
luis mulato esclabo de 6 as.
Sebastian mulato esclabo de 3 as.
Juan miguel yndio ++ y sin hijos.
catalina mulata esclaba su m. ++
alonso mulato esclabo de 22 as. solt.o ++
P.o Juan yndio ++ y sin hijos.
mag.na Juana yndia su m. ++
Sebastian Juan mulato libre ++
y catalina Jusepa yndia su m. ++
hipolito su hijo de 5 as.
Alonso Fran.co yndio ++
maria anna yndia su m. ++
[illegible] su hijo de [illegible] as. +
Joan [illegible] su hijo de 3 as.
Fran.ca su hija de dos as.
hipolito [illegible] yndio ++
y Maria Fran.ca yndia su m. ++
hipolito su hijo de 7 as. +
Xpoual Joan yndio ++
Maria Joana yndia su m. ++
Joan miguel su hijo de 8 as. +
Diego su hijo de [illegible] as.
Petrona su hija de 2 as.
[illegible] Fran.co yndio ++ sin hijos
y Anna [illegible] yndia su m. ++

Phelipe [illegible] yndio ++
y Anna [illegible] yndia su m. ++
[illegible] su hija de 3 as.

Casa y estancia de Joan de guerta que
esta de la cabesera a quatro leguas

Joan de guerta español ++
y maria [illegible] española su m. ++
Joan de guerta su hijo de 5 as.
[illegible] de guerta su hijo de 4 as.
Catalina su hija de 2 as.
[illegible] Sebastian yndio ++
y Joana [illegible] mulata esclaua su m. ++
Joana su hija mulata esclaua de [illegible]
[illegible] +
Fran.ca su hija mulata esclaua de [illegible] as.
anna su hija mulata esclaua de [illegible] as.
Maria su hija mulata esclaua de 4 as.
Teresa su hija mulata esclaua de 2 as.
Beatris mulata esclaua soltera de 22 as. ++
Joan martin yndio ++ y [illegible] su mug.r ++
sin hijos
Andres Phelipe yndio ++ y sin hijos
maria [illegible] yndia su mug.r ++
diego [illegible] yndio ++
y Joana [illegible] yndia su mug.r ++

Casa y estancia de Fran.co gutierres español
que esta de la cabesera a dos leguas

Fran.co gutierres español ++
y [illegible] de mendoza española su mug.r ++
Di.o gutierres su hijo solt.o de 18 as. ++
[illegible] gutierres español ++
y [illegible] español[a] su mug.r ++
Teresa su hija de 3 as.
Fran.co gutierres español ++
y Catalina [illegible] española su mug.r ++
[illegible] su hija de [illegible] año
Sebastian gutierres español solt.o de 24 as. ++
hijo de padres no conosidos
Joseph gutierres español solt.o de 14 as. ++
hijo de padres no conosidos
[illegible] gutierres mestiza solt.a de 18 as. ++
hija de padres no conosidos
[illegible] gutierres español de 4 as. hijo de
padres no conosidos
Joan del [illegible] negro eslauo ++ sin hijos
y [illegible] mulata [illegible] ++
Augustina mulata esclaua [illegible] ++
[illegible] negro esclauo ausente

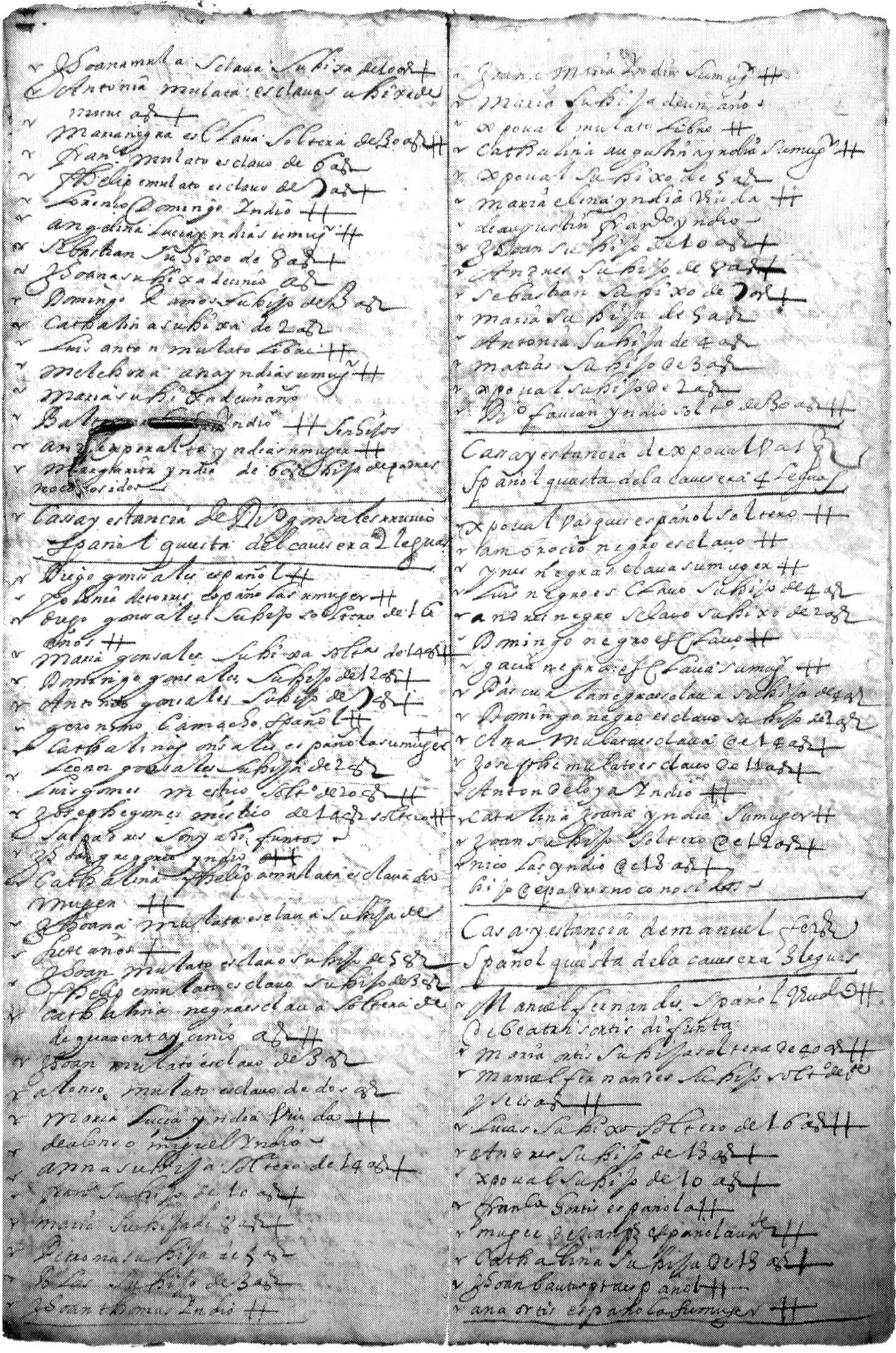

Joana mulata esclava su hija de 10 a. +
Antonia mulata esclava su hija de nueve a. +
Mariana negra esclava soltera de 30 a. ++
Fran.co mulato esclavo de 6 a.
Phelipe mulato esclavo de 2 a. +
Lorenço Domingo Indio ++
Angelina Lucia yndia su muger ++
Sebastian su hijo de 8 a. +
Joana su hija de un año
Domingo de amos su hijo de 3 a.
Cathalina su hija de 2 a.
Luis anton mulato libre ++
Melchora ana yndia su muger ++
Maria su hija de un año
Bal[...] yndio ++ sin hijos
Ana Esperança yndia su muger ++
Margarita yndia de 60 a. hija de padres no conosidos

Casa y estancia de Di.o gonsales [illegible] español questa de la cauesera 2 leguas

Diego gonsales español ++
Polonia de Torres española su muger ++
Diego gonsales su hijo soltero de 16 años ++
Maria gonsales su hija soltera de 14 a. ++
Domingo gonsales su hijo de 12 a. +
Antonio gonsales su hijo de 7 a. +
Geronimo Camacho español ++
Cathalina gonsales española su muger ++
Leonor gonsales su hija de 2 a.
Luis gomes mestizo solt.o de 20 a. ++
Estephe gomes mestizo de 14 a. soltero ++
Saluador Sotomayor difunto
Joan gregorio yndio ++
Cathalina Phelipa mulata esclava su muger ++
Joana mulata esclava su hija de siete años +
Joan mulato esclavo su hijo de 5 a.
Phelipe mulato esclavo su hijo de 3 a.
Cathalina negra esclava soltera de quarenta y cinco a. ++
Joan mulato esclavo de 3 a.
Alonso mulato esclavo de dos a.
Maria Lucia yndia viuda ++
de alonso miguel yndio
Anna su hija soltera de 14 a. +
Fran.ca su hija de 10 a. +
Maria su hija de 8 a. +
Ximona su hija de 5 a.
Blas su hijo de 3 a.
Joan thomas Indio ++

Joana Maria yndia su muger ++
Maria su hija de un año
Xpoual mulato libre ++
Cathalina augustina yndia su muger ++
Xpoual su hijo de 5 a.
Maria elena yndia viuda ++
de augustin Fernando yndio
Joan su hijo de 10 a. +
Andres su hijo de 8 a. +
Sebastian su hijo de 7 a. +
Maria su hija de 5 a.
Antonia su hija de 4 a.
Matias su hijo de 3 a.
Xpoual su hijo de 2 a.
hijo fauian yndio sol.ro de 20 a. ++

Casa y estancia de Xpoual Vasq.z español questa de la cauesera 4 leguas

Xpoual Vasquez español soltero ++
Ambrocio negro esclavo ++
Ynes negra esclava su muger ++
Luis negro esclavo su hijo de 4 a.
Andres negro esclavo su hijo de 2 a.
Domingo negro esclavo ++
Gracia negra esclava su muger ++
Marcela negra esclava su hija de 4 a.
Domingo negro esclavo su hijo de 2 a.
Ana mulata esclava de 14 a. +
Joseph mulato esclavo de 11 a. +
Anton de loya yndio ++
Catalina Joana yndia su muger ++
Joan su hijo soltero de 14 a. +
Nicolas yndio de 18 a. +
hijo de padres no conocidos

Casa y estancia de manuel Fern.z español questa de la cauesera 3 leguas

Manuel Fernandes español viudo ++
de Beatriz ortis difunta
Maria ortis su hija soltera de 20 a. ++
Manuel Fernandes su hijo solt.o de 18 a. ++
Lucas su hijo soltero de 16 a. ++
Andres su hijo de 13 a. +
Xpoual su hijo de 10 a. +
Fran.ca Gorris española ++
muger de Juares española viuda ++
Cathalina su hija de 18 a. +
Joan bautista su hijo [illegible] años ++
Ana ortis española su muger ++

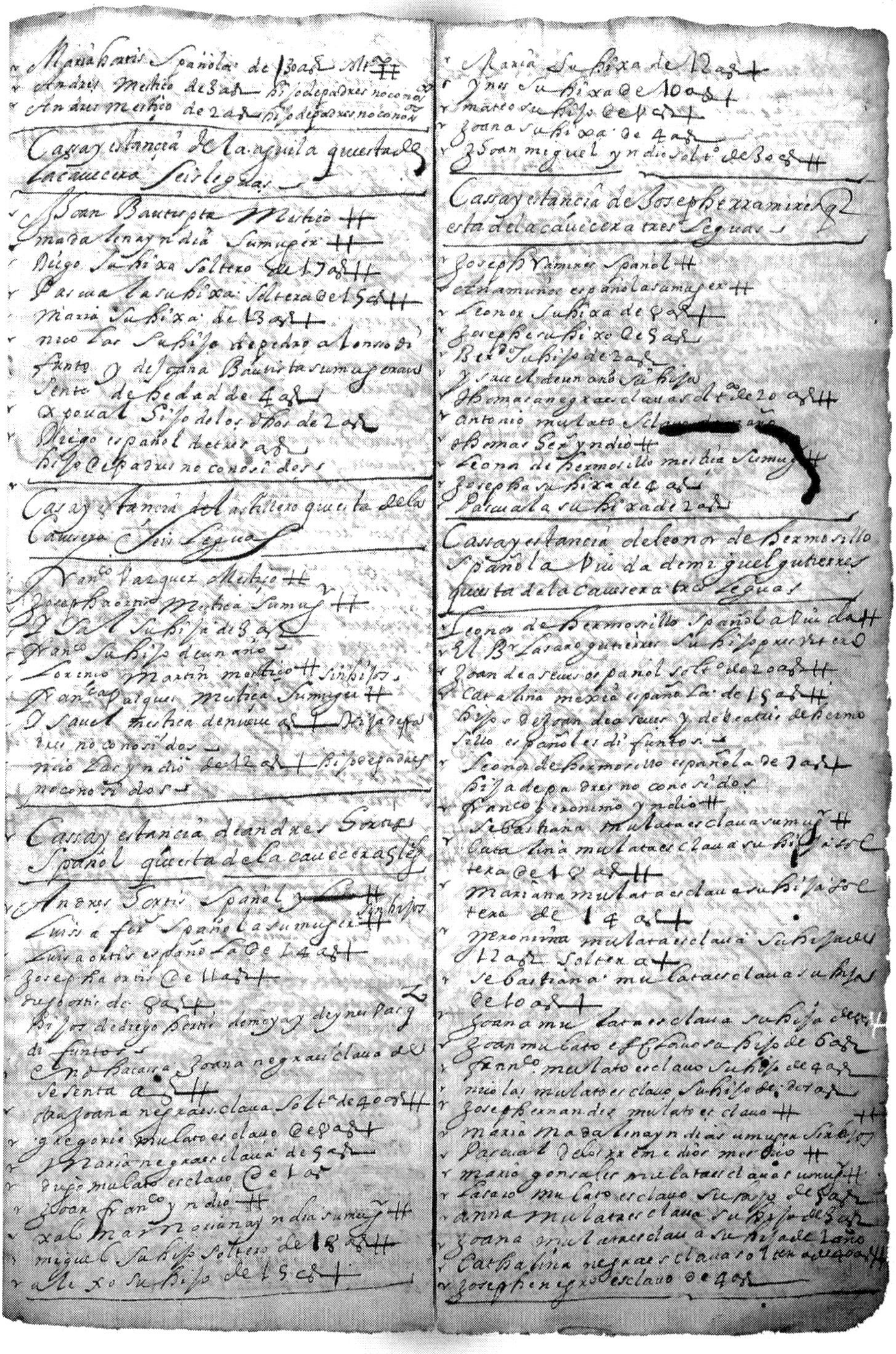

Maria ... spañola de 30 as Mtª ††
Andres mestiço de 3 as hijo de padres no conoçidos
Andres mestiço de 2 as hijo de padres no conoçidos

Cassa y estançia de la aguila que esta de la caueçera seis leguas

Joan Bautista Mestiço ††
madalena yndia su muger ††
Diego su hijo soltero de 17 as ††
Pasquala su hija soltera de 15 as ††
Maria su hija de 13 as †
nicolas su hijo de pedro alonso difunto y de Joana Bautista su muger ... de hedad de 4 as
Xpoual hijo de los dichos de 2 as
Diego español de ... as hijo de padres no conosidos

Cassa y estançia del arcillero que esta de la caueçera seis leguas

Franco Vazquez Mestiço ††
Josepha ... Mestiça su muger ††
... su hijo de 3 as
Franco su hijo de un año
Lorenço Martin mestiço †† sin hijos
Franca Vazquez Mestiça su muger ††
Ysauel Mestiça ... hija de padres no conosidos
nicolas yndio de 12 as † hijo de padres no conosidos

Cassa y estançia de andres ortis español que esta de la caueçera 3 leguas

Andres ortis español †† sin hijos
Luisa ... española su muger ††
Luisa ortis española de 14 as †
Josepha ortis de 11 as †
diego ortis de 8 as †
hijos de diego ortis de moya y de ... difuntos
... Joana negra esclaua de sesenta as ††
... Joana negra esclaua solt.ª de 40 as ††
gregorio mulato esclauo de 8 as †
Maria negra esclaua de 8 as
diego mulato esclauo de 1 as
Joan Franco yndio ††
... yndia su muger ††
miguel su hijo soltero de 18 as ††
Alexo su hijo de 15 as †

Maria su hija de 12 as †
Ynes su hija de 10 as †
marcos su hijo de 8 as †
Joana su hija de 4 as
Joan miguel yndio solt.º de 30 as ††

Cassa y estançia de Joseph Ramirez que esta de la caueçera tres leguas

Joseph Ramirez español ††
... muñoz española su muger ††
Leonor su hija de 8 as †
Josephe su hijo de 5 as
Ber.do su hijo de 2 as
Ysauel de un año su hija
... negra esclaua ... de 20 as ††
antonio mulato esclauo de un año
thomas ... yndio ††
Leona de hermosillo mestiça su muger ††
Josepha su hija de 4 as
Pasquala su hija de 2 as

Cassa y estançia de leonor de hermosillo española viuda de miguel gutierres que esta de la caueçera tres leguas

Leonor de hermosillo española viuda ††
El Br Lasaro gutierres su hijo presbitero
Joan de ... español solt.º de 20 as ††
Catalina ... española de 15 as ††
hijos de Joan de ... y de beatris de hermosillo españoles difuntos
Leonor de hermosillo española de 7 as †
hija de padres no conosidos
Franco geronimo yndio ††
Sebastiana mulata esclaua su muger ††
Catalina mulata esclaua su hija soltera de 18 as ††
Mariana mulata esclaua su hija soltera de 14 as †
Geronima mulata esclaua su hija de 12 as soltera †
Sebastiana mulata esclaua su hija de 10 as †
Joana mulata esclaua su hija de ... †
Joan mulato esclauo su hijo de 6 as
Fernando mulato esclauo su hijo de 4 as
nicolas mulato esclauo su hijo de ... as
Joseph hernandes mulato esclauo ††
Maria Madalena yndia su muger ... ††
Pasqual de los ... mestiço ††
maria gonsales mulata esclaua su muger ††
Lasaro mulato esclauo su hijo de 5 as
anna mulata esclaua su hija de 3 as
Joana mulata esclaua su hija de 1 año
Cathalina negra esclaua soltera de 40 as ††
Joseph negro esclauo de 4 as

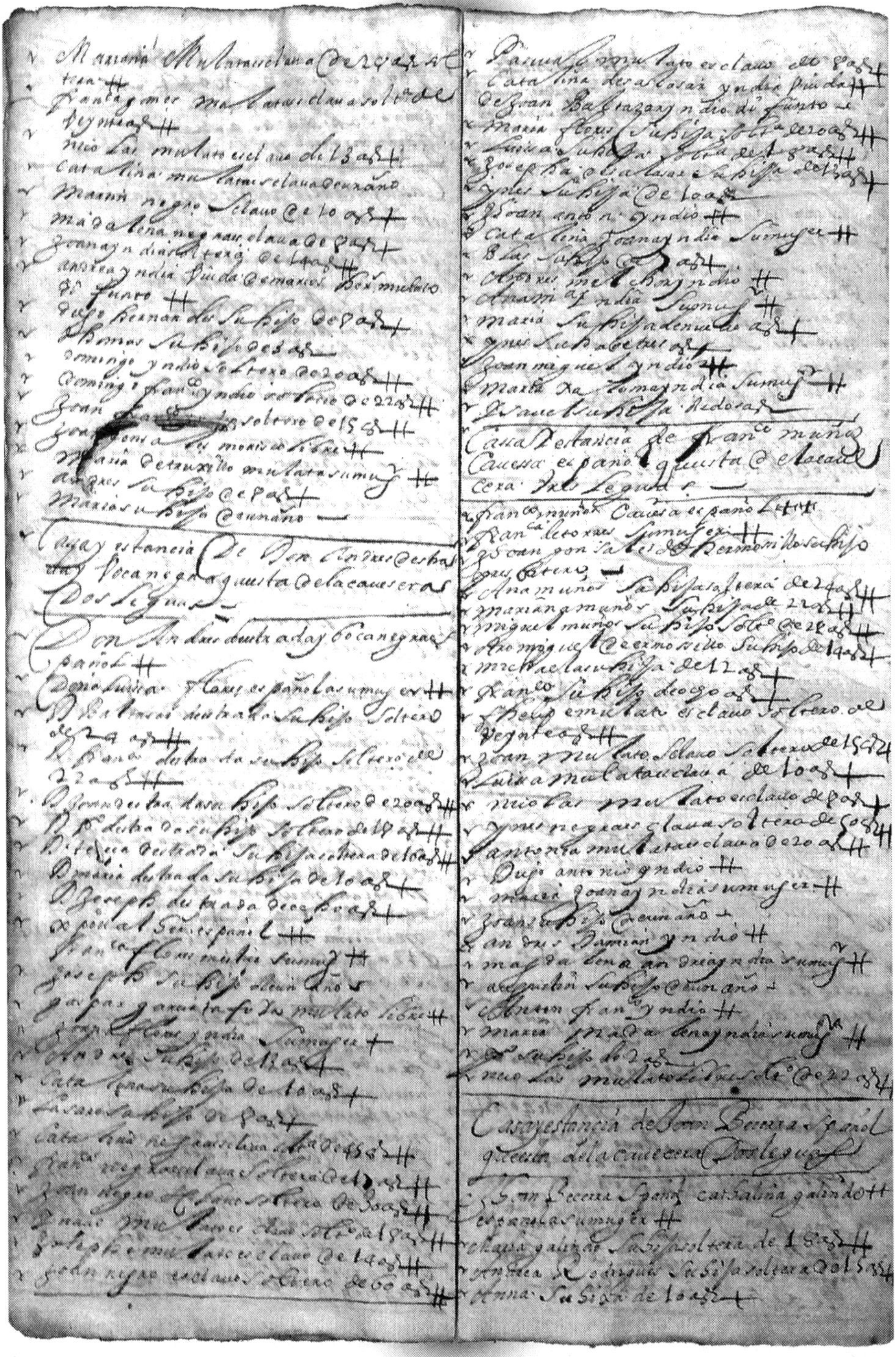
Mariana mulata esclava de 24 años sol-
tera ++
Francisca gomez mulata esclava soltera de
veynte años ++
Nicolas mulato esclavo de 13 años +
Catalina mulata esclava de un año
Marcos negro esclavo de 10 años +
Magdalena negra esclava de 8 años +
Joana yndia soltera de 14 años +
Andrea yndia biuda de manuel [illegible] mulato
difunto ++
Diego hernandez su hijo de 8 años +
Thomas su hijo de 5 años
Domingo yndio soltero de 20 años ++
Domingo francisco yndio soltero de 22 años ++
Juan [illegible] soltero de 15 años ++
Juan [illegible] ++
María de truxillo mulata su muger ++
Andres su hijo de 8 años +
Mariana su hija de un año

Casa y estancia de Don Andres de Estrada
Bocanegra a quatro [illegible] de la cabecera
dos leguas

Don Andres de Estrada y Bocanegra es-
pañol ++
Doña Luisa [illegible] Flores española su muger ++
Don Baltasar de Estrada su hijo soltero
de 24 años ++
Don Francisco de Estrada su hijo soltero de
22 años ++
Don Fernando de Estrada su hijo soltero de 20 años ++
Don Pedro de Estrada su hijo soltero de 18 años ++
Doña Teresa de Estrada su hija soltera de 16 años ++
Doña María de Estrada su hija de 10 años +
Don Joseph de Estrada de ocho años +
Cristobal [illegible] español ++
Francisca Flores mestiza su muger ++
Joseph su hijo de un año
Gaspar [illegible] mulato soltero ++
Joseph Flores [illegible] su muger +
Andres su hijo de 12 años +
Catalina [illegible] su hija de 10 años +
Lazaro su hijo de 8 años +
Catalina negra esclava de 45 años ++
Francisca negra esclava soltera de 18 años ++
Juan negro esclavo soltero de 30 años ++
Mariana mulata esclava soltera de 18 años ++
Phelipe mulato esclavo de 14 años ++
Pedro negro esclavo soltero de 60 años ++

Pascual [illegible] mulato esclavo de [illegible] años +
Catalina de Baltasar yndia biuda ++
de Juan Baltasar yndio difunto +
María Flores su hija soltera de 20 años ++
Lucía su hija soltera de 18 años ++
Joseph Baltasar su hijo de 13 años +
Ynes su hija de 10 años
Juan Antonio yndio ++
Catalina Joana yndia su muger ++
Blas su hijo de 8 años +
Alonso Melchor yndio ++
Ana María yndia su muger ++
María su hija de [illegible] años +
Ynes su hija de [illegible]
Juan Miguel yndio ++
María [illegible] yndia su muger ++
Manuel su hijo [illegible]

Casa y estancia de Francisco Muñoz
Cavesa español a quatro [illegible] de la cabecera tres leguas

Francisco Muñoz Cavesa español ++
Francisca [illegible] su muger ++
Juan gonzalez [illegible] hermano [illegible] su hijo
soltero
Ana Muñoz su hija soltera de 24 años ++
Mariana Muñoz su hija de 22 años ++
Miguel Muñoz su hijo soltero de 18 años +
Domingo [illegible] hermosillo su hijo de 14 años +
Michaela su hija de 12 años +
Francisco su hijo de ocho años +
Phelipe mulato esclavo soltero de
veynte años ++
Juan mulato esclavo soltero de 15 años +
Luisa mulata esclava de 10 años +
Nicolas mulato esclavo de 8 años +
Ynes negra esclava soltera de 50 años +
Antonia mulata esclava de 20 años ++
Diego Antonio yndio ++
María Joana yndia su muger ++
Juan su hijo de un año +
Andres Damian yndio ++
Magdalena [illegible] yndia su muger ++
Agustin su hijo de un año +
Simon Francisco yndio ++
María Magdalena yndia su muger ++
[illegible] su hijo de 2 años
Nicolas mulato soltero de 22 años +

Casa y estancia de Don [illegible] Becerra español
[illegible] de la cabecera dos leguas

Juan Becerra español ++ Catalina Galindo ++
española su muger ++
Eulalia Galindo su hija soltera de 18 años +
Angelica [illegible] su hija soltera de 15 años +
Ana su hija de 10 años +

Cathalina su hija de 8 as +
Juan su hijo de 7 as +
Sebastián su hijo de 5 as
Fran.ca su hixa de 4 as
Xptoual su hijo de un año
Ana ... dríguez española viuda ++

Casa y estancia de Joan de saavedra español ausente questa de la cauecera 2 leguas

Está en ella Joan Velásquez yndio ++
Ana de ... mestiza su mujer ++
Domingo su hixo de un año

Al ... que llaman la la ... que esta dos leguas de la cauecera y vive en ella mariana de Salvatierra viuda de Joan de medina mulato libre

Mariana de salbatierra mestiza ++
Ynes de medina su hija muger de Joan ... mestizo ausente ++
Baltazar su hijo de 2 as
Miguel de medina soltero hijo de la dicha mariana de 18 as ++
Juan de medina hijo de la dicha de 15 as ++
Fran.co de medina hijo de la dicha de 10 as +
Ana hija de la dicha de 8 as +
Nicolás de medina mestizo ++
Beatriz de ... mestiza su mujer ++
Mariana su hija de 3 as

Cassa y estancia de Fran.co muños de la ... questa de la cauesera dos leguas.

Fran.co muños de ... español ++
Catalina gonsales española su mujer ++
María ... su hija soltera de 18 as ++
Ysabel gutierres su hija soltera de 23 as ++
Catalina ... soltera de 20 as ++
Anna gonsales su hija de 15 as ++
Josepha muños su hija soltera de 18 as ++
Fernando gutierres su hijo soltero de 16 as ++
María muños su hija soltera de 14 as ++
Benito muños su hijo de 12 as +
Luis su hijo de cinco as
Joseph su hijo de 3 as
Manuel negro esclauo soltero de 30 as ++
Antonia negra esclaua soltera de 30 as ++
Joseph mulato esclauo de 7 as +
Magdalena mulata esclaua de 5 as
Miguel negro esclauo de un año

Casa y estancia de diego Alonso del pedroso español esta de la cauesera cinco leguas

Diego alonso del pedroso español ++
Paula ... español su mujer ++
Augustín garcía su hijo soltero de 14 as +
Ygnacio gonsales su hijo soltero de veynte y dos as ++
María de bermudillo su hija soltera de veynte y dos as ++
Alonso ramires su hijo soltero de 20 as
Nicolás ramires su hijo de 10 as +
Paula su hixa de 5 as
Mariana negra esclaua soltera de 60 as ++
Gracia negra esclaua soltera de 40 as ++
Josepha mulata esclaua ... ++
Fran.co mulato esclauo de 4 as
Joan domingo yndio ++
María ... yndia su mujer ++
Josepha su hija de 4 as
Juana su hija de un año

Cassa de Albaro de bornelas español esta de la cauesera a seis leguas

Albaro de bornelas español soltero de 40 as +
Diego de mendosa mestizo ++
Ana Rodrigues mestiza su mujer ++
Fran.co de mendosa su hijo soltero de 25 as ++
Joseph de martín yndio soltero de 20 as +
Nicolás de mendosa español hijo de padres no conosidos de 16 as ++
Miguel yndio ++
Catalina ynes yndia su mujer ++
Thomas su hijo de 3 as
Joseph su hijo de un año
Thomas perez yndio ++
Cathalina ... yndia su mujer ++
María su hixa de 4 as
Antonio su hijo de tres as
... su hijo de un año
Marta de ... yndia viuda ++
Sebastián negro difunto
Diego su hijo de ... +
Joan su hijo de 6 as +
Joseph su hijo de 4 as
María su hija de 2 as
Felipa su hija de 13 as + sin hijos
Joan de bargas yndio ++
María ysabel yndia su mujer ++
María de los ángeles mestiza de 9 as +
Diego yndio de dos años ... de padres no conosidos
Fernando ... yndio soltero de 18 as ++

Casa y estancia de manuel de borne... español questa de la cauesera seis ...

Manuel de bornela ++

Dª Ysabel de alarcon es pañola su muger #
Phelipa de ledesma es pañola de ... años
hijo de Antº de ledesma y de Antº de corneio difuntos
Sebastian de corneio mestizo de 12 años
Petrona mestiza de 10 años hija de padres no conocidos

Casa y estancia de Mrn de aguirre español questa de la cauesera 4 leguas
Martin de aguirre #
Leonor de mendosa española su muger #
Pedro Lasso de aguirre su hijo soltero de 30 años
Martin de aguirre su hijo soltero de 22 años
Anna de mendosa su hija soltera de 20 años
Leonor de aguirre su hija soltera de 18 años
Luisa de mendosa su hija soltera de 16 años
Mª de mendosa su hija soltera de 14 años
Saluador de aguirre su hijo de 8 años
Nicolas su hijo de 3 años

Casa y estancia de Franco de quesada español questa de la cauesera 5 leguas
Franco de quesada #
Cathalina de los angeles española su muger #
Joana de quesada su hija soltera de 20 años
Alonso de quesada su hijo soltero de 18 años
Mª su hija soltera de 17 años
Luisa su hija soltera de 12 años
Joseph su hijo de 9 años
Catalina su hija de 8 años
Germo su hijo de 6 años
Nicolas su hijo de 4 años
Franco de quesada español # sin hijos
Joana Arcangel española su muger #
Joan Calvo de Ra español # sin hijos
Ysabel de quesada española su muger #
Mariana de mendosa española ... años
Mª de mendosa española hija de Franco de orosco español y de Mª de mendosa su muger difuntos
Fernando de quesada de 9 años mestizo
Maria yndia de 6 años hija de padres no conosidos

Casa y estancia de diego mrz español questa de la cauesera 4 leguas
Diego marquez soltero de 26 años
Ysabel de mendosa española viuda #
Joan de cornejo español soltero de 15 años
Thomas de mendosa mulato ... años
Rafael de mendosa mestizo soltero de 16 años
hijos de padres no conosidos
Joan de zeballos mestizo #
Mª Magdalena yndia su muger #
Lazaro su hijo de 14 años
Catalina su hija de 12 años
Baltazar Sanchez Indio #

Anna Lucia yndia su muger #
Nicolas su hijo de 3 años
Ana su hija de 2 años
Diego su hijo de 4 años
Miguel Sanchez yndio soltero de 16 años
Luisa de mendosa mestiza soltera de 15 años
Catalina de la cruz mestiza soltera de 16 años
Ysabel de mendosa mestiza soltera de 20 años
Costança mestiza de 9 años hijos de padres no conosidos

Casa y estancia de Rodrigo de cornejo español questa de la cauesera 4 leguas
Rodrigo de cornejo #
Dª maria viuda su muger #
Gabriel Sanchez su hijo soltero de 25 años
Andrea Sanchez española de 15 años
Alonso de la cruz yndio soltero de 40 años
Joan mestizo de 8 años
Phelipe mestizo de 4 años hijos de padres no conosidos

Casa y estancia de alonso de caualos questa de la cauesera 5 leguas
Alonso de zeballos #
Dª Catalina de orosco española su muger #
Joseph de zeballos su hijo soltero de 24 años
Nicolas de zeballos su hijo soltero de 20 años
Joan de orosco su hijo soltero de 15 años
Dª Catalina de orosco su hija soltera de catorce años
Aparicio de orosco su hijo de 12 años
Franco de orosco español #
Ginesa Melendez española su muger #
Joan su hijo de 3 años
Joseph su hijo de 2 años

Casa y estancia de ... mrn del campo español questa de la cauesera 4 leguas
Lazaro martin #
Maria de la cruz española su muger #
Miguel Sanchez su hijo soltero de 18 años
Franco martin su hijo soltero de 16 años
Beatris Lopes su hija soltera de 12 años
Nicolas del campo su hijo de 11 años
Mª su hija de ... años
Mª su hija de 6 años Joseph de 3 años
Andres su hijo de 2 años
Luisa ... negra esclava soltera de 24 años
Luisa de los reyes mulata esclava soltera de 12 años
Baltazar de los reyes mulato esclavo de 40 años
Joseph mulato esclavo de 5 años
Joan Mrn Indio # sin hijos
Francisca Yndia su muger #

Juan de Aguilar Indio ++
Ynes M.a India su muger ++
Bar.me su hijo de dos a.
P.o [illegible] yndio ++
ana m.a India su muger ++
Polonia su hija de 1 año
miguel graviel yndio ++ sin hijos
Ursula angelina yndia su mug. ++
Miguel gaspar yndio ++
Juana [illegible] yndia su mug. ++
Juana su hija de 3 a.

Cassa y estancia de madalena de Pena español

Madalena de carmona español la ++
mug. de Lorenzo de [illegible] sin hijos
Diego Sernin español ++
Madalena de carmona su mug. ++
M.a su hija de dos a.
[illegible] español soltero de 16 a. ++ hijo de [illegible] de Joana [illegible] su muger
madalena Joana yndia soltera de 30 a.
ma. de la [illegible] mestiza solt. de 18 a. ++
madalena yndia de [illegible]
Joan mestizo de 9 a. +
Josepha mestiza de 5 a.
hijos de padres no conosidos

Cassa y estancia de Juan martin de la angel mestizo questa de la cavesera 5 leguas

Juan martin de la angel hijo de [illegible]
viuda de Joan martin de la angel sin hijos
Fran.ca [illegible] su muger mestiza ++
ana [illegible] mestiza viuda ++
Constanza martin hija [illegible] de 22 a. soltera ++
Fran.co hernandez mestizo ++
madalena de cabrera mestiza su mug. ++
maria [illegible] su hija soltera de 16 a. ++
Bern.no su hijo de 8 a. +
Joana su hija de 11 a. +
madalena su hija de 4 a.
antonio su hijo de 3 a.

Cassa y estancia que tiene [illegible] questa de la cavesera 5 leguas

[illegible] ++
maria de [illegible] yndia su mug. ++
Ramona su hija de 6 a.
miguel su hijo de 2 a.

Cassa y estancia del mes quite que esta de la cavesera 4 leguas

Diego sanches de porras ++
Elbira Sanches española su mug. ++
Lorenzo su hijo solt.o de 25 a. +
Juana mulata de 8 a. +

Cassa y estancia de Teresa de Hermosillo española questa 2 leguas de la cavesera

Theresa de Hermosillo española viuda
de Silvestre camacho español difunto
[illegible] de 30 a.
Mariana camacho su hija [illegible]
Theresa de Hermosillo su hija de 18 a.
Silvestre camacho su hijo solt.o de 15 a.
Madalena yndia solt.a de 40 a. ++
Antonia mestiza de 6 a.
Sebastian mestizo de 9 a. +
Silvestre mestizo de 5 a.
hijos de padres no conosidos

Cassa y estancia de m.a [illegible] española viuda questa de la cavesera 3 leguas

Maria [illegible] ++
viuda de phelipe macias difunto
Joseph macias su hijo soltero de 19 a. ++
Juan de [illegible] Texillo español [illegible] ++
antonia de [illegible] española su muger ++
michaela su hija de un año
Clemente de [illegible] español ++
Beatris ramires española su mug. ++
Juan [illegible] su hijo de 10 a. +
Clemente su hijo de 1 año

Cassa y estancia que llaman de el [illegible] questa de la cavesera 3 leguas

nicolas Xaramillo mestizo ++
madalena [illegible] su mug. mestiza ++
Franco [illegible] su hijo de 2 a.

Cassa y rancho de [illegible] de santiago mestizo questa un cuarto de legua de la cavesera

Blas de santiago ++
Catalina gonsales yndia su mug. ++
Phelipa de santiago su hija de 17 a. ++
Juana de santiago su hija solt.a de 15 a. ++
Diego gonsales su hijo de 13 a. +
Ynes gonsales su hija de 11 a. +
Miguel [illegible] su hijo de 10 a. +
Madalena de [illegible] +

Blas su hijo de 6 años
Ma su hija de un año
Nicolas su hijo de 3 años
Carlos [illegible] mestizo ++
Melchora de la Cruz mestiza su muger ++
Cathalina su hija de 3 años
Alonso su hijo de un año

Cassas de los españoles que viven en este pu[ebl]o de Xalostotitlan cauecera deste partido

Cassa de Ysabel de Olivares española viuda de Joan Ximenez

Ysabel de Olivares viuda ++
Fr[ancis]co Ximenez su hijo solt[er]o de 24 años ++
Joan de Olivares su hijo solt[er]o de 22 años ++
Ma de Mendoza su hija soltera de 18 años ++
Cata de Mendoza su hija soltera de 15 años ++
Luisa de Mendoza su hija soltera de 13 años ++
Nicolas Ximenez español ++
[illegible] de Mendoza española su muger ++
Joseph su hijo de un año
[illegible] Joan de [illegible] español [illegible] Ysabel de Mendoza su muger ++
Maria su hija de 6 años
Rexina su hija de 2 años
Maria de la Asencion negra esclava soltera de 25 años ++
Maria [illegible] mulata esclava soltera de 16 años ++
Anta mulata esclava de 3 años
Ana ma mulata esclava de un año
Lorenzo Gomez mulato esclavo solt[er]o de 18 años ++

Cassa de Agueda de Torres española

Agueda de Torres viuda de [illegible] de Valdivia ++
Blas de Valdivia su hijo solt[er]o de 20 años ++
Diego Ramirez español ++
Apolonia de Torres su muger española ++
Ysabel su hija de 3 años
Alonso su hijo de un año
Ro de Orozco mestizo ++
Antonia de Torres su muger mestiza ++
Elbira Yndia soltera de 30 años ++
Simon de Torres mestizo de 10 años +
Franca mestiza de 5 años hijos de padres no conocidos

Cassas de los españoles que viven en el pueblo de Ntra Sa de San Juan

Cassa de Bartolome Mn ++
Maria Sanchez española su muger ++
Joan Garcia solt[er]o su hijo de 25 años ++

Lazaro de la Peña español ++
Geronima de Santamaria mestiza su muger ++
Joseph su hijo de 3 años
Blas su hijo de 2 años
Joseph Sanchez español ++
Doña Maria de Orozco su muger ++
Joseph su hijo de 7 años +
Luisa su hija de 5 años
Nicolas su hijo de 4 años
Catalina su hija de 2 años
Franco [illegible] español ++
Anna de la Peña española su muger ++
Ma Sanchez española la muger de Miguel Muños ausente ++
Joana su hija de 4 años
Susana mestiza de 10 años + hija de padres no conocidos

Cassa de Ma de Alvarado mestiza

Maria de Alvarado viuda de Fernando Sanchez ++
Manuel Sanchez su hijo solt[er]o de 22 años ++
Phelipa de Santiago su hija soltera de 18 años ++
Po su hijo de 13 años +
Luisa su hija de 11 años +
Joseph [illegible] de un año hijo de padres no conocidos

Cassa de Ma de los Angeles

Maria de los Angeles mestiza viuda ++
Diego de Alvarado mestizo soltero de 23 años ++
Josepha de los Angeles mestiza soltera de 20 años ++
Maria [illegible] mestiza de 3 años hija de padres no conocidos

Cassa de Geronimo Mexia

Geronimo Mexia ++
Da Thomasina de [illegible] su muger ++
Da Maria de Ocampo su hija soltera de 15 años ++
Da Geronima de la Torre su hija de 11 años +
Nicolas de la Torre su hijo de 9 años +
Josepha negra esclava de 24 años soltera ++

Cassa de Rafael Angel de [illegible]

Rafael Angel de [illegible] español ++
Ana [illegible] Guillen española su muger ++
Sin hijos

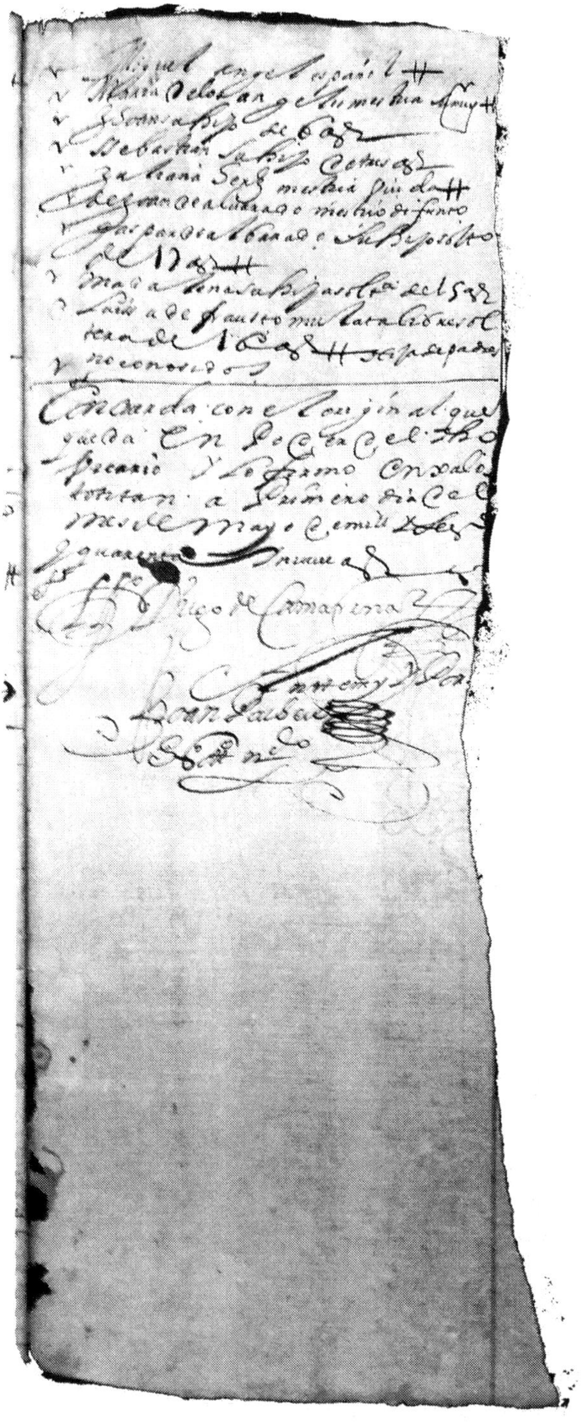

Parroquia de Nuestra Señora de la Asunción de Jalostotitlán

PADRÓN DE 1650

PADRÓN Y MEMORIA DE LOS PUEBLOS DE INDIOS DE ESTE PARTIDO DE JALOSTOTITLÁN, Y DE LAS ESTANCIAS, LABORES Y RANCHOS DE ESPAÑOLES DE DICHO PARTIDO DE ESTE AÑO DE MIL SEISCIENTOS Y CINCUENTA. SIENDO CURA BENEFICIADO EL LICENCIADO DIEGO DE CAMARENA. LOS QUE VAN SEÑALADOS CON DOS CRUCES SON DE CONFESIÓN Y COMUNIÓ. LOS QUE CON UNA [CRUZ] DE CONFESIÓN.

Pueblo de indios de Jalostotitlán
Cabecera de este partido

Casa de Sebastiano Marfil indio
- Sebastiano Marfil indio ††
- Juana Catalina india su mujer ††
- Catalina Lucia viuda ††
- Justina Elena su hija de 15 años ††
- María Rodríguez su hija de 12 años †
- Pascuala su hija de 9 años †
- Diego su hijo de 7 años †
- Francisco su hijo de 4 años
- Juan Martín indio ††
- Juana Águeda su mujer ††
- María Salomé su hija de 5 años
- Juan Miguel indio ††
- María Magdalena su mujer ††
- Miguel su hijo de 4 años
- Bartolomé su hijo de 3 años

Casa Sebastián Bernabé indio
- Sebastián Bernabé ††
- Petrona Inés india su mujer ††
- Sebastián su hijo de 14 años †
- Andrés su hijo de 12 años †

Casa de Juan Miguel indio
- Juan Miguel indio ††
- Catalina Francisca india su mujer ††
- Catalina Juana india Viuda ††
- Diego su hijo de 13 años †

Casa de Miguel Sánchez indio
- Miguel Sánchez indio ††
- María Justina su mujer ††
- Agustín Sánchez su hijo de 19 años †
- Ana María su hija de 15 años †
- Andrés su hijo de 10 años †
- Miguel su hijo de 7 años †
- Diego Felipe indio ††
- Juana de la Concepción su mujer ††
- Miguel su hijo de 5 años
- Baltasar su hijo de 4 años
- Diego indio de 5 años hijo de
- Francisco Miguel y de Magdalena Catalina aus.

Casa de Juan Hernández indio
- Juan Hernández ††
- Agustina Juana su mujer ††
- María Hernández su hija de 5 años
- Catalina Muñoz india viuda ††

Casa de Francisco Melchor indio
- Francisco Melchor indio ††
- Teresa María india su mujer ††
- José su hijo de 3 años
- Miguel indio de 14 años ††

Casa de Juan Baltazar indio
- Juan Baltasar indio ††
- Juana Lucia india su mujer ††
- María Rodríguez india su hija de 16 ††
- Tomás su hijo de 10 años †

- Pedro Martín indio ††
- Andrea Petrona su mujer ††
- Cecilia su hija de 5 años
- Juan su hijo de 3 años
- Gabriel Hernández indio ††
- Catalina Lucía su mujer ††

Casa de Francisco Jiménez indio

- Francisco Jiménez ††
- María Salomé india su mujer ††
- Ana Magdalena su hija ††
- Agustín Sánchez su marido ††
- Juan su hijo de 14 años ††
- Agustín su hijo de 6 años
- Ana su hija de 3 años

Casa de María Magdalena india

- María Magdalena india viuda ††
- María de la Cruz †† mujer de
- Mingo Moreno ausente
- María su hija de 6 años
- Lázaro Felipe indio ††
- Josefa Hernández india su mujer ††
- Isabel su hija de 4 años
- Juana su hija de 3 años
- María Salomé india †† mujer de
- Baltasar Gracia ausente
- María su hija seis años †
- María Magdalena india solt. mujer solt. hija de Pedro Belasco y de Isabel Magdalena difuntos
- María mestiza de Padres no conocidos 15
- José mestizo de 5 años
- Juan mestizo de padres no conocidos 2
- Sebastián mestizo hijo de padres no conocidos de 13 años
- Josefa india

Casa de Inés Magdalena india viuda

- Inés Magdalena viuda †† mujer de Simón Antón difunto
- Marta Isabel su hija solt. de 17 ††
- Agustín su hijo de 8 años †
- Ana su hija de 6 años
- Diego Martín indio ††
- Francisca Inés india su mujer ††
- Pascual su hijo de 6 años
- Catalina su hija de 5 años
- Juan su hijo de 2 años

Casa de Juana Magdalena india viuda

- Juana Magdalena viuda de Pedro Velasco††
- Inés su hija de 7 años †
- Tomás su hija de 4 años
- Juan Baptista indio ††
- Juana Melchora su mujer ††
- Lorenzo su hijo de 3 años
- Diego Belasco indio ††
- María Andrea su mujer ††
- Mariana su hija de 5 años
- Francisca su hija de 3 años
- Casa de Juan Felipe indio
- Juan Felipe ††
- María Salomé su mujer ††
- Sebastián Bernabé su hijo de 22 años ††
- Ana su hija de 14 años †

Casa de Pedro Simón indio

- Pedro Simón ††
- Ana Magdalena su mujer ††
- Ana su hija de 5 años
- Agustín su hija de 4 años
- Simón su hijo de 2 años

Casa de Juan Bernabé indio

- Juan Bernabé ††
- Tomás Agustina su mujer ††
- Ana su hija de 7 años
- Juan su hijo de 6 años
- María su hija de 4 años
- Sebastián su hijo de 2 años
- María Angelina viuda ††
- María Salomé viuda ††

Casa de Juan García indio

- Juan García indio ††
- Ana Gonzales india su mujer ††
- Lucia su hija de 7 años †
- Catalina su hija de 12 años †
- Inés su hija de 5 años
- Sebastián su hijo de 3 años
- Catalina Elena †† mujer de Bartolomé

Martín ausente
- Nicolás su hijo de 4 años
- Petrona su hija de 4 años
- Ana Petrona india viuda ✝✝
- María Justina viuda ✝✝
- María su hija de 7 años

Casa de María Magdalena viuda de Juan López
- María Magdalena viuda ✝✝
- Francisco Felipe su hijo de 18 años
- Sebastián su hijo de 14 años ✝
- Ana su hija de 9 años ✝

Casa de Andrés García indio
- Andrés Gracia indio ✝✝
- Mariana Magdalena su mujer ✝✝
- Francisca su hija de 8 años ✝
- María su hija de 4 años

Casa de Juan García indio
- Juan García indio ✝✝
- Francisca Magdalena su mujer ✝✝
- Juana Rodríguez su hija de 16 años ✝✝
- Juan su hijo de 11 años ✝
- Juan Gabriel indio ✝✝
- Ana María su mujer ✝✝
- Juana su hija de 8 años ✝
- Bartolomé su hijo de 3 años
- Andrés Morales indio ✝✝
- Magdalena Flor su mujer ✝✝
- Diego su hijo de 2 años
- Francisca india de 8 años ✝

Casa de Diego Felipe indio
- Diego Felipe indio ✝✝
- Ana María su mujer ✝✝
- Francisco Gabriel ✝✝
- María Inés india su mujer ✝✝
- Miguel su hijo de 9 años ✝
- Francisca su hija de 5 años
- Luisa su hija de 3 años
- Antón Gonzales indio ✝✝
- María Sánchez india su mujer ✝✝
- Felipe su hijo de 3 años
- María Salomé viuda ✝✝
- Juan su hijo de 12 años ✝✝
- Ana su hija de 10 años ✝

Casa de Miguel Sánchez indio
- Miguel Sánchez indio viudo ✝✝
- Diego su hijo solt. de 18 años ✝✝

Casa de María Magdalena india viuda
- María Magdalena viuda ✝✝
- Francisca Catalina india viuda ✝✝
- Juan Francisco indio ✝✝
- Isabel María su mujer ✝✝
- María su hija de 4 años
- Pedro Antón indio ✝✝
- Catalina Flores india su mujer ✝✝
- Francisca su hija de 5 años
- Juan indio de 10 años ✝
- Pedro indio de 9 años ✝

Casa de Baltasar Martín indio
- Baltasar Martín indio ✝✝
- María Salomé su mujer ✝✝
- Francisco Luis su hijo de 18 años ✝✝
- Tomas su hijo de 15 años ✝✝
- Isabel su hija de 7 años ✝
- Ana su hija de 4 años
- Baltasar su hija de 2 años
- Alonso indio de 10 años ✝ hijo de Juan García difunto y de Mariana Juana ausente

Casa de Juan Hernández indio
- Juan Hernández indio ✝✝
- María Magdalena india su mujer ✝✝
- Catalina Hernández viuda ✝✝
- Juan Mexicano difunto
- Juan su hijo de 14 años ✝
- María su hija de 11 años ✝
- Francisco su hijo de 9 años
- Juan Felipe indio hijo de Felipe Sánchez y de Catalina Lucia difuntos 16 años ✝✝

Casa de Diego Francisco indio
- Diego Francisco indio ✝✝
- Juliana Berenlea su mujer ✝✝
- Inés su hija de 10 años ✝

- Juan su hijo de 6 años
- Diego su hijo de 4 años

Casa de Juan Miguel indio
- Juan Miguel indio ✝✝ viudo de Magdalena Lucia difunta
- Agustín solt. su hijo de 17 años ✝✝
- Bartolomé Ramírez ✝✝
- María Marta india su mujer ✝✝
- Nicolás su hijo de 2 años

Pueblo de indios de San Gaspar, que está de la cabecera 3 leguas

Casa de Juan Lorenzo indio
- Juan Lorenzo indio ✝✝
- Lucia Magdalena india su mujer ✝✝
- Ana su hija de 9 años ✝
- María su hija de 6 años ✝
- Pedro su hijo de 4 años

Casa de Andrés Francisco indio
- Andrés Francisco indio ✝✝
- Francisca Magdalena su mujer ✝✝
- Francisco Nicolás su hijo de 12 años ✝
- Miguel su hijo de 5 años
- Pedro Jacobo indio ✝✝
- Agustina Juana su mujer ✝✝

Casa de Juan Martín indio
- Juan Martín indio ✝✝
- Luisa Magdalena india su mujer ✝✝ sin hijos
- Diego Pérez indio ✝✝
- María Magdalena india su mujer ✝✝

Casa de Juan García indio
- Juan García indio ✝✝
- Juana Isabel india su mujer ✝✝
- Diego Jacobo indio ✝✝
- Catalina María india su mujer ✝✝

Casa de Francisco Sebastián indio
- Francisco Sebastián indio ✝✝
- Isabel Ana india su mujer ✝✝
- Juan Rodríguez indio ✝✝
- Angelina Micaela india su mujer ✝✝
- Sebastián su hijo de 4 años
- Isabel su hija de 5 años
- Juan su hijo de 4 años

Casa de Juan Gaspar indio
- Juan Gaspar indio ✝✝
- María Magdalena india su mujer ✝✝
- Miguel su hijo de 16 años ✝✝
- Nicolás Francisco su hijo de 7 años ✝
- Catalina Francisca de 5 años

Casa de Pedro Luis indio
- Pedro Luis indio ✝✝
- María Juana india su mujer ✝✝ sin hijos
- Ana Juárez india de 10 años ✝

Casa de Juan Agustín indio
- Juan Agustín indio ✝✝
- Ana Cecilia india su mujer ✝✝
- Magdalena su hija de 14 años ✝
- Francisco su hijo de 8 años ✝
- Nicolás su hijo de 6 años
- Magdalena su hija de 3 años

Casa de Diego Jacobo indio
- Diego Jacobo indio ✝✝
- María Ana su mujer ✝✝
- María su hija de 4 años
- Salvador su hijo de 2 años
- Ana Isabel india viuda ✝✝

Casa de Pedro Gaspar indio
- Pedro Gaspar indio ✝✝
- Catalina Isabel india su mujer ✝✝
- María Ángela de 10 años ✝ su hija
- Magdalena su hija de 4 años

Casa de Diego Jacobo indio
- Diego Jacobo indio ✝✝
- Lucia Juana india su mujer ✝✝ sin hijos

Casa de Juan Martín indio
- Juan Martín indio ✝✝
- Ana María india su mujer ✝✝

- Juan su hijo de 9 años †
- Magdalena su hija de 4 años

Casa de Pedro Miguel indio
- Pedro Miguel indio ††
- Magdalena María su mujer ††
- Diego su hijo de 11 años †
- Juan su hijo de 8 años †

Casa de Francisco Martín indio
- Francisco Martín indio ††
- Luisa Justina su mujer ††
- Pedro Miguel su hijo de 9 años †
- Nicolás su hijo de 7 años †
- Juan Ventura indio ††
- Ana Justina india su mujer ††
- María su hija de 3 años

Casa de Juan Baptista indio
- Juan Baptista indio ††
- Catalina Martina su mujer ††
- Magdalena su hija de 11 años †
- Simón su hijo de 7 años †
- María su hija de 4 años
- Pedro Martín indio ††
- María Magdalena india su mujer †† sin hijos
- María Magdalena viuda de 70 años ††

Casa de Francisco Nicolás indio
- Francisco Nicolás indio ††
- María Magdalena india su mujer ††
- Juan su hijo de 12 años †
- Isabel su hijo de 9 años †
- Juan Gallego indio ††
- Juana Catalina india su mujer †† sin hijos

Casa de Martín Vásquez indio
- Martín Vásquez indio ††
- María Magdalena su mujer ††
- Francisco Nicolás su hijo de 6 años
- Diego Jacobo indio de 5 años
- Francisco su hijo de 3 años

Casa de Diego Jacobo indio
- Diego Jacobo indio ††
- María Magdalena su mujer ††
- María su hija de 10 años †
- Agustín Miguel indio ††
- Ana Catalina su mujer ††
- Magdalena su hija de 3 años

Casa de Juan Vásquez indio
- Juan Vásquez indio ††
- María Susana su mujer ††
- Sebastián su hijo de 3 años

Casa de Miguel Sánchez indio
- Miguel Sánchez indio ††
- Ana Isabel india su mujer ††
- Pedro Juan Solt. de 20 años ††

Casa de Pedro Lucas indio
- Pedro Lucas indio ††
- Ana Isabel india su mujer †† sin hijos
- Juan Damián indio ††
- Isabel Justina india su mujer ††
- Miguel su hijo solt. de 20 años ††

Casa de Francisco Jiménez indio
- Francisco Jiménez indio ††
- Isabel Justina su mujer †† sin hijos

Casa de Antón Felipe indio
- Antón Felipe indio ††
- Magdalena Lucía india su mujer ††
- Ana su hija de 10 años †
- Miguel su hijo de 2 años

Casa de Francisco Martín indio
- Francisco Martín indio ††
- Lucía Magdalena india su mujer ††
- Pedro Gerónimo indio ††
- Catalina María india su mujer ††
- María su hija de 12 años

Casa de Miguel Felipe indio
- Miguel Felipe indio ††
- Ana Laura india su mujer ††
- Juan Vásquez su hijo de 8 años †

- Juan Vásquez indio ✝✝
- María Magdalena india su mujer ✝✝
- Francisco Nicolás su hijo de 4 años

Casa de Juan Baptista indio
- Juan Baptista indio ✝✝
- María Magdalena india su mujer ✝✝
- Pascuala su hija de 3 años

Casa de Magdalena Susana india
- Magdalena Susana india ✝✝
- María Magdalena de 10 años ✝
- Juan Vásquez solt. de 14 años✝
- Magdalena Susana su hija de 12 años ✝
- María hija de la dicha de 10 años

Casa de Pedro Gaspar indio
- Pedro Gaspar indio ✝✝
- Ana María india su mujer ✝✝
- Pedro su hijo de 9 años ✝
- Juan su hijo de 7 años ✝

Casa de Diego Jacobo indio
- Diego Jacobo indio ✝✝
- María Salomé su mujer ✝✝
- María su hija de 4 años

Casa de Andrés Martín indio
- Andrés Martín indio ✝✝
- Luisa Verónica su mujer ✝✝
- Juan Francisco indio ✝✝
- Luisa Magdalena su mujer ✝✝
- Lucía su hija de 8 años ✝
- Catalina su hija de 4 años

Casa de Melchor Baltasar indio
- Melchor Baltasar indio ✝✝
- María Magdalena su mujer ✝✝
- Inés su hija de 10 años ✝
- Isabel su hija de 9 años ✝

Casa de Pedro Juan indio
- Pedro Juan indio ✝✝
- María Susana india su mujer ✝✝
- Miguel Damián indio ✝✝
- Jacobo su hijo de 7 años
- Sebastián su hijo de 5 años
- Antón su hijo de 3 años

Casa de Miguel Felipe indio
- Miguel Felipe indio ✝✝
- Magdalena María su mujer ✝✝ sin hijos
- Miguel Damián indio ✝✝
- María Magdalena su mujer india ✝✝ sin hijos

Casa de Juan Domingo indio
- Juan Domingo indio ✝✝
- María Salomé su mujer ✝✝
- María Magdalena su hija de 5 años
- Magdalena su hija de 3 años

Casa de Juan Miguel indio
- Juan Miguel indio ✝✝
- Ana María su mujer ✝✝ sin hijos
- Juan Baptista indio ✝✝
- Juana Pascuala su mujer ✝✝
- Antón su hijo de 12 años ✝

Casa de Antón Gonzales indio
- Antón Gonzales indio ✝✝
- Ana Magdalena su mujer ✝✝
- Petronila su hija de 8 años ✝
- María su hija de 11 años ✝
- Sebastián Baptista ✝✝
- Catalina Verónica su mujer ✝✝
- Juan su hijo de 3 años

Casa de Juan Damián indio
- Juan Damián indio ✝✝
- Ana Isabel india su mujer ✝✝
- Diego solt. de 14 años ✝
- Miguel su hijo ✝✝
- María Marta su mujer ✝✝ sin hijos

Casa de Alonso Sebastián indio
- Alonso Sebastián indio ✝✝
- María Magdalena su mujer ✝✝
- Isabel su hija de 7 años ✝
- Gaspar su hijo de 11 años ✝
- Nicolás su hijo de 5 años

Casa de Juan Melchor indio
- Juan Melchor indio ††
- Catalina Verónica su mujer ††
- Francisco su hijo de 5 años
- Lucía su hija de 3 años

Casa de Diego Martín indio
- Diego Martín indio ††
- María Catalina su mujer ††
- María Magdalena viuda †† sin hijos

Casa de Martín Vásquez indio
- Martín Vásquez indio ††
- Catalina Juana ††
- Pedro solt. de 11 años †

Casa de Miguel Ángel indio
- Miguel Ángel indio ††
- María Magdalena su mujer ††
- Juan Pascual de 7 años †
- Juan Martín su hijo de 5 años

Casa de Pedro Francisco indio
- Pedro Francisco indio ††
- Magdalena María su mujer ††
- Isabel su hija de 7 años †
- Juan su hijo de 6 años

Casa de Pedro Jacobo indio
- Pedro Jacobo indio ††
- María Magdalena india su mujer ††
- Agustín Francisco indio ††
- María Magdalena su mujer †† sin hijos
- María Magdalena Susana viuda †† sin hijos

Casa de Pedro Gaspar indio
- Pedro Gaspar indio ††
- Catalina Verónica su mujer ††
- Juan su hijo solt. de 11 años †
- María su hija de 10 años †
- Lucía su hija de 5 años

Casa de Alonso Sebastián indio
- Alonso Sebastián indio ††
- Isabel María su mujer †† sin hijos
- Juan Gregorio indio ††
- Ana Magdalena su mujer ††
- Sebastián su hijo de 4 años

Casa de Cristóbal García indio
- Cristóbal García indio ††
- María de los Ángeles su mujer ††
- Pedro su hijo de 11 años †
- Ana su hija de 9 años †
- Lucas su hijo de 5 años

Casa de Francisco Martín indio
- Francisco Martín indio ††
- Ana Juárez india su mujer ††
- Miguel su hijo de 7 años †
- Juana su hija de 5 años
- Isabel su hija de 3 años

Casa de Juan Francisco indio
- Juan Francisco indio ††
- Petrona María su mujer ††
- María su hija de 4 años

Casa de Juan Andrés
- Juan Andrés ††
- María Magdalena su mujer ††
- María solt. su hija de 14 años †
- Miguel su hijo de 8 años †
- Martín su hijo de 6 años

Casa de Diego Andrés
- Diego Andrés ††
- Juana Magdalena su mujer ††
- Ana su hija de 11 años †
- Lucia su hija de 4 años

Casa de Pedro Jacobo indio
- Pedro Jacobo indio ††
- Magdalena María su mujer ††
- Ana su hija solt. de 10 años †
- Lucia su hija de 4 años
- Lucia Bernardina viuda ††
- Miguel su hijo de 16 años ††
- María su hija de 9 años †
- Isabel su hija de 7 años †

Pueblo de indios de Mitíc, que está de la cabecera 2 leguas

Casa de Juan Ávalos mestizo
- Juan Ávalos viudo ✝✝
- Juan su hijo de 5 años
- Nicolás Vásquez indio de 14 años ✝
- Domingo de Ávalos mestizo ✝✝
- María Magdalena india su mujer
- Ana su hija de 11 años ✝

Casa de Juan Sánchez indio
- Juan Sánchez indio ✝✝
- Isabel Sánchez su hija de 12 años ✝
- Diego su hijo de 10 años ✝
- Pascuala india solt. de 15 años ✝
- María india de 12 años ✝

Casa de Nicolás Martín indio
- Nicolás Martín indio ✝✝
- Ana Lucia su mujer ✝✝
- Marcos su hijo de 4 años
- Felipa de 8 años ✝
- María Beatriz viuda ✝✝

Casa de Francisco Gaspar indio
- Francisco Gaspar indio ✝✝
- Melchora Petrona su mujer ✝✝
- Francisca su hija de 7 años ✝

Casa de Esteban Pascual mestizo
- Esteban Pascual indio ✝✝
- Juana Ana india su mujer ✝✝
- Antonio su hijo de 8 años ✝

Casa de Bartolomé Felipe indio
- Bartolomé Felipe indio ✝✝
- Pedro Miguel indio ✝✝
- Bernardina Francisca india su mujer ✝✝
- Francisco su hijo de 6 años
- Luis indio de 11 años ✝
- Vicente indio de 10 años ✝

Casa de Diego Juan indio
- Diego Juan indio ✝✝
- Josefa Teresa india su mujer ✝✝
- Andrés su hijo de 5 años
- Isabel india de 11 años ✝

Casa de Juan Miguel indio
- Juan Miguel indio ✝✝
- Felipa Antonia su mujer ✝✝
- Pedro su hijo de 5 años
- Gaspar Ramos indio ✝✝ viudo
- Mateo su hijo de 4 años
- Francisco Sánchez indio ✝✝
- María Hernández india su mujer ✝✝
- Clara su hija de 9 años ✝

Casa de Catalina Lucia india
- Catalina Lucia india ✝✝ viuda
- Miguel Ángel su hijo de 11 años ✝

Casa de Francisco Miguel indio
- Francisco Miguel indio ✝✝
- Ana Lucia india su mujer ✝✝
- Magdalena su hija de 12 años ✝
- María su hija de 5 años
- Tomasa su hija de 3 años
- Pedro Miguel indio ✝✝
- Juana Catalina india su mujer ✝✝
- Luis Salvador viudo ✝✝

Casa de Diego Baltasar indio
- Diego Baltasar indio ✝✝
- Petrona Magdalena su mujer ✝✝
- José su hijo de 14 años ✝
- Pedro su hijo de 11 años ✝
- Juan su hijo de 6 años ✝
- Clara su hija de 4 años

Casa de Bartolomé García indio
- Bartolomé García indio ✝✝
- Paula Salomé su mujer ✝✝
- Juan su hijo de 3 años

Casa de Diego Hernández indio
- Diego Hernández indio ✝✝
- Ana Beatriz india su mujer ✝✝
- José Hernández su hijo de 14 años ✝
- Mateo su hijo de 12 años ✝
- Diego su hijo de 9 años ✝

- Gabriel su hijo de 5 años
- Diego Juan indio ††
- Magdalena Lucia india su mujer †† sin hijos

Casa de Gaspar Martín indio
- Gaspar Martín indio ††
- Francisca María india su mujer ††
- Juan su hijo de 14 años †
- Diego su hijo de 6 años
- Juan Alejandro indio ††
- Lorenza Catalina india su mujer †† sin hijos

Casa de Juan Francisco indio viudo
- Juan Francisco indio viudo ††
- Pedro su hijo solt. de 16 años †
- María su hija de 11 años †

Casa de Juan de Diego indio
- Juan de Diego indio ††
- Catalina Beatriz india su mujer ††
- Ana su hija de 12 años †
- María su hija de 7 años †
- Juan su hijo de 5 años

Casa de Baltasar García indio
- Baltasar García indio ††
- Ana Sebastiana india su mujer ††
- Josefa su hija solt. de 11 años †
- María su hija de 9 años †
- Magdalena su hija de 5 años
- María su hija de 3 años
- Diego Flores indio viudo ††

Casa de Juan Lázaro indio
- Juan Lázaro indio ††
- Catalina María su mujer ††
- Juana su hija de 12 años †
- Lázaro su hijo de 6 años
- Francisco Sánchez indio viudo ††
- Miguel Francisco indio viudo ††

Pueblo de indios de Teocaltitán, que está de la cabecera 2 leguas

Casa de Francisco Miguel indio
- Francisco Miguel indio ††
- Isabel Elena india su mujer ††
- Diego su hijo de 4 años
- Miguel su hijo de 3 años
- Gaspar Melchor indio ††
- Ana María su mujer india ††
- Juan su hijo soltero de 11 años †
- Juana su hija de 9 años †
- Ana su hija de 7 años †
- Ana su hija de 3 años

Casa de Francisco Gutiérrez indio
- Francisco Gutiérrez indio ††
- Angelina Peralta india su mujer ††
- Simón su hijo solt. de 13 años †
- Josefa su hija de 12 años †
- Isabel su hija de 6 años
- Juliana su hija de 5 años

Casa de Juan Baptista indio
- Juan Baptista indio ††
- Mariana Marta india su mujer ††
- Juana su hija de 3 años

Casa de Juan Luis indio
- Juan Luis indio ††
- María Lucía india su mujer ††
- Francisca su hija de 3 años

Casa de Miguel Ángel indio
- Miguel Ángel indio ††
- Mariana Inés india su mujer ††
- Alonso su hijo de 4 años

Casa de Juan Miguel indio viudo
- Juan Miguel indio ††
- Juan Miguel su hijo solt. de 17 años †
- Melchor su hija de 12 años †

Casa de Baltasar Gutiérrez indio
- Baltasar Gutiérrez indio ††
- Magdalena Flor su mujer ††
- Micaela su hija de 4 años

Casa de Alonso Sebastián indio
- Alonso Sebastián indio ††
- María Susana india su mujer ††
- Felipa su hija de 4 años
- Sebastián su hijo de 2 años

Casa de Francisco Sebastián indio
- Francisco Sebastián indio ††
- María Justina india su mujer ††
- Pedro su hijo solt. de 14 años †
- María su hija de 12 años †
- Angelina su hija de 7 años †
- Diego su hijo de 3 años

Casa de Miguel Pérez indio
- Miguel Pérez indio ††
- María Magdalena su mujer †† sin hijos

Pueblo de indios de San Miguel, que está de la cabecera 3 leguas

Casa de Francisco Miguel indio
- Francisco Miguel indio ††
- Angelina Lucia su mujer ††
- Ana su hija de 11 años †
- Angelina Lucia su hija de 8 años †
- Juana su hija de 6 años
- Diego su hijo de 3 años
- Gaspar Sánchez indio
- Gaspar Sánchez indio ††
- Ana Lucia india su mujer ††
- Magdalena su hija de 6 años

Casa de Juan Pascual indio
- Juan Pascual indio ††
- Magdalena Agustina su mujer ††
- Pablo su hijo solt. de 14 años
- Juan Francisco indio viudo ††

Casa de Cristóbal Sebastián
- Cristóbal Sebastián indio ††
- Magdalena Isabel india su mujer ††

Casa de María Catalina viuda
- María Catalina india viuda ††
- Úrsula india solt. de 10 años †

Casa de Juan Diego indio
- Juan Diego indio ††
- Ana María india su mujer ††
- Hernando su hijo solt. de 14 años †
- Micaela su hija solt. de 12 años †
- Gaspar su hija de 8 años †
- María su hija de 6 años

Casa de Francisco Bernabé indio
- Francisco Bernabé indio ††
- Catalina Hernández india su mujer †† sin hijos

Casa de Juan Cervantes indio
- Juan Cervantes indio ††
- Ana Micaela india su mujer ††
- Agustina su hija de 8 años
- Juliana su hija de 5 años
- María su hija de 4 años
- Francisco Sánchez indio vuido ††

Casa de Sebastián Gutiérrez indio
- Sebastián Gutiérrez indio ††
- Francisca Cecilia india su mujer
- Juana su hija de 9 años †
- Francisca su hija de 7 años †
- Magdalena su hija de 4 años †

Casa de Juan Miguel indio
- Juan Miguel indio ††
- Ana María india su mujer ††
- Luisa su hija de 3 años
- Gaspar Melchor indio ††
- Luisa María india su mujer ††

Casa de Miguel García indio
- Miguel García indio ++
- Inés Cecilia india su mujer ††

- Juana García su hija de 9 años †
- Magdalena su hija de 6 años
- Micaela su hija de 4 años
- Diego Martín indio ††
- Isabel María india su mujer ††

Casa de Alonso Martín indio
- Alonso Martín indio ††
- Juana Francisca india su mujer ††
- María su hija de 10 años †
- Inés su hija de 6 años
- Cecilia su hija de 4 años

Casa de Juan Francisco indio
- Juan Francisco indio ††
- Francisca Cecilia india su mujer ††
- Juana su hija de 6 años
- Juan su hijo de 4 años

Casa de Juan Melchor indio
- Juan Melchor indio ††
- Agustina Clara su mujer ††
- Juan Dionisio su hijo de 12 años †
- Juan su hijo de 8 años †
- María su hija de 4 años

Casa de Juan Diego indio
- Juan Diego indio ††
- Luisa María india su mujer ††

<u>Pueblo de indios de San Juan, que está de la cabecera 3 leguas</u>

Casa de Domingo Felipe indio
- Domingo Felipe indio ††
- Clara Lucía india su mujer ††
- José Domingo solt. de 9 años †

Casa de Diego Domingo indio
- Diego Domingo indio ††
- Mariana india su mujer ††
- Lorenzo su hijo de 4 años
- Tomás Flores indio solt. de 20 años †

Casa de Ana María india
- Ana María india viuda ††
- Francisca Luisa †† mujer de Bernabé García indio ausente
- Ana su hija de 7 años †

Casa de Juan Martín indio
- Juan Martín indio ††
- Ana Lucía su mujer ††
- Antonio su hijo de 10 años
- Isabel india de 9 años †
- Ana mestiza de 11 años †
- Pedro indio de 8 años
- Nicolás indio de 6 años estos tres son hijos de padres no conocidos

Casa de Gaspar Juárez difunto
- Juliana Andrea india viuda de Gaspar ††
- Domingo su hijo de 9 años †
- Gaspar su hijo de 6 años
- Josefa su hija de 4 años
- Pedro Andrés indio viejo viudo ††

Casa de Francisco José indio
- Francisco José indio ††
- María india su mujer ††
- Agustín solt. de 20 años †
- Magdalena su hija de 8 años †
- Melchora su hija de 6 años
- Salvador su hijo de 3 años
- Luisa Magdalena viuda india ††
- Bernardina india de 6 años
- Benito de la Cruz mestizo de 28 años hijo de padres no conocidos ††

Casa de Juan Andrés indio
- Juan Andrés indio ††
- Isabel de los Santos india ††
- Salvador su hijo de 4 años
- Melchor de los Reyes indio ††
- Ana Pascuala su mujer ††
- Juana de la Cruz mulata libre solt. ††
- Tomasa morisca de años

Casa de Baltasar Juárez indio
- Baltasar Juárez indio ††
- Luisa María su mujer ††
- Baltasar su hijo de 10 años †
- Magdalena su hija de 9 años †
- María su hija de 7 años †
- Juan de la Cruz su hijo de 4 años
- Andrés Juan indio ††
- María Juana india su mujer ††
- Andrés su hijo de 6 años
- León su hijo de 3 años

Casa de Juan Miguel indio
- Juan Miguel indio ††
- Juan de la Cruz india su mujer ††

Casa de Juan Baptista indio
- Juan Baptista indio ††
- María Magdalena india su mujer ††
- María su hija de 6 años
- Isabel su hija de 4 años

Casa de Juan López indio
- Juan López indio ††
- Magdalena María su mujer ††
- Diego Felipe su hijo solt. de 18 años †

Casa de Baltasar Melchor indio
- Baltasar Melchor indio ††
- María Salomé india su mujer †† sin hijos

Casa de Sebastián Lucas indio
- Sebastián Lucas indio ††
- María Isabel india su mujer ††
- Juana su hija de 10 años †
- Magdalena su hija de 8 años †
- María su hija de 4 años

Casa de Miguel Juárez indio
- Miguel Juárez indio ††
- Francisca Jiménez india ††
- Juan su hijo solt. de 12 años †
- Juan Miguel indio solt. de 16 años hijo de padres no conocidos

Casa de Francisco Melchor indio
- Francisco Melchor indio ††
- Melchora Inés su mujer ††
- Inés su hija de 5 años
- Juan su hijo de 3 años
- Juan Lorenzo indio viudo ††
- Miguel indio soltero de 17 años †
- Lorenzo su hijo de 9 años †
- Inés María india viuda ††

Pueblo de indios de Mezquitíc, que está de la cabecera 4 leguas

Casa de Pedro Vásquez indio
- Pedro Vásquez indio ††
- María Vásquez india su mujer ††
- Pedro su hijo solt. de 20 años

Casa de Juan García indio
- Juan García indio ††
- Catalina Hernández india su mujer ††
- Antonia su hija de 6 años
- Pascual su hija de 4 años
- Francisco su hijo de 2 años

Casa de Juan Miguel indio
- Juan Miguel indio ††
- Juana Vásquez india su mujer ††
- Rafael indio de 6 años
- Antón de Losa indio †† viudo

Casa de Sebastián Flores indio
- Sebastián Flores indio ††
- Francisca Vásquez india su mujer ††
- Roques su hijo soltero de 18 años †
- Lázaro su hijo de 15 años †
- Isabel su hija de 13 años †
- Florenciana su hija de 9 años
- Francisco su hijo de 7 años †

Casa de Juan Baltasar indio
- Juan Baltasar indio ††
- Ana Verónica su mujer ††
- Lázaro Vásquez su hijo solt. de 19 años †
- Bartolomé su hijo de 12 años †
- Juan su hijo de 9 años

- Catalina su hija de 8 años †
- Pedro su hijo de 4 años
- Diego Jacobo indio ††
- Inés Muñoz india su mujer ††
- Diego su hija de 4 años

Casa de Esteban Miguel indio
- Esteban Miguel indio ††
- Ana María india su mujer ††
- Diego su hija de 10 años †
- Gregorio su hijo de 8 años †
- María su hija de 4 años

Casa de Diego Miguel indio
- Diego Miguel indio ††
- Agustina María india su mujer ††
- Diego Bartolomé indio ††
- María Magdalena india su mujer ††
- Juan su hijo de 5 años
- Ana su hija de 3 años

Casa de Gregorio Juan indio
- Gregorio Juan indio ††
- Ana Beatriz india su mujer ††
- Pascual su hijo de 11 años †
- Juana su hija de 4 años
- Bartolomé Flores indio ††
- Catalina Clara india su mujer †† sin hijos

Casa de Cristóbal Calderón
- Cristóbal Calderón mulato ††
- Ana Isabel india su mujer ††
- Francisco su hijo de 11 años †

Casa de Juan Francisco indio
- Juan Francisco indio ††
- Ana Lucia india su mujer ††
- María su hija de 8 años †
- Juan su hijo de 5 años
- Juan Miguel indio ††
- Tomasa de la Cruz su mujer †† sin hijos

Casa de Juan Mateo indio
- Juan Mateo indio ††
- Ana Justina india su mujer ††
- Josefa su hija de 10 años †

Casa de Nicolás Sánchez indio
- Nicolás Sánchez indio ††
- Margarita Vásquez india su mujer †† sin hijos
- Ana india hija de padres no conocidos de 10 años †
- Diego Juan indio ††
- María Magdalena su mujer †† sin hijos

Casa de Pedro de Rojas indio
- Pedro de Rojas indio ††
- Pascuala Hernández su mujer ††
- Nicolás su hijo solt. de 12 años †
- Domingo su hijo solt. de 8 años
- Francisca Jiménez india viuda ††
- Bartolomé mulato libre de 17 años hijo de la dicha Francisca Jiménez †

Casa de José Martín indio
- José Martín indio ††
- María Josefa india su mujer †† sin hijos

Casa de Beatriz Ramírez india viuda de Pedro Sánchez indio
- Beatriz Ramírez india viuda ††
- Pedro su hijo solt. de 10 años †
- Bernardina su hija de 8 años †
- Juan Felipe indio ††
- Catalina Sánchez india su mujer ††

Padrón y memoria de las Casas y Estancias, Labores y Ranchos de los españoles de este partido de Jalostotitlán. Y así mismo de los mestizos, mulatos, negros libres y esclavos siendo Cura Beneficiado el Licenciado Diego de Camarena de este año de 1650.

Casa y estancia del Br Alonso Muñoz de Huerta, que está de la cabecera 5 leguas

- Br. Alonso Muñoz de Huerta presbítero ✝✝
- Pascuala mestiza viuda de Miguel Muñoz mulato difunto ✝✝
- Juan mulato solt. libre de 22 años ✝✝
- Lorenza mulata solt. libre de 17 años ✝✝
- Polonia mulata libre su hija de 10 años ✝
- María mulata libre su hija de 6 años
- Miguel mulato libre su hijo de 4 años
- María mulata esclava de 27 años ✝✝
- Isabel mulata padres no conocidos libre 9 ✝
- Luis mulato esclavo de 8 años ✝
- Sebastián mulato esclavo de 5 años
- Juan Miguel indio ✝✝
- Catalina mulata esclava su mujer ✝✝
- Alonso mulato libre 24 años ✝✝
- Pedro Juan indio ✝✝
- Magdalena Juana india su mujer ✝✝
- Sebastián Juan mulato libre ✝✝
- Catalina Josefa india su mujer ✝✝
- Hipólito su hijo de 1 años
- Alonso Francisco indio ✝✝
- Mariana india su mujer ✝✝
- Diego su hijo de 9 años
- Juan Diego su hijo de 4 años
- Francisca su hija de 4 años
- Hipólito Lucas indio ✝✝
- María Francisca india su mujer ✝✝
- Hipólito su hijo de 9 años ✝
- Cristóbal Juan indio ✝✝
- María Juana india su mujer ✝✝
- Juan Miguel su hijo de 10 años ✝
- Diego su hijo de 10 años ✝
- Petrona su hija de 4 años
- Nicolás Francisco indio ✝✝
- Ana María india su mujer ✝✝ sin hijos
- Felipe Jacobo indio ✝✝
- Magdalena Inés india su mujer ✝✝
- María Lucía su hija de 5 años

Casa y estancia de Francisco Gutiérrez, que está de la cabecera 2 leguas

- Francisco Gutiérrez viudo ✝✝ español
- Diego Gutiérrez su hijo de 22 años ✝✝
- Juan Gutiérrez español ✝✝
- Ana Camacho española su mujer ✝✝
- Teresa su hija de 5 años
- Francisco Gutiérrez español ✝✝
- Catalina Mejía su mujer ✝✝
- Luisa su hija de 3 años
- Sebastián Gutiérrez español de 25 años ✝✝ de padres no conocidos
- Ana Gutiérrez mestiza solt. hija de padres no conocidos ✝✝ 15 años
- Marcos español de padres no conocidos 6 años
- Juan de la Cruz negro esclavo ✝✝
- Luisa Delgadillo mulata libre su mujer ✝✝
- Agustina mulata esclava casada con Lázaro negro viuda ✝✝
- Juana mulata esclava su hija de 12 años ✝
- Antonia mulata esclava su hija de 10 años ✝
- Francisco mulato esclavo de 8 años ✝
- María negra esclava de 30 años ✝✝
- Felipe mulato esclavo de 7 años ✝
- Lorenzo Domingo indio ✝✝
- Angelina Lucía india su mujer ✝✝
- Sebastián su hijo de 10 años ✝
- Juana su hija de 7 años ✝
- Domingo Ramos su hijo de 5 años
- Catalina su hija de 4 años
- Luis Antón mulato libre ✝✝
- Melchora Ana india su mujer ✝✝
- María su hija de 3 años
- Baltasar Hernández indio ✝✝
- Andrea Peralta india su mujer ✝✝
- Margarita india hija de padres no conocidos de 8 años ✝

Casa y estancia de Juan de Huerta, que está de la cabecera 5 leguas
- Juan de Huerta español ††
- María de Nava española su mujer ††
- Juan de Huerta su hijo de 7 años †
- Pedro de Huerta su hijo de 5 años
- Catalina su hija de 3 años
- Nicolás Sebastián indio ††
- Juana Lucía mulata esclava su mujer ††
- Juana mulata esclava su hija de 10 años †
- Francisca su hija mulata esclava de 9 años †
- Ana su hija mulata esclava de 7 años †
- María su hija mulata esclava de 6 años
- Teresa esclava mulata su hija de 4 años
- Beatriz mulata esclava de 24 años ††
- Juan Martín indio ††
- Verónica Juana su mujer india †† sin hijos
- Andrés Felipe indio ††
- María Justina india su mujer †† sin hijos
- Diego Nicolás indio ††
- Juana Isabel india su mujer ††

Casa y estancia de Diego González Rubio, que está de la cabecera 2 leguas
- Diego González español ††
- Polonia de Torres española su mujer ††
- Diego González su hijo solt. de 18 años ††
- María Gutiérrez su hija solt. de 16 años ††
- Domingo González su hijo de 14 años ††
- Antonio González su hijo de 9 años †
- Gerónimo Camacho español ††
- Catalina González española su mujer ††
- Leonor González su hija de 4 años
- Luis Gómez español solt. de 16 años ††
- Rodrigo de los Reyes mulato solt. ††
- Juan Gregorio indio ††
- Catalina Felipa mulata esclava su mujer ††
- Juana mulata esclava de 9 años †
- Alonso mulato esclava de 4 años
- María Lucia india viuda †† de Alonso Sebastián indio difunto
- Ana su hija solt. de 16 años ††
- Francisco su hijo solt. de 12 años †
- María su hija de 10 años †
- Petrona su hija de 7 años †
- Blas su hijo de 5 años
- Juan Tomas indio ††
- Juana María india su mujer ††
- María su hija de 3 años
- Cristóbal mulato libre ††
- Catalina Agustina india su mujer ††
- Cristóbal su hijo de 7 años †
- Melena india viuda ††
- Juan su hijo de 12 años †
- Andrés su hijo de 10 años †
- Sebastián su hijo de 8 años †
- María su hija de 7 años †
- Antonio su hijo de 4 años
- Cristóbal su hijo de 3 años
- Diego Fabiano indio solt. de 39 años ††

Casa y estancia de Cristóbal Vásquez, que está de la cabecera 5 leguas
- Cristóbal Vásquez solt. español †† de 52
- Ambrosio negro esclavo ††
- Inés negra su mujer ††
- Luis negro esclavo su hijo de 6 años
- Andrés negro esclavo de 4 años
- Domingo negro esclavo ††
- Gracia negra esclava su mujer ††
- Pascuala negra esclava su hija de 4 años
- Domingo negro esclavo su hijo de 3 años
- Ana mulata esclava de 16 años †
- José mulato esclavo de 13 años †
- Nicolás indio de 16 años hijo de padres no conocidos

Casa y estancia de Manuel Fernández español, que está de la cabecera 3 leguas
- Manuel Fernández español viudo ††
- María Ortiz su hija solt. de 45 años ††
- Manuel Fernández su hijo de 28 años ††
- Lucas su hijo solt. de 18 años ††
- Andrés su hijo solt. de 15 años †
- Francisca Ortiz mujer de Juan Pérez espanol ausente ††
- Catalina su hija de 15 años ††
- Juan Baptista español ††
- Ana Ortiz español su mujer ††

Casa y estancia del Águila , que está de la cabecera 6 leguas
• Juan Baptista mestizo ✝✝
• Ana Magdalena india su mujer ✝✝
• Diego su hijo de 18 años ✝✝
• Pascuala su hija de 16 años ✝✝
• María su hija de 15 años ✝
• Nicolás de 6 años
• Cristóbal su hijo de 4 años
• Diego español huérfano de 3 años

Casa y estancia del Astillero, que está de la cabecera 6 leguas
• Francisco Vásquez mestizo ✝✝
• Josefa Ortiz su mujer ✝✝
• Isabel su hija de 4 años
• Lorenzo Martín mestizo ✝✝
• Francisca Vásquez mestiza su mujer ✝✝
• Magdalena María india viuda ✝✝
• Isabel mestiza solt. de 11 años ✝
• Nicolás indio solt. de 14 años ✝

Casa y estancia de Andrés Ortiz de Moya, que está de la cabecera 5 leguas
• Andrés Ortiz de Moya español ✝✝
• Luisa Gutiérrez su mujer española ✝✝
• Luisa Ortiz española de 15 años ✝✝
• Josefa Ortiz de 11 años ✝
• Diego Ortiz de 8 años ✝
• Juana negra esclava solt. ✝✝
• Otra Juana negra esclava solt. ✝✝
• Salvador mulato esclavo de 10 años ✝
• María negra esclava de 7 años ✝
• Juan Francisca indio ✝✝
• María Salomé india su mujer ✝✝
• Miguel su hijo solt. de 19 años ✝✝
• Alejandro su hijo de 16 años ✝
• María su hija de 13 años ✝
• Inés su hija de 12 años ✝
• Mateo su hijo de 6 años
• Juan Miguel indio solt. de 39 años ✝✝

Casa y estancia de José Ramírez español, que está de la cabecera 3 leguas
• José Ramírez español ✝✝
• Ana Muñoz española su mujer ✝✝
• Leonor su hija de 9 años ✝
• José su hijo de 5 años
• Tomasa negra esclava de 22 años ✝✝
• Antonio mulato esclavo de 2 años
• Tomás Hernández indio ✝✝
• Leonor Trinidad su mujer ✝✝
• Josefa su hija de 6 años
• Pascuala su hija de 4 años

Casa y estancia de Leonor de Hermosillo española viuda, que está de la cabecera 3 leguas
• Leonor de Hermosillo viuda ✝✝
• Bachiller Lázaro Gutiérrez presbítero ✝✝
• Juan de Aceves español solt. de 22 años
• Catalina Mejía española de 17 años ✝✝
• Leonor de Hermosillo española de 9 ✝
• Francisco Gerónimo indio ✝✝
• Sebastiana mulata esclava su mujer ✝✝
• Catalina mulata esclava su hija ✝✝
• Mariana mulata esclava su hija de 16 ✝
• Gerónima mulata esclava su hija de 14 ✝
• Sebastiana mulata esclava su hija de 12 ✝
• Juana mulata esclava su hija de 10 años ✝
• Juan mulato esclavo su hijo de 8 años ✝
• Francisco mulato esclavo su hijo de 6
• Nicolás mulato esclavo su hijo de 4 años
• José mulato esclavo ✝✝
• María Magdalena india su mujer ✝✝
• Pascual de los Reyes mestizo ✝✝
• María González mulata esclava su mujer ✝✝
• Lázaro mulato esclavo su hijo de 6 años
• Ana mulata esclava su hija de 4 años
• Juana mulata esclava su hija de 2 años
• Catalina negra esclava de 50 años ✝✝
• José negro esclavo de 6 años
• Mariana mulata esclava solt. de 30 años ✝✝
• Francisca Gómez mulata escl. solt. 22 años ✝✝
• Nicolás mulato esclavo de 15 años ✝
• Martín negro esclavo de 12 años ✝
• Magdalena negra esclava de 10 años ✝
• Juana india solt. de 16 años ✝✝
• Andrés india viuda ✝✝
• Diego Hernández su hijo de 10 años ✝
• Tomás su hijo de 5 años
• Domingo indio solt. de 22 años ✝✝

- Francisco indio solt. de 25 años ✝✝
- Juan Francisco indio solt. de 44 años ✝✝
- Juan González morisco libre ✝✝
- María de Trujillo morisca ✝✝ su mujer
- Andrés su hijo de 10 años ✝
- María su hija de 3 años

Casa y estancia de D. Andrés de Estrada español, que está de la cabecera 2 leguas

- Don Andrés de Estrada Bocanegra ✝✝
- Doña Luisa Flores su mujer ✝✝
- Don Baltasar de Estrada su hijo de 26 ✝✝
- Don Juan de Estrada su hijo 22 años ✝✝
- Don Pedro de Estrada su hijo de 20 ✝✝
- Doña Teresa de Estrada su hija de 18 ✝✝
- Doña María de Estrada su hija12 años ✝
- Don José de Estrada su hijo de 10 ✝
- Francisca Flores mestiza mujer de el [??] Leal Hernández español ausente ✝✝
- José su hijo de 3 años
- Gaspar Tafoya mulato libre ✝✝
- Juan Flores india su mujer ✝✝
- Andrés su hijo de edad de 14 años ✝
- Catalina su hija de 12 años ✝
- Lázaro su hijo de 9 años ✝
- Francisco su hijo de 4 años
- Catalina negra esclava de 48 años ✝✝
- Francisca negra esclava de solt. 19 ✝✝
- Juan negro esclavo de 33 años ✝✝
- Ignacio mulato esclavo de 19 años ✝
- José mulato esclavo de 15 años ✝
- Juan negro esclavo solt. de 65 años ✝✝
- Nicolás mulato solt. esclavo de 30 ✝✝
- Pascual mulato esclavo de 10 años ✝✝
- Catalina de Salazar india viuda ✝✝
- María Flores su hija de 22 años ✝✝
- Luisa su hija de 19 años ✝✝
- Josefa su hija de 14 años ✝✝
- Inés su hija de 12 años ✝
- Juan Antón indio ✝✝
- Catalina Juana india su mujer ✝✝
- Blas su hijo de 9 años ✝
- Francisco su hijo de cinco años
- Andrés Melchor indio ✝✝
- Ana María su mujer india ✝✝
- María su hija de 11 años ✝
- Inés su hija de 4 años
- Juan Miguel indio ✝✝
- María Salomé india su mujer ✝✝
- Isabel su hija de 4 años

Casa y estancia de Francisco Muñoz Cabeza, que está de la cabecera 3 leguas

- Francisco Muñoz Cabeza español ✝✝
- Francisca de Torres española su mujer ✝✝
- Juan González su hijo presbítero ✝✝
- Ana Muñoz su hija de 29 años ✝✝
- María Muñoz su hija de 23 años ✝✝
- Miguel su hijo de 16 años ✝
- Otro Miguel mestizo de 28 años ✝✝
- Micaela su hija de 14 años ✝
- Francisco su hijo de 10 años ✝
- Felipe mulato esclavo de 22 años ✝✝
- Juan mulato esclavo de 16 años ✝
- Luisa mulata esclava de 12 años ✝
- Nicolás mulato esclavo de 10 años ✝
- Inés negra esclava de 55 años ✝✝
- Diego Antón indio ✝✝
- María Juana india su mujer ✝✝
- Juan su hijo de 3 años
- Andrés Damián indio ✝✝
- Magdalena Andrea su mujer ✝✝
- Agustín su hijo de 3 años
- Antón Francisco indio ✝✝
- María Magdalena su mujer ✝✝
- Pedro su hijo de 4 años
- Nicolás mulato libre solt. 24 años ✝✝

Casa y estancia de Juan Becerra, que está de la cabecera 2 leguas

- Juan Becerra español ✝✝
- Catalina Galindo española su mujer ✝✝
- María Galindo su hija de 20 años ✝✝
- Andrea Rodríguez su hija de años ✝✝
- Ana su hija de 12 años ✝
- Catalina su hija de 10 años ✝
- Juan su hijo de 9 años ✝
- Sebastián su hijo de 7 años ✝
- Francisca su hija de 5 años
- Cristóbal su hijo de 3 años
- Andrea Rodríguez española viuda ✝✝

Casa y estancia de Inés de Brenes viuda, que está de la cabecera 2 leguas

- Inés de Brenes española viuda ✝✝
- Juan de Saavedra su hijo de 16 años ✝✝
- Juan Velásquez indio ✝✝
- Ana de Rentería mestiza su mujer ✝✝
- Domingo su hijo de 3 años
- Antón Duran mulato esclavo ✝✝
- Juana de Rentería mestiza su mujer ✝✝

Casa de Francisco Muñoz de la Barba español, que está de la cabecera 2 leguas

- Francisco Muñoz Barba español ✝✝
- Catalina González su mujer ✝✝
- María Rubio su hija solt. de 30 años ✝✝
- Isabel Gutiérrez su hija de 24 años ✝✝
- Catalina Rubio su hija de 22 años ✝✝
- Ana González su hija de 25 años ✝✝
- Josefa Muñoz su hija de 20 años ✝✝
- Francisco Gutiérrez su hijo de 18 ✝✝
- María Muñoz su hija de 15 años ✝✝
- Benito Muñoz su hijo de 14 años ✝
- Luis de la Barba su hijo de 7 años ✝
- José Muñoz su hijo de 4 años
- Antonia negra esclava de 33 años ✝✝
- Josefa mulata esclava de 9 años ✝
- Magdalena mulata esclava de 7 años ✝
- Miguel negro esclavo de 3 años

Casa y estancia de Diego Alonso, que está de la cabecera 6 leguas

- Diego Alonso español ✝✝
- Paula de Torres española su mujer ✝✝
- Agustín García su hijo de 26 años ✝✝
- Matías González su hijo de 24 años ✝✝
- María de Hermosillo su hija de 20 años ✝✝
- Alonso Ramírez su hijo de 22 años ✝✝
- Nicolás Ramírez su hijo de 12 años ✝
- Paula su hija de 7 años ✝
- María negra esclava solt. de 65 años ✝✝
- Gracia negra esclava de 45 años ✝✝
- Josefa mulata esclava de 17 años ✝✝
- Francisco mulato esclavo de 6 año
- Juan Domingo indio ✝✝
- María Juana india su mujer ✝✝
- Josefa su hija de 6 años
- Juana su hija de 3 años

Casa y estancia de Álvaro de Ornelas, que está de la cabecera 6 leguas

- Álvaro de Ornelas español ✝✝
- Diego de Mendoza mestizo ✝✝
- Ana Rodríguez mestiza su mujer ✝✝
- José Martín indio solt. de 20 años ✝✝
- Nicolás de Mendoza español hijo de padres no conocidos de 5 años
- Pedro Miguel indio ✝✝
- Catalina Inés india su mujer ✝✝
- Tomas su hijo de 5 años
- José su hijo de 3 años
- Tomás Pérez indio ✝✝
- Catalina Pascuala india su mujer ✝✝
- María su hija de seis años
- Antonio su hijo de 5 años
- Pedro su hijo de 2 años
- Marta de la Cruz india viuda ✝✝
- Diego su hijo de 12 años ✝
- Juan su hijo de 10 años ✝
- José su hijo de 6 años
- María su hija de 4 años
- Juan de Vargas indio ✝✝
- María Isabel india su mujer ✝✝
- Felipa su hija de 15 años
- María de los Ángeles mestiza de 12 ✝
- Diego indio huérfano de 4 años
- Francisco Hernández indio solt. de 18

Casa y estancia de Manuel de Ornelas, que está de la cabecera 6 leguas

- Manuel de Ornelas español ✝✝
- D. Beatriz de Alarcón su mujer ✝✝
- Felipa de Ledesma su nieta de 10 años ✝
- Sebastián de Ornelas mestizo de 11 ✝

Casa de Martín de Aguirre, que está de la cabecera 4 leguas

- Martín de Aguirre español ✝✝
- Leonor de Mendoza su mujer ✝✝
- Martín de Aguirre su hijo de 24 años ✝✝
- Ana de Mendoza su hija de 22 años ✝✝
- Leonor de Aguirre su hija de 20 años ✝✝

- Luisa de Mendoza su hija de 18 años ✝✝
- María de Mendoza su hija de 15 años ✝
- Juana de Mendoza su hija de 14 años ✝
- Salvador de Aguirre su hijo de 10 años ✝
- Nicolás su hijo de 5 años

Casa y estancia de Diego Márquez, que está de la cabecera 7 leguas

- Diego Márquez español solt. ✝✝
- Isabel de Mendoza viuda ✝✝
- Juan de Ornelas español huérfano de 16 ✝
- Tomás de Mendoza morisco libre de 44 ✝✝
- Rafael de Mendoza mestizo huérfano 20 ✝✝
- Juan de Avalos mestizo ✝✝
- María Magdalena india su mujer ✝✝
- Lázaro su hijo de 18 años ✝✝
- Ana su hija de 14 años ✝
- Baltasar Hernández indio ✝✝
- Ana Lucia india su mujer ✝✝
- Nicolás su hijo de 15 años ✝
- Ana su hija de 11 años ✝
- Diego su hijo de 6 años
- Miguel Hernández de 18 años ✝✝
- Luisa de Mendoza mestiza solt. ✝✝
- Damiana de la Cruz mestiza solt. 18 ✝✝
- Isabel de Mendoza mestiza solt. 22 ✝✝
- Conatanea Mestiza solt. de 11 años ✝✝

Casa y estancia de Rodrigo de Ornelas , que está de la cabecera 5 leguas

- Rodrigo de Ornelas español ✝✝
- Doña María Ludena su mujer ✝✝
- Gabriel Sánchez su hijo solt. 28 años ✝✝
- Andrea Sánchez española de 17 años hija de Francisco Sánchez y de Josefa Trujillo su mujer difunta ✝✝
- Alonso de la Cruz indio solt. ✝✝
- Juan mestizo de 10 años ✝
- Felipe mestizo de 6 años hijo de padres no conocidos

Casa y estancia de Lázaro Martín español, que está de la cabecera 4 leguas

- Lázaro Martín del Campo español ✝✝
- María de la Cruz española su mujer ✝✝
- Lázaro Martín su hijo de 22 años ✝✝
- Miguel Díaz su hijo de 20 años ✝✝
- Francisco Martín su hijo de 17 años ✝
- Nicolás del Campo su hijo de 13 años ✝
- Beatriz López su hija de 17 años ✝
- María su hija de 11 años ✝
- Josefa su hija de 10 años ✝
- Antonio su hijo de 4 años
- Luisa negra esclava de 26 años ✝
- Luisa mulata esclava de 14 años ✝
- Baltasar de los Reyes mulato escl. 22 ✝✝
- Cristóbal mulato esclavo de 7 años ✝
- Juan Martín indio ✝✝
- Francisca india su mujer ✝✝ sin hijos
- Juan Agustín indio ✝✝
- Inés María india su mujer ✝✝
- Bartolomé su hijo de 14 años ✝
- Pedro Sebastián indio ✝✝
- Ana María su mujer ✝✝
- Polonia su hija 2 años
- Miguel Gabriel indio ✝✝
- Luisa Magdalena su mujer ✝✝
- Luisa su hija de 4 años
- Miguel Gaspar ✝✝
- María Angelina su mujer ✝✝ sin hijos

Casa y estancia de Magdalena de Arrona española mujer casa ausente el marido, que está de la cabecera 3 leguas

- Magdalena de Arrona mujer de Lorenzo de Monroy ausente ✝✝ sin hijos
- Diego Servín español ✝✝
- Magdalena de Arrona española su mujer ✝✝
- María su hija de 4 años
- Lucas de Ledesma español solt. 20 ✝✝
- Magdalena Juana india solt. ✝✝
- María de la Cruz mestiza de 29 años ✝✝
- Magdalena india de 4 años
- Juan mestizo de 11 años ✝
- Josefa mestiza de 7 años hijos de padres no conocidos

Casa y estancia de Ana Gutiérrez viuda de Juan Martín del Ángel difunto, que está de la cabecera 5 leguas

- Ana Gutiérrez viuda de Juan Martín del Ángel difunto ††
- Pedro Martín solt. su hijo de 20 años ††
- Constancia Martín su hija de 25 años ††
- Juan Martín español ††
- Francisca Gutiérrez su mujer ††
- Francisco Hernández español ††
- Magdalena Cabrera su mujer ††
- María Hernández su hija de 20 años ††
- Bernardino su hijo de 10 años †
- Juan su hijo de 14 años †
- Magdalena su hija de 6 años
- Antonio su hijo de 5 años

Casa y estancia que tiene Agustín Rincón en esta Jurisdicción, que está de la cabecera 4 leguas

- Diego Flores mestizo ††
- María de Torres mestiza su mujer ††
- Petrona su hija de 8 años
- Miguel su hijo de 5 años

Casa y estancia de Teresa de Hermosillo española que está de la cabecera 2 leguas

- Teresa de Hermosillo viuda de Silvestre Camacho difunto ††
- Juan Camacho su hijo ††
- D. Josefa de Acosta su mujer ††
- Gonzalo Camacho su hijo solt. 39 años ††
- Mariana Camacho su hija solt. 24 años ††
- Teresa de Hermosillo su hija de 20 años ††
- Silvestre Camacho su hijo de 16 años ††
- Magdalena María india solt. de 45 años ††
- Sebastián mestizo de 10 años †
- Antonia mestiza de 7 años †
- Silvestre mestizo de 7 años † hijos de padres no conocidos

Casa y estancia de María Tavera viuda, que está de la cabecera 3 leguas

- María Tavera española viuda ††
- Diego su hijo de 25 años ††
- José Macías su hijo solt. de 22 años ††
- Juan Trujillo español ††
- Antonia Tavera española su mujer ††
- Micaela su hija de 3 años
- Clemente de Ledesma español ††
- Beatriz Ramírez su mujer ††

- De confesión y comunión 198
- Españoles de confesión hombres y mujeres 69
- Muchachos españoles de año para seis 98
- Mulatos negros esclavos y libres de confesión y comunión hombres y mujeres 67
- Mulatos y negros esclavos y libres de confesión 32
- Muchachos esclavos libres de año para seis 28
- Indios laborios de confesión y comunión hombres y mujeres 126
- Indios laborios de confesión 28
- Muchachos de año para seis indios 56

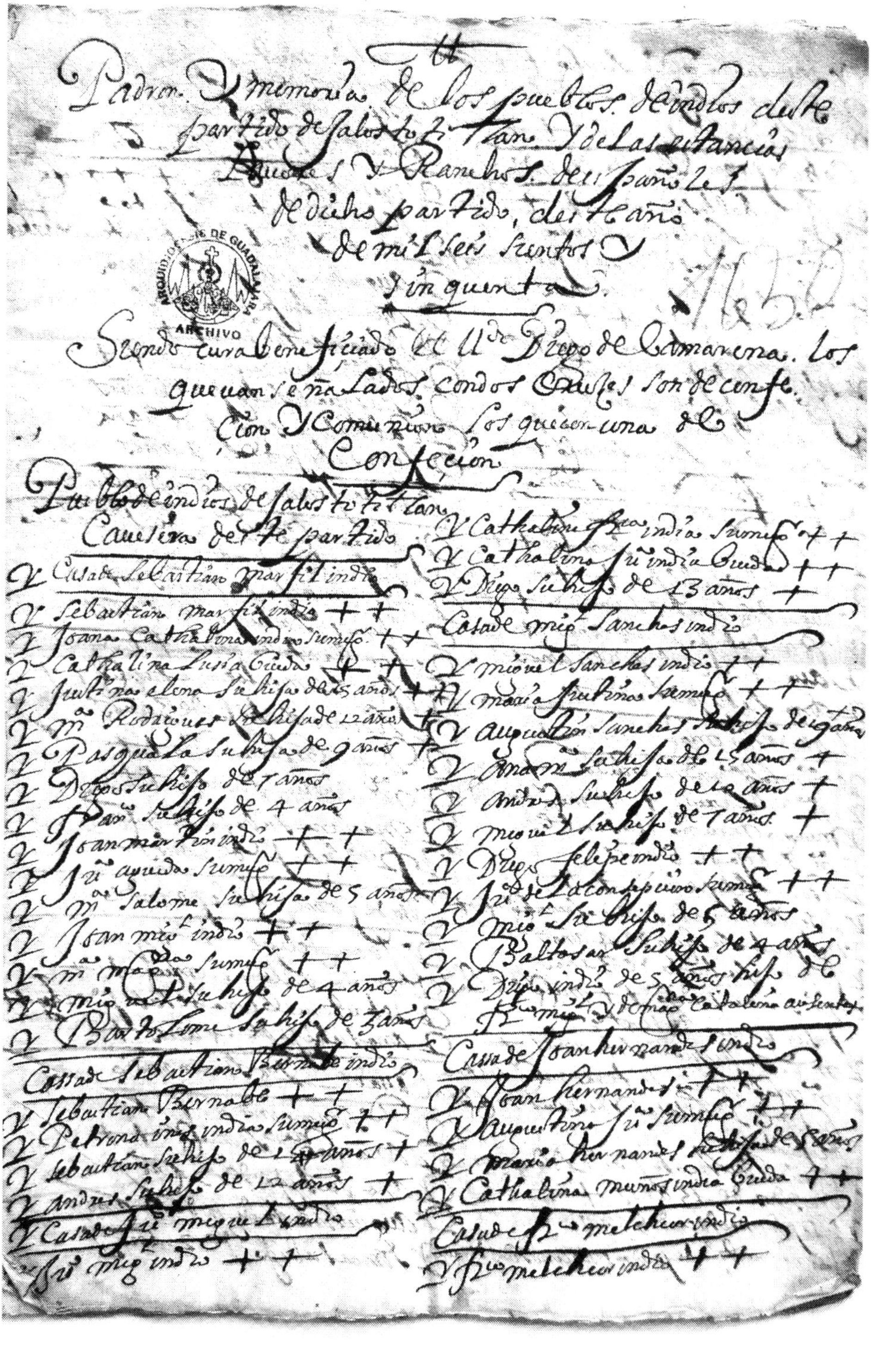

Padron y memoria de los pueblos de yndios deste partido de Jalostotitlan y de las estancias lavores y Ranchos de españoles de dicho partido, deste año de mil seis sientos y cinquenta.

Siendo cura beneficiado el Br. Diego de Camarena. los que van señalados con dos cruzes son de confeçion y comunion los que tienen una de confecion.

Pueblo de indios de Jalostotitlan Cavesera deste partido

Casa de Sebastian martin indio
Sebastian martin indio ++
Joana Cathalina india su muger ++
Cathalina Lusia biuda ++
Justina elena su hija de 15 años +
Mª Rodriguez su hija de 12 años +
Pasquala su hija de 9 años +
Diego su hijo de 7 años
Fran.co su hijo de 4 años
Joan martin indio ++
Jª Aguida su muger ++
Mª Salome su hija de 5 años
Joan migl indio ++
Mª Mag.na su muger ++
Migl su hijo de 4 años
Bartolome su hijo de 3 años

Casa de Sebastian Bernabe indio
Sebastian Bernabe ++
Petrona [illegible] india su muger ++
Sebastian su hijo de 15 años +
Andres su hijo de 12 años +

Casa de Jª miguel indio
Jª migl indio ++

Cathalina [illegible] india su muger ++
Cathalina su india biuda ++
Diego su hijo de 13 años +

Casa de migl Sanchez indio
miguel Sanchez indio ++
Maria Justina su muger ++
Augustin Sanchez su hijo de [illegible]
Ana Mª su hija de 15 años +
Andres su hijo de 10 años +
miguel su hijo de 7 años +
Diego Felipe indio ++
Jª de la concepcion su muger ++
Migl su hijo de 5 años
Baltasar su hijo de 4 años
Diego indio de 5 años hijo de [illegible] Cathalina ausente

Casa de Joan hernandez indio
Joan hernandez ++
Augustina Jª su muger ++
Maria hernandez su hija de [illegible] años
Cathalina muños india biuda ++

Casa de Fr.co melchior indio
Fr.co melchior indio ++

V Theresa mª india su mugr ++
V Joseph su hijo de 3 años
V mgo indio de 14 años ++
Casa de Joan Baltasar indio
V Joan Baltasar indio ++
V Joana Lucía india su mugr ++
V mª Rodriguez india su hija de 16 años
V Thomas su hijo de 10 años +
V Pº Martin indio ++
V Andrea Petrona su mugr ++
V Sesilia su hija de 5 años
V Jº su hijo de 3 años
V Gabriel Hernandez indio ++
V Catalina Lusia su mugr ++
Casa de Fco Ximenes indio
V Fco Ximenes ++
V mª Salome india su mugr ++
V Ana magna su hija ++
V Augustin Sanchez su marido ++
V Joan su hijo de 14 años ++
V Sauastian su hijo de 6 años
V Ana su hija de 3 años
Casa de mª magna india
V mª magna india viuda ++
V mª de Lazaro ++ mug de d...
V Mingo Moreno ausente
V mª su hija de 6 años
V Lasaro Felipe indio ++
V Josepha Hernandez india su mugr ++
V ... Saul su hijo de 4 años
V Joana su hija de 3 años
V mª Soleme india ++ mug de Bal
tasar Garcia ausente
V mª su hija de seis años +
V mª magna india soltera mug soltera
hija de ... de Velasco y de Isabel magna
difuntos
V Maria Beatris hija de padres no co
nosidos de 15 años ++
V Joseph mestiço de 5 años
V Joana mestiza de padres no conosidos de 2 años

Sebastian mestizo hijo de padres no
conosidos de 8 años
V Josepha india de ... años
Casa de Ines magna india viuda
V Ines magna viuda ++ mug
de Simon Anton difunto
V Marta y Saul su hija soltera de 17 ++
V Augustin su hijo de 3 años +
V Ana su hija de 6 años
V Diego Martin indio ++
V Fran.ca Ines india su mugr ++
V Pasqual su hijo de 6 años
V Cathalina su hija de 5 años
V Joan su hijo de 2 años
Casa de Joana magna india viuda
V Joana magna viuda de Pº Velasco
difunto ++
V Ines su hija de 7 años +
V Thomas su hijo de 4 años
V Joan Baptista indio ++
V Joana Melchora su mugr ++
V Lorenso su hijo de 3 años
V Diego Velasco indio ++
V mª Andrea su mugr ++
V Mariano su hijo de 5 años
V Fca su hija de 3 años
Casa de Joan Felipe indio
V Joan Felipe ++
V Maria Salome su mugr ++
V Sebastian ... su hijo de 2... ++
V Ana su hija de 14 años
Casa de Dº Simon indio
V Dº Simon indio ++
V ... magna su mugr ++
V Ana su hija de 5 años
V Augustina su hija de 4 años
V Simon su hijo de 2 años

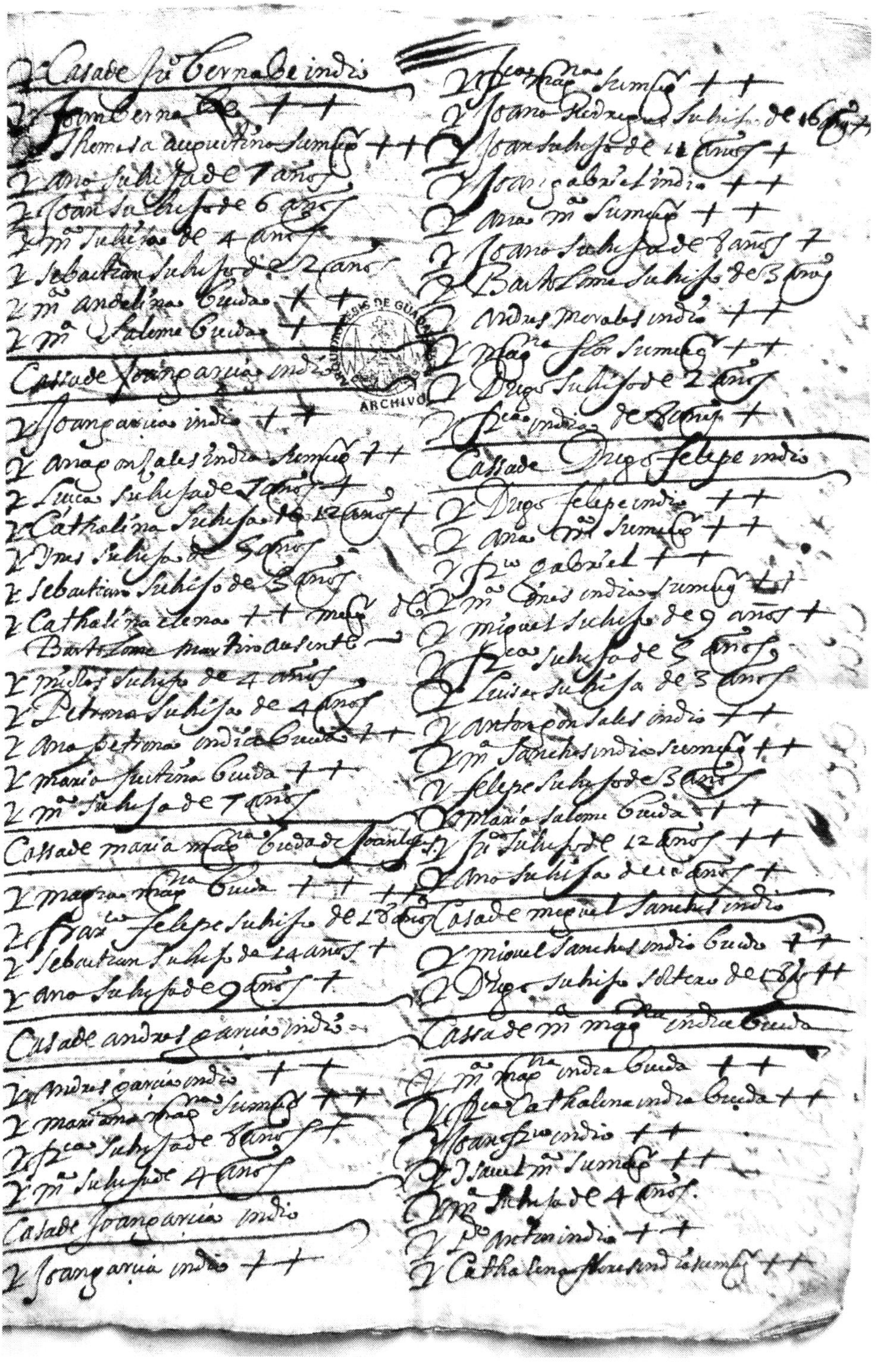
Casa de Fr.co Bernabe indio
Fr.co Bernabe ++
Theresa Augustina su muger ++
Ana su hija de 7 años
Joan su hijo de 6 años
M.a su hija de 4 años
Sebastian su hijo de 2 años
M.a Andelina viuda ++
M.a Salome viuda ++
Cassa de Joan Garcia indio
Joan Garcia indio ++
Ana Gonzales india su muger ++
Lucia su hija de 7 años
Cathalina su hija de 12 años
Ynes su hija de 5 años
Sebastian su hijo de 3 años
Cathalina Elena ++ muger de Bartolome Martin ausente
Nicolas su hijo de 4 años
Petrona su hija de 4 años
Ana Petrona india viuda ++
Maria Petrona viuda ++
M.a su hija de 7 años
Cassa de Maria Magdalena viuda de Joan ...
Magdalena viuda ++
Fran.co Felipe su hijo de 18 años
Sebastian su hijo de 14 años +
Ana su hija de 9 años +
Casa de Andres Garcia indio
Andres Garcia indio ++
Mariana Magdalena su muger ++
Fr.ca su hija de 8 años +
M.a su hija de 4 años
Casa de Joan Garcia indio
Joan Garcia indio ++
Fr.ca Magdalena su muger ++
Joan Rodriguez su hijo de 16 años +
Joan su hijo de 12 años +
Joan Gabriel indio ++
Ana M.a su muger ++
Joan su hijo de 3 años +
Bartolome su hijo de 3 años
Andres Morales indio ++
Magdalena Flor su muger ++
Diego su hijo de 2 años
Fr.ca india de ... años +
Cassa de Diego Felipe indio
Diego Felipe indio ++
Ana M.a su muger ++
Fr.co Gabriel ++
M.a Ynes india su muger ++
Miguel su hijo de 9 años +
Fr.ca su hija de 5 años
Luisa su hija de 3 años
Antonio Gonzales indio ++
M.a Sanches india su muger ++
Felipe su hijo de 3 años
Maria Salome viuda ++
Fr.co su hijo de 12 años ++
Ana su hija de 11 años +
Casa de Miguel Sanches indio
Miguel Sanches indio viudo ++
Diego su hijo soltero de 18 años ++
Cassa de M.a Magdalena india viuda
M.a Magdalena india viuda ++
Fr.ca Cathalina india viuda ++
Joan Fr.co indio ++
Ysabel M.a su muger ++
M.a su hija de 4 años
Fr.co Martin indio ++
Cathalina Flores india su muger ++

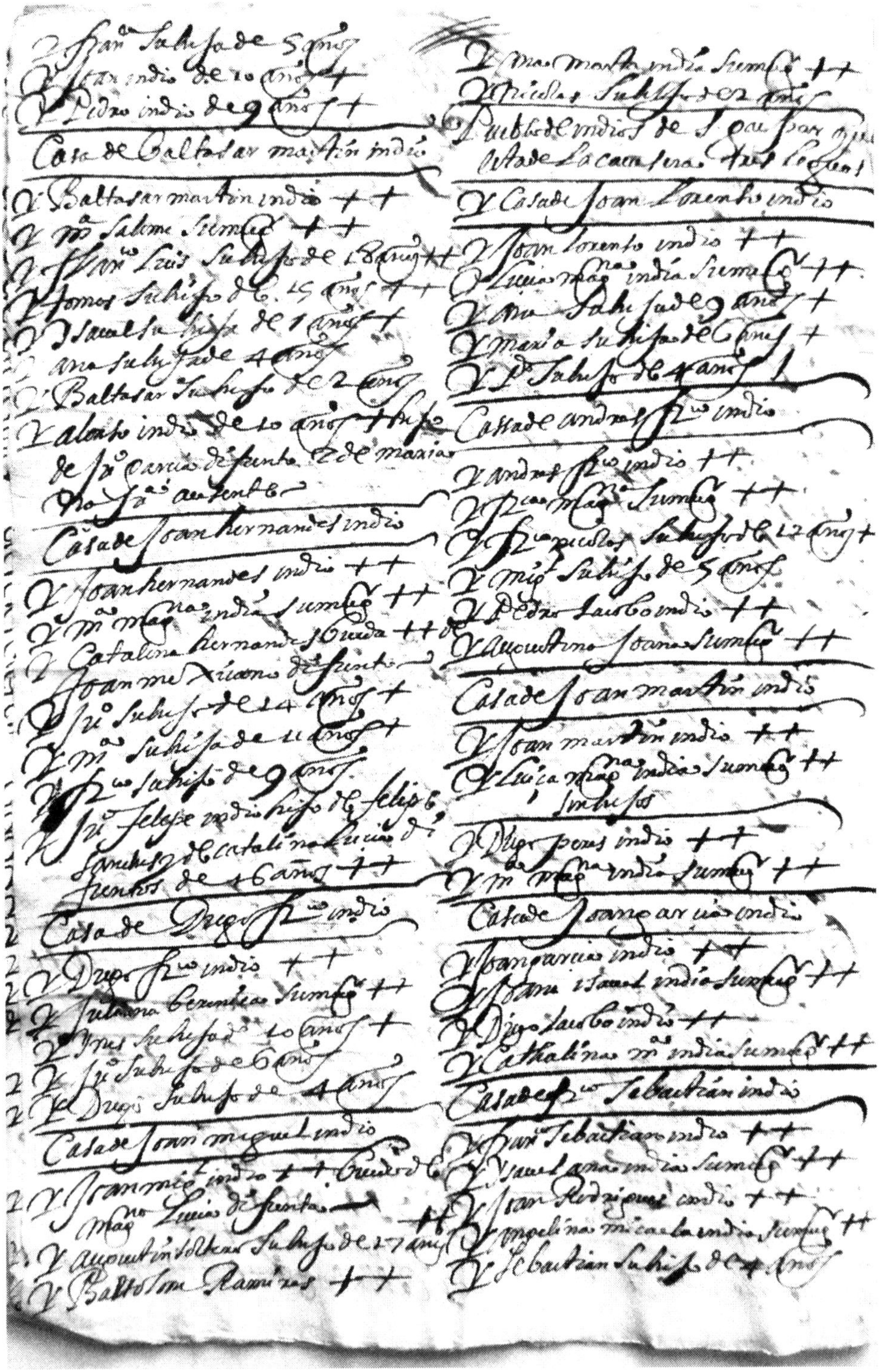
V Juan su hijo de 5 años
V Ysav. indio de 10 años ++
V Pedro indio de 9 años ++
Casa de Baltasar martín indio
V. Baltasar martin indio ++
V m.a salome su mujer ++
V Fran.co Luis su hijo de 18 años ++
V Tomas su hijo de 15 años ++
V Ysavel su hija de 7 años +
ana su hija de 4 años
V. Baltasar su hijo de 2 años
V alonso indio de 10 años ++ hijo de Jn.o garcia difunto y de maria no sé ausente
Casa de Joan hernandes indio
V Joan hernandes indio ++
V m.a mag.na india su mujer ++
V Catalina hernandes biuda ++ de Joan mexicano difunto
V Jn.o su hijo de 14 años +
V m.a su hija de 11 años +
V Fran.co su hijo de 9 años
V Jn.o felipe indio hijo de felipe y de Catalina [illegible] difuntos de 16 años ++
Casa de Diego Fran.co indio
V Diego Fran.co indio ++
V Juliana berenisa su mujer ++
V Ynes su hija de 10 años +
V Jn.o su hijo de 6 años
V Diego su hijo de 4 años
Casa de Joan miguel indio
V Joan mig.l indio ++ biudo de Mag.na Lucia difunta ++
V agustin soltero su hijo de 17 años
V Bartolome Ramires ++

V mag.na martha india su mujer ++
V micaela su hija de 2 años
Pueblo de indios de S. [illegible] questa de la [illegible] tres leguas
V Casa de Joan lorenzo indio
V Joan lorenzo indio ++
V Lucia mag.na india su mujer ++
V ana su hija de 9 años +
V maria su hija de 6 años +
V P.o su hijo de 4 años
Casa de andres Fran.co indio
V andres Fran.co indio ++
V [illegible] m.a su mujer ++
V Fran.co nicolas su hijo de 12 años +
V mig.l su hijo de 5 años
V Pedro Lausbo indio ++
V Agustina Joana su mujer ++
Casa de Joan martin indio
V Joan martin indio ++
V Lucia mag.na india su mujer ++ sin hijos
V Diego perez indio ++
V m.a mag.na india su mujer ++
Casa de Joan garcia indio
V Joan garcia indio ++
V Joana ysavel india su mujer ++
V Diego Lausbo indio ++
V Cathalina m.a india su mujer ++
Casa de Fran.co Sebastian indio
V Fran.co Sebastian indio ++
V ysavel ana india su mujer ++
V Joan Rodriguez indio ++
V angelina micaela india su mujer ++
V Sebastian su hijo de 4 años

V Ysauel su hija de 3 años
V Joan su hijo de 4 años

Cassa de Joan gaspar indio

V Joan gaspar indio ++
V mª magdalena india su muger ++
V miguel su hijo de 11 años ++
V nicolas su hijo de 7 años +
V Catalina su hija de 5 años

Casa de Pedro Luis indio

V Pedro Luis indio ++
V mª Joana india su muger ++
sin hijos
V ana Suares india de 10 años +

Casa de Joan augustin indio

V Joan agustin indio ++
V Ana cecilia india su muger ++
V Magdalena su hija de 14 años +
V Francisco su hijo de 8 años +
V nicolas su hijo de 6 años
V Magdalena su hija de 3 años

Casa de Diego Lazaro indio

V Diego Lazaro indio ++
V maria ana su muger ++
V mª su hija de 4 años
V salvador su hijo de 2 años
V ana ysauel india biuda ++

Cassa de Pedro gaspar indio

V Pedro gaspar indio ++
V Cathalina ysauel india su muger ++
V mª angela de 10 años + su hija
V magdalena su hija de 4 años

Cassa de Diego Lazaro indio

V Diego Lazaro indio ++

Lucia Joana india su muger ++
sin hijos

Cassa de Joan martin indio

V Joan martin indio ++
V ana mª india su muger ++
V Joan su hijo de 9 años +
V Magdalena su hija de 4 años

Cassa de Pedro miguel indio

V Pedro miguel indio ++
V mª magdalena su muger ++
V Diego su hijo de 11 años +
V Joan su hijo de 8 años +

Cassa de Francisco martin indio

V Francisco martin indio ++
V Luisa Justina su muger ++
V Pedro miguel su hijo de 9 años +
V nicolas su hijo de 7 años +
V Joan bentura indio ++
V ana Justina india su muger ++
V mª su hija de 3 años

Casa de Joan baptista indio

V Joan baptista indio ++
V Catalina martina su muger ++
V Magdalena su hija de 11 años +
V Simon su hijo de 7 años +
V mª su hija de 4 años
V Pedro martin indio ++
V maria magdalena india su muger ++
sin hijos
Maria magdalena biuda de 10 años ++

Cassa de Francisco nicolas indio

V Francisco nicolas indio ++
V mª magdalena india su muger ++
V Juan su hijo de 12 años +
V Ysauel su hija de 9 años +

V Joan gallegos indio ++
V Joana Catalina india su muger ++
sin hijos
Casa de martin basques indio
V martin basques indio ++
V maria magdalena su muger ++
V francisco nicolas su hijo de 6 años
V Diego santos su hijo de 5 años
V Juan su hijo de 3 años
Casa de Diego Sancho indio
V Diego Sancho indio ++
V maria magdalena su muger ++
V maria su hija de 10 años +
V agustin miguel indio ++
V Ana Cathalina su muger ++
V magdalena su hija de 3 años
Casa de Joan basques indio
V Joan basques indio ++
V maria susana su muger ++
V sebastian su hijo de 3 años
Casa de miguel Sanches indio
V miguel Sanches indio ++
V Ana ysabel india su muger ++
V pedro joan soltero de 20 años ++
V Casa de Pedro lucas indio
V pedro lucas indio ++
V Ana ysabel india su muger ++
sin hijos
V Joan damian indio ++
V ysabel justina india su muger ++
V miguel su hijo soltero de 22 años ++
Casa de francisco Ximenes indio
V francisco Ximenes indio ++
V ysabel justina su muger ++
sin hijos
Casa de anton felipe indio

V anton felipe indio ++
V magdalena susana india su muger ++
V Ana su hija de 10 años +
V miguel su hijo de 2 años
Casa de francisco martin indio
V francisco martin indio ++
V susana magdalena india su muger ++
V Diego Jeronimo indio ++
V Catalina maria india su muger ++
V maria su hija de 12 años +
Casa de miguel felipe indio
V miguel felipe indio ++
V Ana [illegible] india su muger ++
V Joan basques su hijo de 8 años +
V Joan basques indio ++
V maria magdalena india su muger ++
V francisco nicolas su hijo de 4 años
Casa de Joan baptista indio
V Joan baptista indio ++
V maria magdalena india su muger ++
V Pasquala su hija de 3 años
Casa de magdalena susana india
V magdalena susana india casada ++
V maria magdalena de 10 años +
V Joan basques soltero de 14 años +
V magdalena susana su hija de 12 años +
maria su hija de la dicha de 10 años +
Casa de Pedro gaspar indio
V pedro gaspar indio ++
V Ana maria india su muger ++
V pedro su hijo de 9 años +
V Joan su hijo de 5 años +
Casa de Diego Sancho indio
V Diego Sancho indio ++

V Diego Jacobo indio ++
V Mª Salome su muger ++
V Mª su hija de 4 años

Casa de Andres Martin indio

V Andres Martin indio ++
V Luisa Veronica su muger ++
V Fran.co indio ++
V Luisa Mag.na su muger ++
V Luisa su hija de 8 años +
V Cathalina su hija de 4 años

Casa de Melchor Baltasar indio

V Melchor Baltasar indio ++
V Mª Mag.na su muger ++
V Ines su hija de 12 años ++
V Isauel su hija de 9 años +

Casa de Pº Joan indio

V Pº Joan indio ++
V Mª Susana india su muger ++
V Miguel Damian indio ++
V Jacobo su hijo de 7 años +
V Sebastian su hijo de 5 años
V Anton su hijo de 2 años

Casa de Miguel Felipe indio

V Miguel Felipe indio ++
V Mag.na Mª su muger ++
sin hijos
V Miguel Damian indio ++
V Mª Mag.na su muger india ++
sin hijos

Casa de Joan Domingo indio

V Joan Domingo indio ++
V Mª Salome su muger ++
V Mª Mag.na su hija de 5 años
V Mag.na su hija de 3 años

Casa de Joan Miguel indio

V Joan Miguel indio ++

V Ana Mª su muger ++
sin hijos
V Joan Baptista indio ++
V Joana Pasquala su muger ++
V Anton su hijo de 12 años +

Casa de Anton Gonzales indio

V Anton Gonzales indio ++
V Ana Mag.na su muger ++
V Petronila su hija de 8 años +
V Mª su hija de 11 años +
V Sebastian Baptista ++
V Cathalina Veronica su muger ++
V Joan su hijo de 6 años
V Anton su hijo de 3 años

Casa de Joan Damian indio

V Joan Damian indio ++
V Ana Isauel india su muger ++
V Diego su hijo de 14 años +
V Miguel su hijo ++
V Mª Marta su muger ++
sin hijos

Casa de Valentin Sebastian indio

V Valentin Sebastian indio ++
V Mª Mag.na su muger ++
V Isauel su hija de 7 años +
V Gaspar su hijo de 11 años +
V Melchor su hijo de 5 años

Casa de Joan Melchor indio

V Joan Melchor indio ++
V Cathalina Veronica su muger ++
V Fran.co su hijo de 5 años +
V Luisa su hija de 3 años

Casa de Diego Martin indio

V Diego Martin ++

V mª Cathalina su muger ++
V mª Mag.na biuda ++
sin hijos
Casa de martin basques indio
V martin basques indio ++
V Cathal.na Joana ++
V Pº soltero de 11 años +
Casa de migl angel indio
V migl angel indio ++
V maria mag.na su muger ++
V Joan pasqual de 7 años +
V Joan martin su hijo de 5 años
Casa de Pº Fco indio
V Pº Fco indio de ++
V Mag.na mª su muger ++
V Isauel su hija de 7 años +
V Joan su hijo de 6 años
Casa de Pº Paulo indio
V Pº Paulo indio ++
V mª Mag.na india su muger ++
sin hijos
V Augustin Fco indio ++
V mª Mag.nas su muger ++
sin hijos
V maria [illegible] biuda ++
sin hijos
Casa de Pº Gaspar indio
V Pedro gaspar indio ++
V Cathalina beronica su muger ++
V Joan su hijo soltero de 11 años +
V mª su hija de 10 años +
V Lucia su hija de 5 años
Casa de alonso sebastian indio
V alonso sebastian ++

V Paula mª su muger ++
sin hijos
V Joan [illegible] indio ++
V Ana mag.na su muger ++
V Sebastian su hijo de 4 años
Casa de christoual garcia indio
V christoual garcia ++
V mª de los Angeles su muger ++
V Pº su hijo de 11 años +
V Ana su hija de 9 años +
V Lucas su hijo de 8 años
Casa de Fco martin indio
V Fco martin indio ++
V Ana Juarez india su muger ++
V miguel su hijo de 7 años +
V Joana su hija de 5 años
V Isauel su hija de 3 años
Casa de Joan Fco indio de
V Joan Fco indio ++
V Petrona mª su muger ++
V mª su hija de 4 años
Casa de Joan andres
V Joan andres ++
V mª mag.na su muger ++
V mª Isidora su hija de 4 años +
V migl su hijo de 8 años +
V martin su hijo de 6 años
Casa de Diego andres
V Diego andres indio ++
V Ysabel mag.na su muger ++
V Ana su hija de 11 años +
V Lucia su hija de 4 años
Casa de Pº Paulo indio
V Pedro Paulo indio ++

V Mag.na M.a su mug.r ++
V Ana su hija soltera de 10 años +
V Lucía su hija de 4 años
V Juana Bernardina biuda ++
V Miguel su hijo de 12 años +
V María su hija de 9 años +
V Isabel su hija de 7 años +

Pueblo de indios de Mitic que esta de la cavecera dos leguas.

V Casa de Joan de Abalos mestizo

V Joan de Abalos biudo ++
V Joan su hijo de 5 años
V Nicolás Vásques indio de 14 años +
V Domingo de Abalos mestizo ++
V M.a Magdalena india su mug.r ++
V Ana su hija de 11 años +

Casa de Joan Sanches indio

V Joan Sanches indio ++ biudo
V Isabel Sanches su hija de 12 años +
V Diego su hijo de 10 años +
V Pasquala india soltera de 15 años +
V M.a india de 12 años +

Casa de Nicolás Martín indio

V Nicolás Martín indio ++
V Ana Lucía su mug.r ++
V Marcos su hijo de 4 años
V Felipa de 8 años +
V María Beatris biuda ++

Casa de Fran.co Gaspar indio

V Fran.co Gaspar indio ++
V Melchiora Petrona su mug.r ++
V Fran.ca su hija de 7 años +

Casa de C. Urbano Pasqual mestizo

V Urbano Pasqual ++

V Joana Ana india su mug.r ++
V Antonio su hijo de 8 años +

Casa de Bartolomé Phelipe indio

V Bartolomé Phelipe indio biudo ++
V D.o Miguel indio ++
V Bernardina Fran.ca india su mug.r ++
V Fran.co su hijo de 3 años
V Luis indio de 11 años +
V Visente indio de 10 años +

Casa de Diego Joan indio

V Diego Joan indio ++
V Josepha Teresa india su mug.r ++
V Andrés su hijo de 5 años
V Isabel india de 11 años +

Casa de Joan Miguel indio

V Joan Miguel indio ++
V Felipa Antonia su mug.r ++
V Pedro su hijo de 5 años
V Gaspar Ramos indio ++ biudo
V Matheo su hijo de 4 años
V Fran.co Sanches indio ++
V M.a Hernandes india su mug.r ++
V Clara su hija de 9 años +

Casa de Cathalina Lucía india

V Cathalina Lucía india ++ biuda
V Miguel Angel su hijo de 11 años +

Casa de Fran.co Miguel indio

V Fran.co Miguel indio ++
V Ana Lucía india su mug.r ++
V Magdalena su hija de 12 años +
V María su hija de 5 años
V Thomasa su hija de 3 años
V D.o Miguel indio ++
V Ju.a Cathalina india su mug.r ++

V luis salvador biudo ++

Casa de Diego baltasar indio

V Diego baltasar indio ++
V Petrona maria su muger ++
V Joseph su hijo de 14 años +
V [illegible] su hijo de 11 años +
V Joan su hijo de 6 años +
V Clara su hija de 4 años

Casa de bartolome garcia indio

V Bartolome garcia indio ++
V Paula Jacome su muger ++
V Joan su hijo de 3 años

Casa de Diego hernandez indio

V Diego hernandez indio ++
V Ana beatriz india su muger ++
V Joseph hernandez su hijo de 16 años +
V Mathias su hijo de [illegible] años +
V Diego su hijo de 9 años +
V Grabriel su hijo 5 años
V Diego Joan indio ++
V Maria [illegible] india su muger ++
sin hijos

Casa de gaspar martin indio

V Gaspar martin indio ++
V [illegible] maria india su muger ++
V Thomas su hijo de 11 años +
V Diego su hijo de 6 años
V Juan alexandre indio ++
V Lorenza cathalina india su muger ++
sin hijos

Casa de Joan Pedro indio biudo

V Joan Pedro indio biudo ++
V Pedro su hijo soltero de 15 años +
V maria su hija de 11 años +

Casa de Joan de Diego indio

V Juan de diego indio ++

V Cathalina Beatriz india su muger ++
V Ana su hija de 12 años +
V Maria su hija de 7 años +
V Joan su hijo de 5 años

Casa de Baltasar garcia indio

V Baltasar garcia indio ++
V Ana sebastiana india su muger +
V Joseph su hijo soltero de 11 años
V Maria su hija de 9 años +
V Maria su hija de 5 años
V Maria su hija de tres años
V Diego flores indio viudo ++

Casa de Joan Lazaro indio

V Juan Lazaro indio ++
V Catalina maria su muger ++
V Joana su hija de 12 años +
V Lazaro su hijo de 6 años
V Francisco sanches indio biudo ++
V Miguel Pedro indio biudo ++

Pueblo de indios de [illegible]
questa de la cavesera [illegible] leguas

V Casa de Pedro miguel indio

V Pedro miguel indio ++
V Isavel de olivera india su muger ++
V Diego su hijo de 4 años
V Miguel su hijo de 3 años
V Gaspar melchior indio ++
V [illegible] maria su muger india ++
V Joan su hijo soltero de 11 años +
V Joana su hija de 9 años +
V Ana su hija de siete años +
V Ana su hija de 3 años

Casa de Pedro gutierrez indio

V Pedro gutierrez indio ++
V Angelina [illegible] india su muger +

V Simon su hijo soltero de 13 años +
V Josepha su hija de 12 años +
V Manuel su hijo de seis años
V Juliana su hija de 5 años

Casa de Joan baptista indio
V Joan baptista indio ++
V maria marta india su muger +
V Joana su hija de 3 años

Casa de Joan Luis indio
V Joan Luis indio ++
V maria ursula india su muger ++
V Pedro su hija de tres años

Casa de miguel angel indio
V miguel angel indio ++
V maria ana ynes india su muger ++
V Alonso su hijo de 4 años

Casa de Juan miguel indio viudo
V Juan miguel viudo ++
V Juan miguel su hijo soltero de 17 años +
V melchora su hija de 12 años +

Casa de Baltasar gutierres indio
V Baltasar gutierres indio ++
V magdalena flor su muger ++
V maria carla su hija de 4 años

Casa de alonso sebastian indio
V alonso sebastian indio ++
V maria susana india su muger ++
V felipa su hija de 4 años
V sebastian su hijo de 2 años

Casa de Pedro sebastian indio
V Pedro sebastian indio ++
V maria Justina india su muger ++
V Pedro su hijo soltero de 14 años +
maria su hija de 12 años +
V angelina su hija de 7 años +

V Diego su hijo de 3 años

Casa de miguel peres indio
V miguel peres indio ++
V maria andrea su muger ++
sin hijos

Pueblo de indios de S. miguel
y estado de la cantera ...

Casa de Pedro miguel indio ++
V Pedro miguel indio ++
V Ana catalina lucia su muger ++
V Ana su hija de 11 años +
V Ana catalina lucia su hija de 7 años +
V Joana su hija de 6 años
V Diego su hijo de 3 años

Gaspar sanches indio
V Gaspar sanches indio ++
V Ana lucia india su muger ++
V magdalena su hija de seis años

Casa de Juan pasqual indio
V Juan pasqual indio ++
V magdalena augustina su muger ++
V Pablo su hijo soltero de 15 años +
V Juan francisco indio viudo ++

Casa de christoval sebastian
V christoval sebastian indio ++
V magdalena ysabel india su muger ++
sin hijos

Casa de maria catalina viuda
V maria cathalina india viuda ++
V ursula india soltera de 12 años +

Casa de Juan diego indio
V Juan diego indio ++

Ana mª india su mujer ++
Pedro su hijo soltero de 14 años +
Micaela su hija soltera de 12 años +
Gaspar su hijo de 8 años +
María su hija de seis años

Casa de Fran.co Bernabé indio

Fran.co Bernabé indio ++
Catalina Hernández india su mujer ++
sin hijos

Casa de Juan Serbantes indio

Joan Serbantes indio ++
Ana Micaela india su mujer ++
Augustina su hija de 8 años +
Juliana su hija de 5 años
Mª su hija de 4 años
Fran.co Sánchez indio viudo ++

Casa de Sebastián Gutiérrez indio

Sebastián Gutiérrez indio ++
Fran.ca Sesilia india su mujer ++
Joana su hija de 9 años +
Fran.ca su hija de 7 años +
Magdalena su hija de 4 años

Casa de Joan Miguel indio

Joan Miguel indio ++
Ana mª india su mujer ++
Luisa su hija de 3 años
Gaspar Melchior indio ++
Luisa mª india su mujer ++

Casa de Miguel García indio

Miguel García indio ++
Ynés Sesilia india su mujer ++
Juana García su hija de 9 años +
Magdalena su hija de 6 años
Micaela su hija de 4 años

Diego Martín indio ++
Ysabel mª india su mujer ++

Casa de Alonso Martín indio

Alonso Martín indio ++
Joana Fran.ca india su mujer ++
María su hija de 10 años +
Ynés su hija de seis años
Sesilia su hija de 4 años

Casa de Joan Pedro indio

Joan Pedro indio ++
Fran.ca Sesilia india su mujer ++
Joana su hija de 6 años
Joan su hijo de 4 años

Casa de Joan Melchior indio

Joan Melchior indio ++
Augustina Clara su mujer ++
Joan Dionisio su hijo de 12 años +
Joan su hijo de 8 años +
Mª su hija de 4 años

Casa de Joan Diego indio

Joan Diego indio ++
Luisa María india su mujer ++
Ynés su hija de 4 años

Pueblo de indios de S. Joan
que está de la Cantera tres leguas

Casa de Domingo Felipe indio

Domingo Felipe indio ++
Clara Lucía india su mujer ++
Joseph Domingo su hijo de 9 años +

Casa de Diego Domingo indio

Diego Domingo indio ++
María Ana india su mujer ++

V Lorenzo su hijo de 4 años
V Thomas su hijo ... indio soltero de 20 años ++
Casado con Ana Ma india

V Ana maría india viuda ++
V Fran.ca Luisa ++ muger de Bernabé Garcia indio ausente
V Ana su hija de 7 años ++

Casa de Joan martín indio

V Joan martín indio ++
V Ana Luisa su muger ++
V Antonio su hijo de 10 años
V Isabel india de 9 años ++
V ana maría Ricardo ... indio de 8 as
V nicolas indio de 6 as. estos son hijos de padres no conocidos

Casa de Gaspar Suarez ...

V Juliana Andrea india viuda de Gaspar Xuarez ++
V Domingo su hijo de 9 años ++
V Gaspar su hijo de 6 as
V Josepha su hija de 4 as
V Andres indio viudo ++

Casa de Fran.co Joseph indio

V Fran.co Joseph indio ++
V Ma india su muger ++
V Agustín soltero de 20 años ++
V Ma.na su hija de 8 años ++
V melchioro su hijo de 6 años ++
V Salvador su hijo de 3 años
V Luisa Ma.na viuda india ++
V Bernabé ... india de 6 as
V Benito de la cruz mestizo de 20 as hijo de padres no conocidos ++

Casa de Joan Andrés indio

V Joan Andrés indio ++

V Isabel de los Santos india ++
V Salvador su hijo de 4 as
V melchior de los Reyes indio ++
V Ana pasquala su muger ++
V Joana de la cruz mulata soltera ++
V Thomasa morisca de 4 as

Casa de Baltasar Xuarez indio

V Baltasar Xuarez indio ++
V Luisa Ma india su muger ++
V Baltasar su hijo de 10 as ++
V Ma.na su hija de 9 años ++
V maría su hija de 7 años ++
V Jn de la cruz su hijo de 4 as
V Andrés Juan indio ++
V Ma Joana india su muger ++
V Andrés su hijo de 6 as
V Leon su hijo de 3 años

Casa de Joan miguel indio

V Joan miguel indio ++
V Joana de la cruz india su muger ++

Casa de Joan baptista indio

V Joan baptista indio ++
V Ma Ma.na india su muger ++
V Ma su hija de 6 años
V Isabel su hija de 4 as

Casa de Joan lopes indio

V Joan lopes indio ++
V Ma... Ma su muger ++
V Diego Felipe su hijo soltero de ... ++

Casa de Baltasar melchor indio

V Baltasar melchor indio ++
V Ma Salome india su muger ++
su hijos

Casa de Sebastián ... indio

y Sebastian Lucas indio + +
y mª Ysavel india su mug ++
y Joan su hijo de 4 añs +
y mdª su hijo de 2 añs +
y Marº su hija de 4 añs

Casa de miº Xuan B indio

y miº Xuan B indio ++
y Juana Ximenes india ++
y Joan su hijo soltero de 12 añs +
y Joan manuel indio soltero de 11
añs hijo de padres no conocidos
Casa de peº melchior indio

y fran·co melchor indio + +
y Melchiora Ynes su mug ++
y Ynes su hija de 8 añs
y Juº su hijo de 3 añs
y Joan Lorenzo indio biudo ++
y miº indio soltero de 17 añs +
y Lorenso su hijo de 9 añs +
y Ynes mª india biuda ++
Puebl de indios que es t a de la
Cabesera quatro leguas mes
que tu

Casa de Dº Basques indio ++

y Dº Basques indio + +
y mª Basques india su mug ++
y Pº su hijo soltero de 22 añs +
Casa de Juº Garcia indio

y Joan Garcia indio ++
y Catalina hernandez india su mug ++
y Antonio su hijo de 6 añs
y Manuel Gonsales indio ++
y Ysavel Basques su mug ++
y Joan su hijo de 6 añs
y Pos ques su hija de 4 añs

y fran·co su hijo de dos añs

Casa de Juº miº indio

y Joan miº indio ++
y Ana Basques india su mug ++
y Rafael indio de 6 añs
y Anton de loza indio + + biudo
Casa de Sebastian flores indio

y Sebastian flores indio ++
y Ysca Basques india su mug ++
y Aº ga su hijo soltero de 17 añs
y Lasar su hijo de 15 añs +
y Ysavel su hija de 13 añs +
y Kouristiano su hijo de 9 añs +
y fran·co su hijo de 7 añs +
Casa de Joan baltasar indio

y Joan baltasar indio ++
y Ana beronica su mug ++
y Lasar Basques su hijo soltero de 17 añs
y Bartolome su hijo de 12 añs +
y Joan su hijo de 9 añs
y Catalina su hija de 8 añs +
y Fº su hijo de 4 añs
y Diego Jacobo indio ++
y Ynes miº india su mug ++
y Digo su hijo de 4 añs
Casa de esteuan miº indio

y esteuan miº indio ++
y Ana mª india su mug ++
y Digo su hijo de 10 añs +
y Gregorio su hijo de 8 añs +
y Marª su hija de 4 añs
Casa de Diego miº indio

y Diego miº indio ++
y Augustina mª india su mug ++

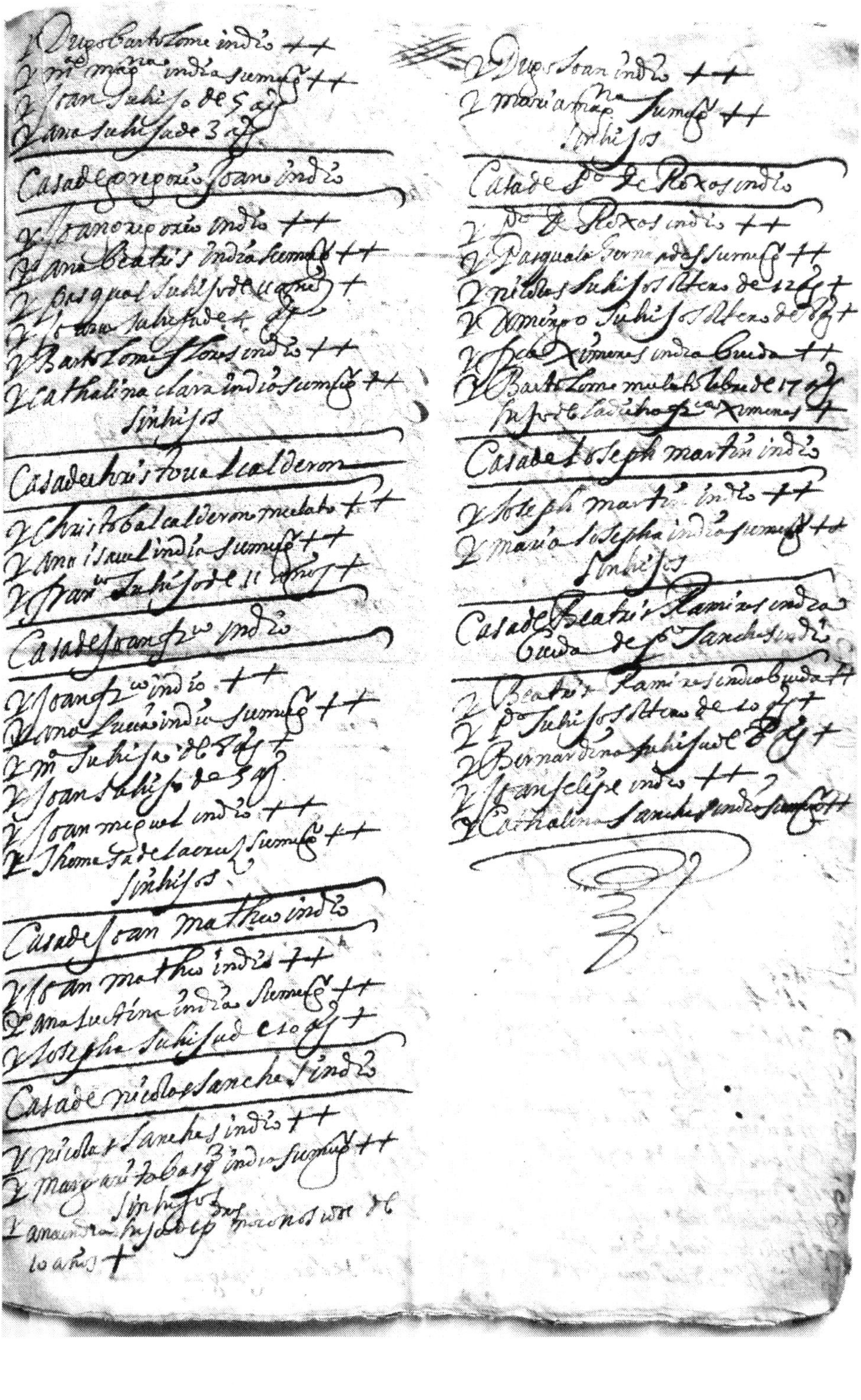

V Diego Bartolome indio ++
V mª magna india su muger ++
V Joan su hijo de 5 as
V Ana su hija de 3 as

Casa de Gregorio Joan indio
V Joan Gregorio indio ++
V Ana Beatris india su muger ++
V Pasqual su hijo de 11 años +
V Joana su hija de 4 as
V Bartolome Flores indio ++
V Cathalina clara india su muger ++
sin hijos

Casa de Christoval calderon
V Christobal calderon mulato ++
V Ana Isabel india su muger ++
V Franco su hijo de 11 años +

Casa de Joan Franco indio
V Joan Franco indio ++
V Ana Lucia india su muger ++
V mª su hija de 8 as +
V Joan su hijo de 5 as
V Joan miguel indio ++
V Thomasa de la cruz su muger ++
sin hijos

Casa de Joan matheo indio
V Joan matheo indio ++
V Ana Lucina india su muger ++
V Josepha su hija de 10 as +

Casa de nicolas sanchez indio
V nicolas sanchez indio ++
V Margarita Barsa india su muger ++
sin hijos
V Ana india [illegible] de 10 años +

V Diego Joan indio ++
V Maria magna su muger ++
sin hijos

Casa de Pº de Rexas indio
V Pº de Rexas indio ++
V Pasquala [illegible] india su muger ++
V nicolas su hijo soltero de 12 as +
V Domingo su hijo soltero de [illegible] as +
V Franca Ximenes india viuda ++
V Bartolome mulato libre de 17 as
hijo de la dicha Franca Ximenes +

Casa de Joseph martin indio
V Joseph martin indio ++
V maria Josepha india su muger ++
sin hijos

Casa de Beatris Ramires india
viuda de Pº Sanchez indio
V Beatris Ramires india viuda ++
V Pº su hijo soltero de 10 as +
V Bernardino su hijo de 8 as +
V Joan Phelipe indio ++
V Cathalina Sanchez india su muger ++

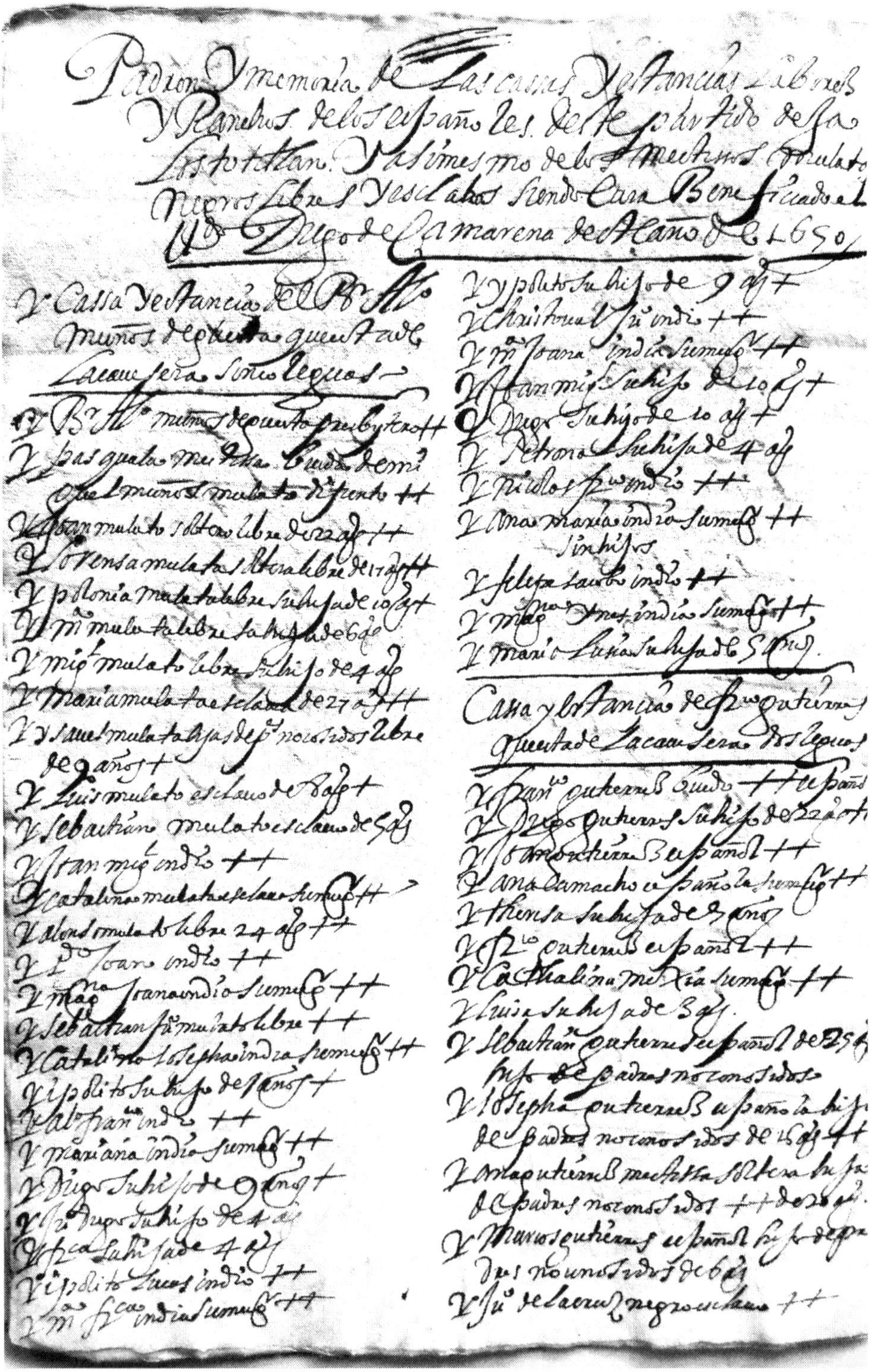

Padrón y memoria de las casas y estancias, labores y ranchos de los españoles deste partido de ... y así mesmo de los mestizos, mulatos, negros libres y esclavos, siendo cura beneficiado el Br. Diego de Camarena de este año de 1650

Cassa y estancia del Br. Alº Muñoz de ... que está de la cabecera seis leguas

Br. Alº Muñoz de ... presbytero
Pasquala Mexía viuda de Miguel Muñoz mulato ...
Juan mulato soltero libre de 22 as
Lorensa mulata soltera libre de 17 as
Polonia mulata libre su hija de 10 as
Mª mulata libre su hija de 6 as
Miguel mulato libre su hijo de 4 as
Maria mulata esclava de 27 as
Ysabel mulata hija de padres no conosidos libre de ... años
Luis mulato esclavo de 8 as
Sebastian mulato esclavo de 5 as
Juan Miguel indio
Catalina mulata esclava su muger
Alonso mulato libre 24 as
Pedro Joan indio
Magdalena Joana india su muger
Sebastian Juan mulato libre
Catalina Josepha india su muger
Ypolito su hijo de 1 año
Alº Juan indio
Mariana india su muger
Diego su hijo de 9 años
Juan Diego su hijo de 4 as
Franca su hija de 4 as
Ypolito Lucas indio
Mª Franca india su muger
Ypolito su hijo de 9 as
Christoval su indio
Mª Joana india su muger
Juan Miguel su hijo de 10 as
Diego su hijo de 10 as
Petrona su hija de 4 as
Nicolas su indio
Ana Maria india su muger sin hijos
Felipe ... indio
Magdalena Ynes india su muger
Maria Lucia su hija de 5 as

Cassa y estancia de Juan Gutierres que está de la cabecera dos leguas

Juan Gutierres viudo español
Diego Gutierres su hijo de 22 as
... Gutierres español
Ana Camacho española su muger
Theresa su hija de 2 años
Pedro Gutierres español
Cathalina Mexía su muger
Luisa su hija de 3 as
Sebastian Gutierres español de 25 as hijo de padres no conosidos
Josepha Gutierres española hija de padres no conosidos de 15 as
Ana Gutierres mestiza soltera hija de padres no conosidos de 20 as
Marcos Gutierres español hijo de padres no conosidos de 6 as
Juan de la Cruz negro esclavo

V luisa de loadillo mulata libre [illegible] ++
V agustina mulata esclaba casada
con [illegible] negro [illegible] ++
V Ju.o mulato esclavo su hijo de 12 as ++
V antonia mulata esclaba su hija de 10 as +
V Fran.co mulato esclavo de 2 as +
V m.a negra esclava de 30 as ++
V felipe mulato esclavo de 1 as +
V Brento domingo indio ++
V Anacleta [illegible] india [illegible] ++
V Sebastián su hijo de 10 as +
V Joana su hija de 7 as +
V domingo Ramos su hijo de 3 as
V Catalina su hija de 4 as
V luis antonio mulato libre ++
V melchora [illegible] india [illegible] ++
V maria su hija de 3 as
V Baltasar hernandes indio ++
V andrea peralta india [illegible] ++
V margarita india hija de [illegible]
no[illegible] de 8 as +

Casa y estancia de Joan de quer[illegible]
[illegible] que esta de la cauesera
[illegible] leguas

V Joan de quenta español ++
V m.a de [illegible] española [illegible] ++
V Joan de quenta su hijo de 7 as +
V P.o de quenta su hijo de 3 as
V Catalina su hija de 3 as
V nicolas sebastian indio ++
V Ju.a lucia mulata esclava [illegible] ++
V Joana mulata esclava su hija de [illegible] as +
V Fran.ca su hija mulata esclava de [illegible] as +
V Ana su hija mulata esclava de 7 as +
V m.a su hija mulata esclava de 6 as
V [illegible] esclava mulata su hija de 4 as
V Beatris mulata esclava de 24 as ++

V Joan martin indio ++
V Beronica [illegible] india ++
[illegible]
V andres felipe indio ++
V m.a [illegible] india [illegible] ++
[illegible]
V Diego nicolas indio ++
V Joana de [illegible] india [illegible] ++

Casa y estancia de Diego gonsales
Rubio que esta de la cauesera
dos leguas

V Diego gonsales español ++
V Antonia de torres española [illegible] ++
V Diego gonsales su hijo soltero de [illegible] as ++
V m.a gonsales su hija soltera de [illegible] as ++
V domingo gonsales su hijo de 14 as ++
V antonio gonsales su hijo de 9 años +
V Gonzalo camacho español ++
V Cathalina gonsales española [illegible] ++
V [illegible] gonsales su hija de 4 as
V luis gomes español soltero de [illegible] as ++
V Joseph gomes español de [illegible] as ++
V Rodrigo de los [illegible] mestizo soltero ++
V Joan [illegible] indio ++
V Catalina felipa mulata esclava [illegible] ++
V Ju.o mulato esclavo de 9 as +
V Ju.o mulato esclavo de 1 as +
V felipe mulato esclavo de 5 as
V Catalina negra esclava de 28 as ++
V Ju.o mulato esclavo de 5 as
V alonso mulato esclavo de 4 as
V m.a [illegible] india [illegible] ++ de [illegible]
sebastian indio [illegible]
V Ana su hija soltera de [illegible] as ++
V P.o su hijo soltero de 12 as +
V m.a su hija de [illegible] as +
V petrona su hija de 7 as +
V Blas su hijo de 5 as
V Joan tomas indio ++

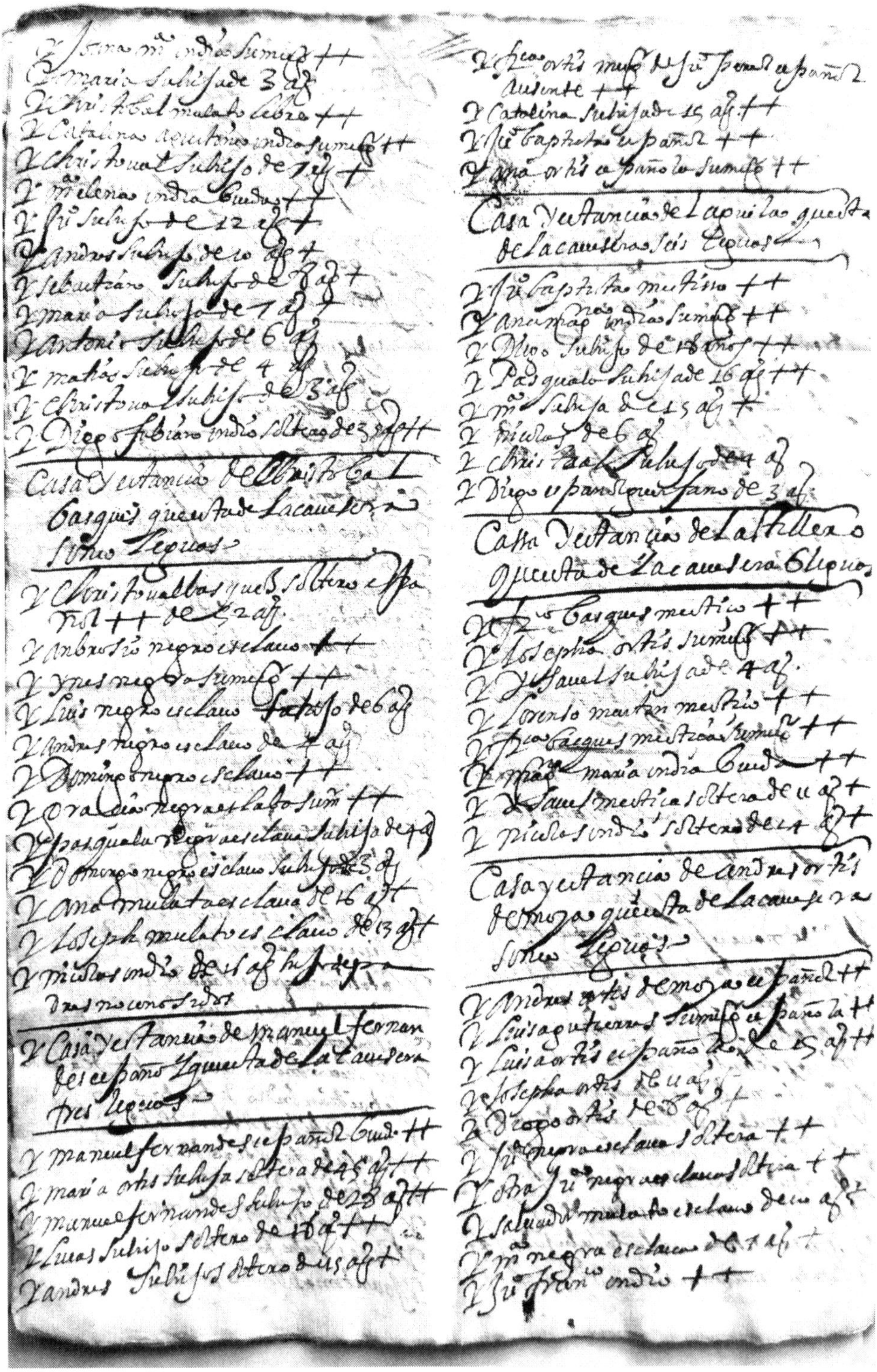

V Joana mª india sumiss ++
V maria su hija de 3 as
V Xristobal mulato libre ++
V Catalina agustina india sumiss ++
V Christobal su hijo de 7 as +
V melena india viuda ++
V Juº su hijo de 12 as +
V Andres su hijo de 10 as +
V Sebastian su hijo de 9 as +
V maria su hija de 7 as +
V Antonio su hijo de 6 as
V matias su hijo de 4 as
V Christoval su hijo de 3 as
V Diego febrero indio soltero de 23 as ++

Casa y estancia de Christobal basques que esta de la cavecera siete leguas

V Christoval basques soltero español ++ de 22 as
V Ambrosio negro esclavo ++
V Ynes negra sumiss ++
V Luis negro esclavo su hijo de 6 as
V Andres negro esclavo de 4 as
V Domingo negro esclavo ++
V Graciana negra esclava sumiss ++
V pasquala negra esclava su hija de 4 as
V Domingo negro esclavo su hijo de 5 as
V Ana mulata esclava de 16 as +
V Joseph mulato esclavo de 13 as +
V nicolas indio de 11 as hijo de padres no conosidos

V Casa y estancia de manuel fernandes español y que esta de la cavecera tres leguas

V manuel fernandes español viudo ++
V maria ortis su hija soltera de 25 as ++
V manuel fernandes su hijo de 20 as ++
V Lucas su hijo soltero de 18 as ++
V Andres su hijo soltero de 15 as +

V Franco ortis mestiso de Juº Perez español ausente ++
V Catalina su hija de 15 as ++
V Juº baptista español ++
V Ana ortis español sumiss ++

Casa y estancia de la aguila que esta de la cavecera seis leguas

V Juº baptista mestiso ++
V Ana maria india sumiss ++
V Diego su hijo de 18 años ++
V Pasquala su hija de 16 as ++
V mª su hija de 15 as +
V nicolas de 6 as
V Christobal su hijo de 4 as
V Diego español [illegible] de 3 as

Casa y estancia de la Tablera que esta de la cavecera 6 leguas

V Franco basques mestiso ++
V Josepha ortis sumiss ++
V Manuel su hijo de 4 as
V Lorenso martin mestiso ++
V Franco basques mestiza sumiss ++
V mª maria india viuda ++
V Manuela mestiza soltera de 11 as +
V nicolas indio soltero de 14 as +

Casa y estancia de andres ortis de monza que esta de la cavecera siete leguas

V Andres ortis de monza español ++
V Luisa gutierres sumiss española ++
V Luis ortis español de 15 as ++
V Josepha ortis de 11 as +
V Diego ortis de 8 as +
V Juana negra esclava soltera ++
V otra Juana negra esclava soltera ++
V Salvador mulato esclavo de 10 as
V mª negra esclava de 7 as
V Juº Franco indio ++

V mª Salome india Su muger ++
V migl Su hijo soltero de 19 as ++
V alexo Su hijo de 16 as +
V mª Su hija de 13 as +
V ynes Su hija de 12 as +
V matheo Su hijo de 9 as +
V Joana Su hija de 6 as
V Jpo migl indio soltero de 33 as ++

Casa y estancia de Joseph Ramirez español que esta de la Cantera 3 leguas

V Joseph Ramirez español ++
V ana muñoz española Su muger ++
V leonor Su hija de 9 as +
V Joseph Su hijo de 5 as
V Thomasa negra esclava de 22 as ++
V antonio mulato esclavo de 6 as
V Thomas hernandez viudo ++
V ~~leonor [illegible]~~ ++
V Josepha Su hija de 6 as
V pasquala Su hija de 4 as

Casa y estancia de Leonor de hermosillo española viuda que esta de la Cantera 3 leguas

V Leonor de hermosillo viuda ++
V el Br lasaro gutierrez presbytero ++
V Leandra Lemus española soltera de 20 as
V Catalina Mexia española de 17 as ++
V leonor de hermosillo española de 9 as
V fco glz indio ++
V Sebastiana mulata esclava Su muger ++
V Catalina mulata esclava Su hija ++
V maria ana mulata esclava Su hija de 15 as ++
V Glza mulata esclava [illegible] de 14 as +
V Sebastiana mulata esclava Su hija de 12 as +
V [illegible] de 10 as +
V Jm mulata esclava Su hija de 8 as +
V Juo mulato esclavo Su hijo
V fco mulato esclavo Su hijo de 6 as
V nicolas mulato esclavo Su hijo de 4 as

V Joseph mulato esclavo ++
V mª magna india Su muger ++
V Pasqual de los Reyes mestizo ++
V mª gonzales mulata [illegible] Su muger ++
V lasaro mulato esclavo Su hijo de 6 as
V ana mulata esclava Su hija de 4 as
V Jua mulata esclava Su hija de 2 as
V Cathalina negra esclava de 50 as ++
V Joseph negro esclavo de 6 as
V maria ana mulata esclava soltera de 30 as ++
V fca gomes mulata esclava soltera de 22 as
V nicolas mulato esclavo de 15 as +
V martin negro esclavo de 12 as +
V magna negra esclava de 10 as +
V Jpo indio soltero de 18 as ++
V andrea india viuda ++
V diego hernandez Su hijo de 10 as +
V Thomas Su hijo de 5 as
V Domingo indio soltero de 22 as ++
V fco indio soltero de 25 as ++
V Ju fco indio soltero de 44 as ++
V Jm gonsales mestizo libre ++
V mª de truxillo mestiza ++ [illegible]
V Andres Su hijo de 10 as +
V mª Su hija de 3 as

Casa y estancia de D. Andres de estrada español que esta de la Cantera 2 leguas

V D. andres de estrada [illegible] ++
V D. Luisa flores Su muger ++
V D. Baltasar de estrada Su hijo de [illegible]
V D. Ju de estrada Su hijo de 22 as ++
V D. [illegible] de estrada Su hijo de 20 as ++
V D. [illegible] de estrada Su hijo de 18 as ++
V D. Theresa de estrada Su hija de 12 as +
V D. mª de estrada Su hija de 10 as
V D. Joseph de estrada de [illegible] as
V fca flores mestiza muger de [illegible]
[illegible] hernandez español ausente ++
V Joseph Su hijo de 3 as

V Casparta ... mulato libre ++
V Jn.o flores indio su muger ++
V andres su hijo de edad de 14 as +
V Catalina su hija de 12 as +
V lasaro su hijo de 9 as +
V Fran.co su hijo de 4 as
V Catalina negra esclaba de 48 as ++
V Fran.ca negra esclaba soltera de 19 as +
V Jn.o negro esclavo de 33 as ++
V ignacio mulato esclabo de 19 as +
V Joseph mulato esclabo de 25 as +
V Jn.o negro esclabo soltero de 35 as ++
V nicolas mulato soltero esclabo de 30 as ++
V Pasqual mulato esclavo de 10 as +
V Cathalina de Salasar india biuda ++
V m.a flores su hija de 22 as ++
V luisa su hija de 19 as ++
V Josepha su hija de 14 as +
V ynes su hija de 12 as +
V Joan anton indio ++
V Cathalina Fran.ca india su muger ++
V Blas su hijo de 9 años +
V Fran.co su hijo de ... as
V Andres melchior indio ++
V ana m.a su muger india ++
V m.a su hija de 11 as +
V ynes su hija de 4 as
V Joan miguel indio ++
V m.a salome india su muger ++
V ysabel su hija de 4 as

Casa y estancia de Fran.co muños Cabessa que esta de la cavesera tres leguas

V Fran.co muños Cabessa español ++
V Fran.ca de torres española su muger ++
V Jn.o gonsales su hijo ... ++
V ana muños su hija de 25 as ++
V m.a muños su hija de 23 as ++
V migl su hijo de 16 as +
V Bromig[o] mestiso de 28 as ++
V micaela su hija de 14 as +
V Fran.co su hijo de 10 as +
V Felipe mulato esclabo de 22 as ++
V Jn.o mulato esclabo de 16 as +
V luisa mulata esclaba de 12 as +
V nicolas mulato esclabo de 10 as +
V ynes negra esclaba de 55 as ++
V diego anton indio ++
V m.a Joana india su muger ++
V Joan su hijo de 3 as
V andres damian indio ++
V mag.na andrea su muger ++
V augustin su hijo de 3 as
V anton Fran.co indio ++
V m.a mag.na su muger ++
V P.o su hijo de 4 as
V nicolas mulato libre soltero 24 as ++

Casa y estancia de Jo.an betessera que esta de la cavesera 8 leguas

V Joan bettessera español ++
V Cathalina galindo española su muger ++
V m.a galindo su hija de 20 as ++
V andrea Rodrigues su hija de 16 as ++
V ana su hija de 12 as +
V Catalina su hija de 10 as +
V Jn.o su hijo de 9 as +
V Sebastian su hijo de 7 as +
V Fran.ca su hija de 5 as
V Christobal su hijo de 3 as
V Andrea Rodrigues española biuda ++

Casa y estancia de ynes de brenes biuda que esta de la cavesera 2 leguas

V ynes de brenes española biuda ++
V Fernando Saavedra su hijo de 15 as ++
V Jn.o belasques indio ++
V ana de Renteria mestisa su muger ++

V Domingo su hijo de 3 as
V Anton duran mulato esclabo ++
V Jn de Rentería mestizo su muger ++

Casa de Fco muños de la barba español queda de la cabecera a dos leguas

V Fco muños barba español ++
V Catalina gonsales su muger ++
V Ma Rubio su hija soltera de 30 as ++
V Ysauel gutierres su hija de 29 as ++
V Catalina Rubio su hija de 22 as ++
V Ma gonsales su hija de 25 as ++
V Josepha muños su hija de 20 as ++
V Fco gutierres su hijo de 18 ++
V Ma muños su hija de 15 as ++
V Benito muños su hijo de 14 as +
V Luis de la barba su hijo de 7 as +
V Joseph muños su hijo de 4 as
V Antonia negra esclaba de 33 as ++
V Josepha mulata esclaba de 9 as +
V Magna mulata esclaba de 1 as
V Mateo negro esclabo de 3 as

Casa y estancia de Diego alº queda de la cabecera 6 leguas

V Diego alº español ++
V Ursula de torres española su muger ++
V Augustin garcia su hijo de 26 as ++
V mathias gonsales su hijo de 24 as ++
V Ma Velasquez su hija de 20 as ++
V Alº Ramires su hijo de 22 as ++
V Nicolas Ramires su hijo de 12 as +
V Paula su hija de 7 as +
V Ma negra esclaba soltera de 65 as ++
V Gracia negra esclaba de 45 as ++
V Josepha mulata esclaba de 11 as +
V Fco mulato esclabo de 6 as
V Ju Domingo indio ++
V Ma Joana india su muger ++

V Josepha su hija de 6 as
V Joana su hija de 3 as

Casa y estancia de albaro de cornejo español queda de la cabecera seis leguas

V albaro de cornejo español ++
V Diego de mendoza mestizo ++
V Ana Rodrigues mestiza su muger ++
V Joseph martin indio soltero de 20 as
V Nicolas de mendoza español hijo de padres no conocidos de 15 as +
V Domingo indio ++
V Catalina Ynes india su muger ++
V Tomas su hijo de 5 as
V Joseph su hijo de 3 as
V Thomas peres indio ++
V Cathalina pasqual india su muger ++
V Ma su hija de seis as
V Antonio su hijo de 3 as
V Pº su hijo de 2 as
V Marta de la asencion india biuda ++
V Diego su hijo de 12 as +
V Joan su hijo de 10 as +
V Joseph su hijo de 6 as
V Ma su hija de 4 as
V Ju de bargas indio ++
V Ma Ysauel india su muger ++
V Felipe su hijo de 13 as +
V Ma de los Angeles mestiza de 12 as +
V Diego indio guerfano de 4 as
V Fco hernandes indio soltero de 18 as +

Casa y estancia de Manuel de Arnelas queda de la cabecera seis leguas

V Manuel de Arnelas español ++
V Da Beatris de alarcon su muger ++

V felipa de [illegible] de 10 a[ños] +
V Sebastian de cornelos mestizo de 11 a[ños]

Casa de martin de aguirre que esta de la cavesera quatro leguas

V martin de aguirre español ++
V Leonor de mendoza su muger ++
V martin de aguirre su hijo de 24 a[ños] ++
V ana de mendoza su hija de 22 a[ños] ++
V Leonor de aguirre su hija de 20 a[ños] ++
V luisa de mendoza su hija de 18 a[ños] ++
V m[ari]a de mendoza su hija de 15 a[ños] +
V ju[an]a de mendoza su hija de 14 a[ños] +
V Salvador de aguirre su hijo de 10 a[ños] +
V nicolas su hijo de 5 a[ños]

Cassa y estancia de Diego marques español que esta de la cavesera 7 leguas

V Diego marques español soltero ++
V ysabel de mendoza su viuda ++
V ju[an] de cornelos español [illegible] de 16 a[ños] +
V thomas de mendoza [illegible] libre de 24 a[ños] ++
V Rafael de mendoza mestizo [illegible] de 20 a[ños] ++
V ju[an] de cabal [illegible] mestizo ++
V m[ari]a [illegible] india su muger ++
V lasaro su hijo de 18 a[ños] ++
V ana su hija de 14 a[ños] +
V Baltasar hernandes indio ++
V ana luisa india su muger ++
V nicolas su hijo de 15 a[ños] +
V ana su hija de 11 a[ños] +
V Diego su hijo de 6 a[ños]

V mig[ue]l hernandes indio de 18 a[ños] ++
V luisa de mendoza mestiza soltera ++
V damiana de la cruz mestiza soltera de 18 años ++

V ysabel de mendoza mestiza soltera de 22 a[ños] ++
V constança mestiza soltera de 11 a[ños] +

Cassa y estancia de P[edr]o de cornelos que esta de la cavesera cinco leguas

V P[edr]o de cornelos español ++
V [illegible] su muger ++
V Gabriel sanches su hijo soltero 28 a[ños] ++
V andrea sanches [illegible] de 17 a[ños] hija de [illegible] sanches [illegible]
V [illegible] trugillo su muger [illegible]
V Alonso de la cruz indio soltero ++
V ju[an] mestizo de 10 a[ños] +
V felipe mestizo de 6 a[ños] hijos de pedro [illegible]

Cassa y estancia de lasaro martin español que esta de la cavesera 4 leguas

V lasaro martin de el campo español ++
V m[ari]a de la cruz española su muger ++
V lasaro martin su hijo de 22 a[ños] ++
V mig[ue]l [illegible] su hijo de 20 a[ños] ++
V p[edr]o martin su hijo de 17 a[ños] +
V [illegible] del campo su hijo de 15 a[ños] +
V Beatris lopes su hija de 14 a[ños] +
V m[ari]a su hija de 11 a[ños] +
V Joseph su hijo de [illegible] +
V antonio su hijo de 4 a[ños]
V luisa negra esclava de 26 a[ños] ++
V luisa mulata esclava de 24 a[ños] +
V Baltasar de los Reyes mulato esclavo de 22 a[ños] ++
V christobal mulato esclavo de 7 a[ños] +
V fr[ancisc]o martin indio ++
V fr[ancisc]a [illegible] india su muger ++
sin hijos
V fr[ancisc]o [illegible] indio ++
V ynes [illegible] india su muger ++

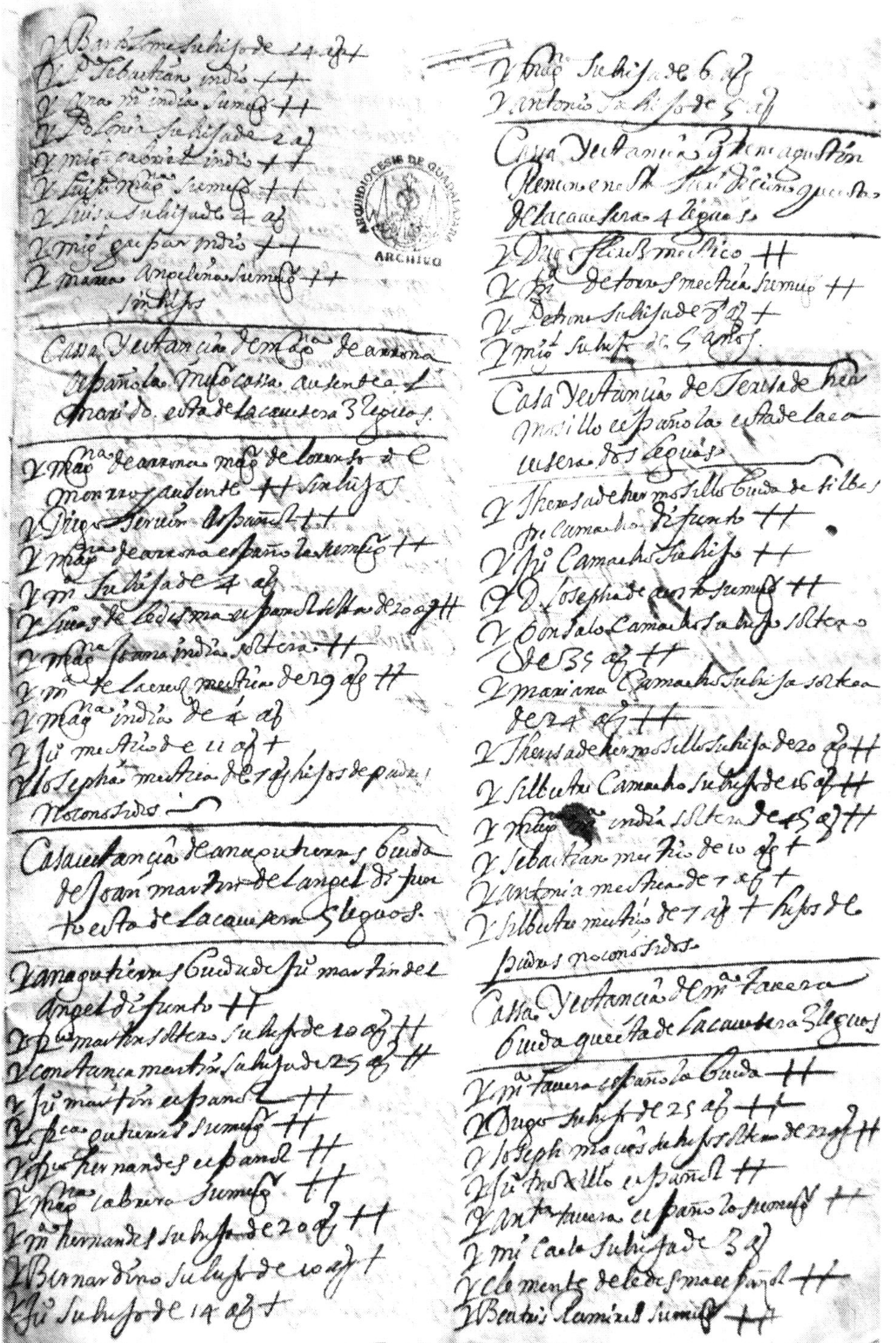

V Bartolomé su hijo de 14 as +
V P.º Sebastián indio ++
V Ana M.ª india su mujer ++
V Dolores su hija de 2 as
V Mig.l [illegible] indio ++
V Luisa M.ª su mujer ++
V Luisa su hija de 4 as
V Mig.l Gaspar indio ++
V Maria Angelina su mujer ++
sin hijos

Casa y estancia de M.ª de Arriona
española mujer casada ausente el
marido. esta de la cabecera 3 leguas.

V Mag.na de Arriona muger de Lorenzo de
Monrroy ausente ++ sin hijos
V Diego Sernier español ++
V Mag.na de Arriona española su mujer ++
V M.ª su hija de 4 as
V Lucas de Ledesma español soltero de 20 as ++
V Mag.na [illegible] india soltera ++
V M.ª de la Cruz mestiza de 29 as ++
V Mag.na india de 4 as
V Ju.º mestizo de 11 as +
V Josepha mestiza de 1 as hijos de padres
no conocidos.

Casa y estancia de Ana Gutierres viuda
de Joan Martin del Angel di funto
esta de la cabecera 5 leguas.

V Ana Gutierres viuda de Ju.º Martin del
Angel difunto ++
V P.º Martin soltero su hijo de 20 as ++
V Constanza mestiza su hija de 25 as ++
V Ju.º Martin español ++
V Fran.ca Gutierres su mujer ++
V Ju.º Hernandes español ++
V Mag.na Cabrera su mujer ++
V M.ª Hernandes su hija de 20 as ++
V Bernardino su hijo de 10 as +
V Ju.º su hijo de 14 as +

V Mag.na su hija de 6 as
V Antonio su hijo de 5 as

Casa y estancia de Agustín
Plemon en el [illegible] de [illegible]
de la cabecera 4 leguas.

V Diego Felis mestizo ++
V Ma.ª de Torres mestiza su mujer ++
V Petrona su hija de 7 as +
V Mig.l su hijo de 5 años.

Casa y estancia de Teresa de Hermosillo española esta de la cabecera dos leguas.

V Theresa de Hermosillo viuda de Silbes-
tre Camacho difunto ++
V Ju.º Camacho su hijo ++
V Josepha de [illegible] su mujer ++
V Gonzalo Camacho su hijo soltero
de 35 as ++
V Mariana Camacho su hija soltera
de 24 as ++
V Theresa de Hermosillo su hija de 20 as ++
V Silbestre Camacho su hijo de 16 as ++
V [illegible] india soltera de 45 as ++
V Sebastian mestizo de 10 as +
V Antonia mestiza de 1 as +
V Silbestre mestizo de 7 as + hijos de
padres no conocidos.

Casa y estancia de M.ª Parera
viuda que esta de la cabecera 3 leguas

V M.ª Parera española viuda ++
V Diego su hijo de 25 as ++
V Joseph Macias su hijo soltero de 22 as ++
V Ju.º Mosquillo español ++
V Ant.ª Parera española su mujer ++
V M.ª Ca[illegible] su hija de 3 as
V Clemente de Ledesma español ++
V Beatris Ramires su mujer ++

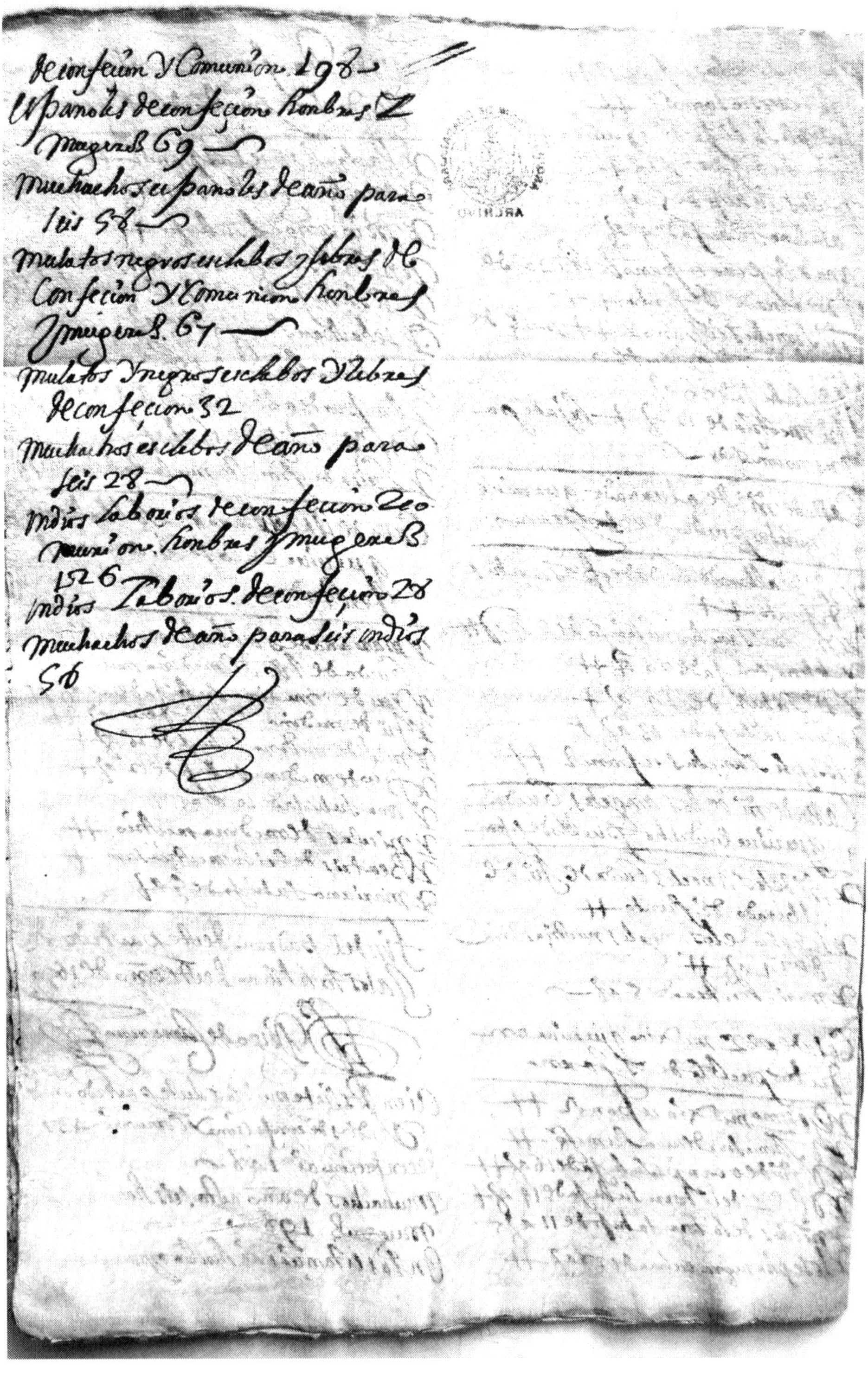
de confeción y comunión 198 —
españoles de confeción hombres y
mugeres 69 —
muchachos españoles de años para
seis 58 —
mulatos negros esclabos y libres de
confeción y comunión hombres
y mugeres 67 —
mulatos y negros esclabos y libres
de confeción 32
muchachos esclabos de años para
seis 28 —
indios laboríos de confeción y co
munión hombres y mugeres
526
indios laboríos de confeción 28
muchachos de años para seis indios
56

*Calle Guadalupe en Jalostotitlán,
con el atrio de la parroquia a mano derecha.*

Santuario de Nuestra Señora de Guadalupe de Jalostotitlán

PADRÓN DE 1670

PADRÓN DE ESTE AÑO DE MIL SEISCIENTOS Y SETENTA. LOS QUE LLEVAN ESTA SEÑAL ✝✝ SON DE CONFESIÓN Y COMUNIÓN. Y LOS DE ESTA ✝ DE SOLO CONFESIÓN. FECHO POR JUAN GÓMEZ DE SANTIAGO, CURA BENEFICIADO DE ESTE PARTIDO DE XALOSTOTITLÁN.

Casa
- El Beneficiado Juan Gómez de Santiago ✝✝
- D. Joseph de Saínos ✝✝
- Simón Hernández ✝✝
- María García ✝✝

Casa
- D. Joseph Tello de Orozco ✝✝
- D. Francisca de Mendoza y Camarena ✝✝
- Mariana de Mendoza ✝✝
- D. Mariana de Orozco ✝✝
- D. Joseph de Orozco ✝✝
- D. Josefa de Orozco ✝✝
- Mariana de Mendoza ✝✝
- Lucas Camarena ✝✝
- Joseph de Camarena ✝✝
- Beatriz mulata ✝✝

Casa y Estancia
- El Br. Lázaro Gutiérrez de Hermosillo✝✝
- Leonor de Hermosillo ✝✝
- Martin Hernández escl. ✝✝
- Magdalena su mujer ✝✝
- Nicolás esclavo ✝✝
- Juan de Saavedra escl. ✝✝
- María de Olvera ✝✝
- Juan de la Cruz ✝✝
- María de la Candelaria ✝✝
- Isabel ✝
- Tomás Hernández ✝✝
- Francisco de Vargas ✝✝
- Francisco Jaramillo ✝✝
- Domingo el Chino ✝✝
- Melchora su mujer ✝✝
- Joseph esclavo ✝
- Catalina esclava ✝✝
- María esclava ✝✝
- Juana ✝
- Juana de Aceves ✝✝

Casa y Estancia
- Antonio de Escoto ✝✝
- D. Inés Ortiz ✝✝
- Francisco de Tovar ✝✝
- Inés de Tovar ✝✝
- Joseph de Tovar ✝
- Ignacio de Tovar ✝✝
- Ana esclava ✝✝
- Juan esclavo ✝✝

Casa
- Francisco Muñoz ✝✝
- Ana Muñoz ✝✝
- Francisca de Mendoza ✝✝
- Lucía mulata esclava ✝✝
- Sebastián mulato esclavo ✝

Casa
- Francisco Muñoz de Hermosillo ✝✝
- Mariana López ✝
- Mariana de Torres ✝✝
- Joseph Lomelín ✝✝
- Micaela de Hermosillo ✝✝
- Justina laboria ✝✝
- María su hija ✝✝
- Francisco coyote ✝✝
- Juana india ✝
- Nicolás esclavo ✝

Rancho
- Miguel Cabeza ✝✝
- Luisa Sánchez ✝✝

Rancho
- Nicolás García ✝✝
- María Ramírez ✝✝

Rancho
- Cristóbal Becerra ✝✝
- Juan Hernández ✝✝
- Miguel de Santillán ✝✝
- Manuela Becerra ✝✝
- Gerónimo Becerra ✝
- Francisco Gutiérrez ✝
- Juan Becerra ✝

Estancia
- Miguel de Hermosillo ✝✝
- María de Camarena ✝✝
- Juan Tavera ✝✝
- Marcos lobo ✝✝
- Pedro Hernández ✝✝
- Felipa de la Cruz ✝✝

Casa
• Joseph de Alba ††
• Sebastiana de Vera ††
• Agustina de Alduenda ††
• Petronila de Borbón ††
• D. Juana de Santiago y Vera ††
• D. Clemente de Santiago ††
• Gaspar Tafoya †
• Marta Díaz ††

Casa
• Leonor de Hermosillo ††
• María Ramírez †
• Ana mulata esclava ††

Casa y Estancia
• Inés de Mendoza ††
• Andrea de Saavedra ††
• Antonio de Saavedra ††
• Inés de Mendoza ††
• Antonia de Saavedra ††
• Josefa de la Cruz escl. ††
• Andrea Rodríguez ††
• Catalina de Villegas ††
• Juana ††
• María †
• Juan de Boca negro ††
• Isidro esclavo ††
• Inés †
• Agustín de Vega ††

Casa
• Polonia de Torres ††
• María de Valdivia ††
• Alonso Ramírez ††
• Francisca de Torres ††
• Jacinta de Torres ††
• María esclava ††

Estancia
• Francisco Gutiérrez Rubio ††
• Pedro Gutiérrez ††
• D. Luisa de Híjar ††
• María esclava ††
• María Gutiérrez ††
• Simón Gutiérrez ††
• Magdalena María ††
• Juan Simón †

Estancia
• D. Cristóbal de Padilla ††
• Luisa Gutiérrez ††
• Francisco Gutiérrez ††
• Antón Simón ††
• Agustina su mujer ††
• Catalina mulata ††
• Marcos Gutiérrez ††
• Josefa su mujer ††

Casa
• Nicolás de Ornelas ††
• Margarita de Valdivia ††
• Juan de Valdivia ††
• Matiana López ††
• María de Ornelas ††
• Nicolás de Ornelas †

Casa y Labor
• Mariana Jiménez ††
• Joseph Cornejo ††
• Isabel de Olivares ††
• Sebastián de Valdivia ††
• Blas de Valdivia †
• Águeda de Torres ††
• Águeda de Valdivia ††
• Francisco de Olivares ††
• Antonia de Herrera esclava ††
• Mónica esclava ††

Casa, Estancia y Labor
• Juan Camacho ††
• D. Josefa de Salazar ††
• D. Antonio Jiménez ††
• D. Teresa de Riquelme ††
• Lucía esclava ††
• Joseph Camacho †
• Joseph Martin ††
• Felipa su mujer ††
• Miguel laborio ††
• Lucía su mujer ††
• Gaspar de los Reyes †
• Gaspar laborio ††
• Sebastián Camacho ††
• Silvestre Camacho ††
• Magdalena laboria ††
• Lucía laboria ††
• Diego Andrés ††
• María su mujer ††
• Pedro su hijo †
• Juan Ángel ††
• Catalina su mujer ††
• Juan laborio ††
• María su mujer ††
• Alonso coyote ††
• Lucía su mujer ††

Rancho
• Agustín Camacho ††
• Juana de Retamosa ††

Casa
• D. Joseph de Padilla ††
• Teresa Camacho ††
• María esclava ††
• D. Diego de Padilla ††

Rancho
• Francisco de Páez ††
• Francisca Sánchez ††
• Francisco Alejo ††
• Josefa de Páez ††
• Gerónimo de Páez ††
• Catalina de Páez ††
• Sebastián de Páez †
• Francisco Miguel ††

Rancho
• José Sánchez ††
• María de Páez ††

Estancia
• Miguel de la Cruz ††
• Joseph Ortiz ††
• Nicolás Álvarez †
• Miguel de la Cruz †

Rancho
- Andrés Ortiz ††
- Lucía Gutiérrez ††
- Francisco Ortiz ††
- Juan Ortiz ††
- María Ortiz †
- Diego Ortiz††

Casa y Estancia
- Esteban Gómez ††
- María de Valdivia ††
- Hernando Gómez ††
- María de Valdivia ††
- Paula de Torres ††
- Inés de Mendoza ††
- Esteban Gómez ††
- Agustín Gómez †
- Diego Gómez †
- Juana Pérez esclava ††
- Lucrecia esclava ††
- Melchora escl. ††
- Juan Pérez esclavo ††
- Mariana esclava †
- Lucas esclavo †
- Juan Sebastián laborio ††
- María Magdalena su mujer ††

Rancho
- Manuel Gómez ††
- D. Francisca de Hermosillo ††

Rancho
- Gabriel de Torres ††
- Francisca de Mendoza ††

Rancho
- Matías Rodríguez ††
- Catalina de Mendoza ††

Rancho
- Miguel Gómez ††
- María Álvarez ††

Casa y Rancho
- Joseph de Orozco ††
- Nicolás Pinto ††
- D. Ana de Orozco ††
- María de Ávila †

Casa
- El capitán Melchor de los Reyes Pinto solo ††

Casa
- Francisco Flores ††

Casa
- Diego de Torres ††
- María de Orozco ††

Casa y Rancho
- Carlos de Aceves ††
- Isabel de Mendoza ††
- Sebastián indio †
- Sebastiana de la Cruz esclava ††
- Juan de la Cruz esclavo †
- Andrea de la Cruz escl. †

Casa y Estancia
- Joseph Ramírez ††
- Ana Muñoz ††
- Alonso Hernández ††
- Catalina de Mendoza ††
- Mariana Ramírez ††
- Miguel Ramírez ††
- Beatriz de Hermosillo †
- Ana Muñoz †
- Fabiana Ramírez †
- Nicolás de Rosas ††
- Úrsula Magdalena Tomasa de Ramos ††
- Leonor esclava ††

Rancho
- Juan Álvarez ††
- Isabel de Mendoza ††
- Antonio Ramírez †
- Bartolomé †

Rancho
- Carlos Lomelín ††
- Polonia González ††

Casa y Rancho
- Diego Gutiérrez ††
- Ana Muñoz ††
- Francisca de Mendoza ††
- Nicolás Gutiérrez ††
- Juana de Alcalá escl. ††

Casa y Estancia
- Agustín García ††
- María Muñoz ††
- Jerónima esclava ††
- Joseph Gutiérrez ††
- Joseph Gracia †

Casa
- Catalina Jiménez ††
- Lucas Jiménez †
- Ana Cristina esclava ††

Casa
- Sebastián de Abrego ††
- Beatriz Rodríguez ††

Casa y Rancho
- Catalina González ††
- Juan de Santillán ††
- Miguel de Medina ††
- Juana de Santillán ††
- Blas de Santillán ††
- Juliana Becerra ††
- Nicolás Santillán ††

Rancho
- Carlos Hernández ††
- Joseph Hernández ††
- Catalina González ††

Casa
- Francisco Becerra ††
- Josefa Flores ††
- Francisco Flores ††
- Francisco Becerra ††

- Juan Becerra ††
- María Becerra †

Casa
- Francisco Navarro ††
- María Ortiz ††
- María Ortiz ††
- Baltasar de Tafoya ††
- Isabel Ortiz ††

Casa
- Francisca Flores ††
- Josefa Flores ††
- Salvador Hernández ††
- Magdalena Flores ††
- Francisco Flores †

Casa y Rancho
- Mateo de Chávez ††
- Ana de Herrera ††
- Nicolás de Herrera †
- Joseph de Herrera †
- Luis Navarro †

Casa
- Mariana de la Cruz ††
- Isabel Ortiz †
- Gaspar Ortiz †

Rancho
- Pedro Gallaga ††
- Juana de Contreras ††

Casa y Estancia
- Diego Pérez Maldonado ††
- Isabel de Mendoza ††
- Manuel Lomelín ††
- Josefa Pérez ††
- Luis Pérez ††
- María Pérez ††
- Ángela Pérez ††
- Juan Pérez ††
- Lucía de Ambriz ††
- Juan Vázquez mulato ††
- Inés mulata†

Casa
- Mariana Salvatierra ††
- Nicolás Gutiérrez ††
- Catalina su mujer ††

Rancho
- Baltasar Masías ††
- Lucía Jiménez ††
- Catalina Jiménez ††
- María Morena ††
- Andrea Macías ††
- Marcos Masías †
- Ana esclava ††

Rancho
- Nicolás de Velazco ††
- D. Regina de Orantes †
- Nicolás Jiménez †
- Petronila de Orantes ††

Casa y Estancia
- Leonor de Hermosillo ††
- Juan Becerra ††
- Francisca Gutiérrez ††
- Teresa de Hermosillo ††
- Miguel Gutiérrez ††
- Juana Leonor ††
- Juan Felipe ††
- Mariana Muñoz ††
- Luis de Santiago ††
- María Barajas esclava ††
- Andrea Pérez esclava ††
- Isabel de Mendoza esclava †
- Pedro esclavo ††
- Magdalena María escl. ††
- Agustina esclava †
- Felipe de Santiago ††
- Clara su mujer ††
- Gabriel Lucas ††
- Tomasa de la Concepción ††

Rancho
- Pedro Franco ††
- D. Leonor Hermosillo ††
- Cristóbal Franco †
- Ana María †
- María mulata esclava ††
- Pascuala mulata escl. ††
- Salvador esclavo ††
- Domingo esclavo ††
- Bartolomé esclavo ††
- Francisco Gerónimo ††
- Leonor de Paz ††
- María González ††
- Fulgencio González ††
- Manuel esclavo †
- Agustín esclavo †
- Diego esclavo †

Casa y Estancia
- Juan Gutiérrez ††
- Ana Camacho ††
- Juan Gutiérrez ††
- Francisco Gutiérrez ††
- María de Hermosillo †
- Cristóbal Gutiérrez †
- Salvador Gutiérrez †
- Petrona mulata ††
- Juan Domingo ††
- Andrea su mujer ††
- Francisco esclavo †
- Juan esclavo †
- Matías de Anda ††

Estancia
- Álvaro de Herrera ††
- Catalina de Aceves ††
- Diego González ††
- Joseph González †
- Mariana esclava ††
- Sebastiana esclava ††
- Miguel esclavo †

Estancia
- Domingo Lomelín ††
- Juana de Mendoza ††
- Catalina esclava ††
- Gabriel Lomelín ††
- Mariana Lomelín †
- Nicolás Lomelín †
- Sebastiana esclava ††

- Pedro esclavo †
- Gregoria esclavo †
- García laborio ††
- Catalina su mujer ††

Rancho
- Juan de Alba ††
- Micaela Lomelín ††

Rancho
- María Lomelín ††
- Juan de Padilla †
- Pedro de Padilla †
- María mulata esclava ††
- Juan Moreno esclavo †

Estancia
- Benito Barba ††
- Ana Muños ††
- Josefa Gutiérrez ††
- Josefa de Torquemada ††

Rancho
- Luis Barba ††
- Antonia de la Cruz ††
- Francisca esclava ††

Estancia
- Francisco Oliver ††
- Catalina Sánchez ††
- José de Aceves †

Rancho
- Sebastián Gutiérrez ††
- María Galindo ††
- Catalina Galindo ††
- Francisca de Mendoza ††
- Isabel González ††
- María Galindo ††
- Sebastián Gutiérrez †

Estancia
- Paula de Torres ††
- Alonso Ramírez ††
- Nicolás Ramírez ††
- Francisca Muñoz ††
- Ana María esclava ††
- Nicolás de Santiago escl. ††
- Ana María ††
- José esclavo ††
- Francisco esclavo ††

Rancho
- Baltasar Masías ††
- Luisa Jiménez ††
- Nicolás Jiménez †
- Rodrigo de Olivares ††
- Juan Masías ††
- Catalina esclava ††

Estancia
- Pedro Tenorio ††
- María Flores ††
- Ana Flores †
- Pedro indio laborio ††
- Josefa Trujillo ††
- Juan†

Estancia
- D. Pedro de Estrada ††
- Andrea Becerra ††
- Francisca esclava ††
- María esclava ††
- Gaspar esclavo †
- Domingo mulato ††
- Lázaro de Hermosillo ††
- María Álvarez ††
- Luisa Trujillo ††
- Catalina Salazar ††
- Ana María ††

Rancho
- Juana Flores ††
- Catalina Flores ††
- María Tafoya ††
- Lucas Tafoya ††

Estancia
- Diego González ††
- Diego Pérez esclavo ††
- Catalina negra esclava ††
- Felipe González esc. ††
- Alonso González esc. ††
- Juana mulata †
- Juan González mulato †
- María Mulata †
- Nicolás Gutiérrez ††
- Ana Salvatierra ††
- Diego Fabián laborio ††
- Ana Lucía su mujer ††
- Beatriz de Arévalo ††
- Gregorio laborio ††
- Francisco Miguel ††
- María Ana ††
- Blas González †
- Alonso González †

Rancho
- Cristóbal Becerra ††
- Juana Hernández ††
- María Becerra ††
- Miguel de Santillán ††
- Gerónimo Becerra ††
- Cristóbal Becerra ††
- Juana Becerra †
- Miguel Becerra†

Rancho
- Antonio de Loza ††
- Catalina de los Ángeles ††
- Alejo de Loza †

Rancho
- Francisco de Olivares ††
- Magdalena Cabrera ††
- Francisco de Olivares ††
- María de Mendoza ††
- Antonio Ponce ††
- Petronila de Olivares ††

Estancia
- Miguel Gutiérrez ††
- Inés de Rodas ††
- Nicolasa de Hermosillo †
- Gabriel Sánchez escl. ††
- Mariana esclava †
- Miguel Gutiérrez mulato ††

Estancia
- Melchor González de Hermosillo ††
- Beatriz González ††
- Melchor González ††
- D. María Francisca de Rentería †
- Magdalena Sánchez escl. ††
- Marcos Sánchez escl. ††
- Diego de Santiago esclavo †
- Nicolás de Hermosillo indio †
- Andrés González ††
- Antonio indio †
- Isabel esclava††

Rancho
- Antonio Delgadillo ††
- Juana Hernández †

Rancho
- Diego Gómez ††
- Isabel Arrona ††
- Sebastián Pérez †
- Pedro Sánchez ††
- Inés López ††
- Juan Gómez ††
- Lázaro Arrona †

Rancho
- Francisco Vázquez ††
- Josefa Ortiz ††
- Martin Vázquez ††
- María Ortiz ††
- Lorenzo Martin ††
- Francisca Vázquez ††
- Pedro Roquin ††
- Isabel de la Cruz ††
- Pedro Miguel ††

Rancho
- Juan Bautista ††
- María Magdalena ††
- Cristóbal Sánchez ††
- María Hernández ††
- Nicolás Bautista ††
- Francisca Bautista ††

Rancho
- Cristóbal Sánchez ††
- María de Ree ††
- Francisca Sánchez ††
- Nicolás de Ambrís ††
- Cristóbal Sánchez ††

Rancho
- Alonso Pérez ††
- María de Órnelas ††
- Diego Pérez ††

Estancia
- Miguel Álvarez de la Cruz ††
- Josefa Ortiz ††
- Nicolás Álvarez ††
- Juan Álvarez †

Estancia
- Andrés Morquecho ††
- Luisa Gutiérrez ††
- Francisco Ortiz †
- Juan Ortiz †

Estancia
- Cristóbal Vázquez de Lara ††
- María Ortiz ††
- Cristóbal García ††
- D. Juana de Anda ††
- Bernardo Vázquez ††
- Diego Vásquez ††
- D. Manuel de Alcalá ††
- Elvira Vásquez ††
- D. Juan de Alcalá ††
- Beatriz Vásquez † †
- Petra de Alcalá †
- Domingo Doñate escl. ††
- Graciana esclava ††
- Domingo esclavo ††
- José negro †
- Inés esclava ††
- Andrés esclavo ††
- Ana esclava ††
- Inés esclava ††
- María esclava †
- Juan esclavo †
- Magdalena esclava †
- José esclavo ††
- Isidra su mujer ††
- Nicolás †
- Melchor †
- Paula †
- Lorenzo esclavo ††
- Francisco esclavo ††
- Juan indio ††
- Ana esclava su mujer ††
- Salvador esclavo †
- Antonio esclavo †
- Andrés Bautista escl. ††
- Josefa su mujer ††
- Nicolás †
- Domingo sus hijos †
- Gaspar indio ††
- Andrés de Vargas indio ††
- María Martina su mujer ††

Estancia
- Miguel Vásquez ††
- D. Juana de Mendoza ††
- Cristóbal Vásquez †
- Fabiana Vásquez †
- Luis esclavo ††
- Josefa su mujer ††
- Margarita †
- Nicolasa esclava ††
- José ††
- Bartolomé †
- María mulata ††
- Isidro ††

Casas, Estancias, y Ranchos del pueblo de San Juan y su contorno

Casa
- El Bachiller Juan de Contreras Fuerte ††
- Inés de Figueroa ††
- Sebastián de Salazar ††
- Nicolás mulato de la virgen ††

Casa y Estancia
- Licenciado Nicolás Pérez Maldonado ††
- María negra ††
- Juan Pérez de Rivera ††
- María Pérez ††
- Francisco laborio ††
- María su mujer ††

Casa y Estancia
- Juan de Anda ††
- Catalina Rodríguez de Lara ††
- Pascuala esclava ††
- María Ortiz †

Casa
- Catalina Hernández ††
- Jacinta Vásquez ††
- Manuel Vásquez †

Casa
- Juan Calvo de Rivera ††
- Isabel de Villaseñor ††

Casa
- Nicolás de Mendoza soltero

Casa
- María Sánchez ††
- Gabriel de Ornelas ††
- Ana Sánchez ††
- Juana García ††
- José Sánchez †
- María Sánchez †

Casa
- Bartola Gutiérrez ††
- Nicolás Hernández ††
- Sebastiana Gaitán ††

Casa
- Juana de Gamboa Beata ††

Casa
- Josefa Carrillo viuda ††
- Margarita Pérez †

Casa
- Francisco de Quezada ††
- Catalina de los Ángeles ††
- Mariana de Quezada ††
- Sebastián de Mendoza ††
- Estefanía de Lizalde ††
- Catalina López ††
- María india ††
- Antonio de Quezada †

Casa
- María del Parral mulata ††
- Ana Luisa mulata ††

Casa
- Matiana Beata ††

Casa y Estancia
- El Bachiller Alonso Martin del Campo ††
- Lázaro Martin del Campo††
- María López ††
- Bernabé Martin ††
- Lázaro Martin ††
- Tomas Mantis †
- Melchor esclavo ††
- María Magdalena ††
- Leonor esclavo ††
- Francisca esclava ††
- José de Santiago escl. ††
- Cristóbal escl. †

Estancia
- Salvador de Villalobos ††
- Francisca López de la Cruz ††

Estancia
- Diego Márquez ††
- María de la Cruz ††
- María de Ornelas ††
- Diego Márquez ††
- Constanza de Mendoza ††
- Miguel de la Cruz ††
- Dañina de la Cruz ††
- Marcos González ††
- Juan Agustina ††
- Nicolás de la Cruz †

Rancho
- Juan de Ornelas ††
- Polonia de los Ángeles††
- José de Ornelas ††
- Antonia de Mendoza ††
- Isabel de Mendoza ††

Rancho
- Gabriel Sánchez ††
- D. María de la Dueña ††
- María Sánchez ††
- Felipe de Ornelas ††
- Juana Muñoz ††
- María de Castañeda ††

Rancho
- Jerónimo de Ornelas ††
- Catalina de la Cruz india ††
- Jerónimo de la Peña †

Rancho
- Beatriz Gómez ††
- Agustina de Avalos ††
- José de Soto ††
- Luisa de Avalos ††
- Bernardino de Avalos ††
- Josefa su mujer ††
- Nicolás de Avalos †

Rancho
- Juan Martin del Ángel††
- Francisca Gutiérrez ††
- Josefa Martin †
- Juan Martin †
- Simón †

Rancho
- Francisco Hernández ††
- Sebastiana Ortiz ††
- Leonor Gutiérrez ††
- Bernardino Hernández †
- Juan Gutiérrez ††
- Constanza Martin ††
- María Gutiérrez ††
- Juana Gutiérrez ††

Rancho
- Nicolás Delgado ††
- María Hernández ††
- Nicolás Delgado ††
- Ana de Chavaría ††
- Lorenzo de Chavería †

Rancho
- Mateo Sánchez ††
- Felipa Martin ††
- Isabel de Mendoza ††
- Pedro Rodríguez ††
- Antonio Rodríguez ††
- Rafael Ángel ††
- Juan García ††

Rancho
- José Sánchez ††
- D. María de Orozco ††
- Nicolás Sánchez ††
- Juana Sánchez ††
- Tomas Sánchez ††

Rancho
- Lázaro Sánchez ††
- Jerónima Rodríguez ††
- José Sánchez ††
- Bernardina Sánchez ††
- Jerónima Sánchez ††
- Teresa Sánchez †

Estancia
- Juan de Escoto ††
- José Escoto †† Los demás de esta familia están asentados al principio

Rancho
- Manuel de Escoto ††
- Doña Felipa de Ledesma ††
- Juan de Avalos ††
- María Magdalena ††
- Lázaro Martin ††
- Teresa del Águila ††
- Ana María ††

Rancho
- Rafael de Mendoza ††
- Pascuala de Mendoza ††
- Miguel Ángel †
- Cristóbal Trujillo †

Rancho
- Miguel Ángel de Rivera††
- Josefa de Picazo ††
- Diego de Rivera †
- Juan de Rivera ††
- María mulata ††

Estancia
- Martin de Aguirre ††
- Leonor de Mendoza ††
- Juana de Mendoza ††
- Martin de Aguirre ††
- Catalina de Mendoza ††

Rancho
- Alonso Limón ††
- Ana de Mendoza ††
- Magdalena de los Reyes ††

Josefa Martin ††
- María de Espinoza †

Estancia
- Manuel de Ornelas ††
- D. Beatriz Calvillo ††
- María de Mendoza †
- José de Ornelas ††
- Andrés de Ornelas ††
- Miguel indio ††
- Miguel Limón ††
- Juana su mujer ††
- Marcos †
- María † sus hijos

Estancia
- Diego de Ledesma ††
- Luisa de Orozco ††
- Josefa de Orozco †
- Domingo de Orozco †
- Juan de Avalos ††
- Nicolás de Ledesma ††
- Luis López laborio ††
- Marta Ramírez ††
- Rafael López †
- Francisco de Ayllón ††
- Lorenza González ††
- María de las Nieves ††
- Cristóbal Rodríguez †
- Ana de Santiago †
- Matiana de la Cruz †
- Miguel de la Cruz ††
- María Magdalena ††

Estancia
- Juan Vicente ††
- Luisa de la Cruz ††
- Domingo Martin †

Estancia
- Alonso Hernández ††
- Bernardina de Estrada††
- Juana Hernández ††
- Diego Hernández †
- Lorenzo Hernández †
- Alonso Hernández ††
- María González ††

Rancho
- Nicolás de Huerta ††
- Ana Gutiérrez ††
- Tomas de Mendoza ††

Estancia
- Francisco Martin del Campo ††
- Doña María Isasi ††
- Josefa esclava ††

PADRÓN DE LOS NATURALES DE LOS SIETE PUEBLOS QUE ESTÁN A MI CARGO DE ESTE AÑO DE 1670. LOS QUE LLEVAN ESTA SEÑAL †† SON DE CONFESIÓN Y COMUNIÓN. Y LOS DE ESTA † SON DE CONFESIÓN.

Pueblo de Xalostotitlán

Casa
- Pedro Martín alcalde ††
- Andrés Rodríguez ††
- María Cecilia ††

Casa
- Miguel Sánchez ††
- Ana María ††
- Tomás Justina††
- Petrona Juana †
- María Angelina ††

Casa
- Francisco viudo ††

Casa
- Juan Martín ††
- Ana María ††

Casa
- Lorenzo Domingo ††
- Angelina Hernández ††
- Juan Muñoz ††
- Alonso Sebastián ††
- Catalina Hernández ††
- Bartolomé †
- Juan Luis †

Casa
- Lorenzo Ramos ††
- Ana María ††

Casa
- Ana Flores viuda ††
- Pascuala †

Casa
- Gabriel Hernández ††
- Catalina Lucía ††
- Marcos Hernández ††
- Luis Hernández ††
- María Hernández †

Casa
- Juan Tomás ††
- María Magdalena ††
- Juan de la Cruz †
- Pablo †

Casa
- Bartolomé Marfil ††
- Catalina Elena ††
- Magdalena María †
- Diego Luis ††
- Bartolomé Marfil †

Casa
- Ana Gonzales viuda ††
- Melchora de los Reyes †
- Pedro Juan †

Casa
- María Salomé viuda ††
- Luisa Gertrudis ††

Casa
- Juan de Mendoza ††
- Juana de la Parra ††
- Domingo Velásquez ††
- Jusepe Macías †

Casa
- Francisco Bernabé ††
- Catalina Pérez †
- Pascual Ramos †

Casa
- Felipe Domingo ††
- María su mujer ††
- Juliana viuda ††

Casa
- Francisco Melchor ††
- María Teresa ††
- Francisco su hijo †

Casa
• Pedro de Alvarado ††
• María Salomé

Casa
• José Hernández ††
• María Domínguez ††

Casa
• Tomás Pérez ††
• Agustina Juana

Casa
• Juan Bautista ††
• Agustina Melchora ††
• Juan Lorenzo†

Casa
• Simón ††
• Ana Cristina ††

Casa
• Juan Ángel ††
• Juana Agustina ††
• Jusepe Ortiz ††
• María Ortiz †

Casa
• Agustín Sánchez ††
• Juana Pascuala ††
• Magdalena †

Casa
• María Justina ††
• Juan Miguel

Casa
• Ana Magdalena ††
• Simón Gregorio †
• Diego Hernández †

Casa
• Juan Baltazar ††
• Ana Lucía ††
• Juan González ††

Casa
• Tomás de Aquino ††
• Mariana de la Cruz ††
• Tomás †

Casa
• Sebastián Bernabé ††
• María Magdalena

Casa
• Catalina Lucía ††
• Juana Micaela †

Casa
• Francisco Gutiérrez ††
• Marta su mujer ††

Casa
• Diego Hernández ††
• Isabel Ana ††
• Catalina †
• Diego Hernández †

Casa
• Francisco Felipe ††
• Ana Justina ††
• María Magdalena ††
• María Magdalena †

Casa
• Baltazar Martín ††
• María Salomé ††
• Baltazar García ††
• Magdalena †

Casa
• Alonso Pablo ausente ††
• Ana Flores ††
• Francisca †

Casa
• Jusepe de la Cruz ††
• Juana Cristina ††
• Ana María ††

Casa
• Pedro Hernández ††
• Felipa Flores ††
• Sebastián Hernández †
• Catalina Juana ††

Casa
• Francisca Hernández ††
Su marido ausente

Casa
• Diego Alonso ††
• Catalina Francisca ††
• María Lucía †
• Francisca Magdalena †

Casa
• Sebastián Bernabé viudo

Casa
• Simón Gutiérrez ††
• Magdalena Juana ††

Casa
• Pedro Jusepe ††
• Mariana Lucía ††

Casa
• Tomás de la Cruz ††
• Francisca Magdalena

Casa
• Juan García ††
• Juana su mujer ††

Casa
• Bartolomé García ††
• María Magdalena ††

Casa
• Juan Martín ††
• Ana García ††

Casa
- Francisco Marcos ††
- María Juana ††
- Ana †

Casa
- Diego Felipe ††
- Ana de la Concepción ††
- Martín †

Casa
- Juan Pérez ††
- María Francisca ††

Casa
- Juan Gallegos ††
- María Magdalena ††
- Diego Gallegos †

Casa
- Juan Bernabé ††
- Ana su mujer ††

Casa
- Francisco Savelteco ††
- Ana Magdalena ††

Pueblo de San Gaspar

Casa
- Alonso Sebastián alcalde ††
- Ana Rodríguez ††

Casa
- Martín Vásquez ††
- Ana Isabel ††
- Pedro Miguel ††
- María Salomé ††
- Pedro Francisco †
- María Juana †

Casa
- Diego Melchor ††
- María Salomé ††
- Isabel †

Casa
- María Magdalena viuda

Casa
- Juan Francisco ††
- Juana Isabel ††

Casa
- Francisco Hernández ††
- María Magdalena ††

Casa
- Juan Antón ††
- Magdalena Petrona††
- Pedro †

Casa
- Juan Miguel ††
- María Lucía ††

Casa
- Francisco Nicolás ††
- Catalina Verónica ††
- Juana †

Casa
- Juan Agustín ††
- Ana Cecilia ††

Casa
- María Magdalena †† su marido ausente

Casa
- María de los Ángeles viuda ††

Casa
- Miguel Mateo ††
- Juana Isabel

Casa
- Pedro Jacobo ††
- Catalina María ††
- Catalina María †

Casa
- Francisco Martín ††
- Ana Elvira ††

Casa
- Juan Miguel ††
- Ana Felipa ††
- Alonso †

Casa
- Francisco Andrés viudo††

Casa
- Francisco Nicolás ††
- Juan Isabel ††

Casa
- Melchor Baltazar ††
- María Magdalena ††

Casa
- Martín Vásquez ††
- Ana Isabel ††
- María †

Casa
- Juan Sebastián ††
- Inés Petrona ††

Casa
- Pedro Alonso ††
- Catalina Vásquez ††

Casa
- Pedro Jacobo ††
- Catalina María ††

Casa
- Josefa Francisca ††
- Catalina †

Casa
- Juan Francisco ††
- Ana Cecilia ††

Casa
- Ana Catalina viuda ††

Casa
- Pedro Lucas ††
- Ana Isabel ††

Casa
- Francisco Bernardino ††
- María García ††

Casa
- Pedro Miguel ††
- María Magdalena ††

Casa
- Pedro Francisco viudo ††

Casa
- Juan Vásquez ††
- María Magdalena ††
- Sebastián †

Casa
- Juan Damián ††
- Isabel Justina ††
- Juan †

Casa
- Juan Bautista ††
- Petrona Luisa ††

Casa
- Juan Ventura ††
- Ana Luisa ††
- Francisco Martín ††
- Luisa Magdalena su mujer ††

Casa
- María Magdalena viuda ††
- Martín Santiago †

Casa
- Juan Vásquez ††
- María Susana ††

Casa
- Pedro Pascual ††
- María Magdalena ††

Casa
- Catalina Petrona viuda††

Casa
- Francisco Martín ††
- Ana Juárez ††

Casa
- Ana Luisa viuda ††

Casa
- Pedro Jacobo ††
- María Magdalena ††

Casa
- Antón Felipe ††
- Luisa Justina ††

Casa
- Miguel Felipe ††
- María de los Ángeles ††

Casa
- Juan Melchor ††
- María †

Casa
- Angelina Magdalena viuda ††

Casa
- Pedro Gaspar ††
- Ana Catalina ††
- Agustín †

Casa
- Pedro Andrés ††
- María Magdalena ††

Casa
- Pedro Gaspar viudo ††

Casa
- Cristóbal Sebastián ††
- Pascuala María ††

Casa
- Miguel Felipe ††
- Ana Elvira ††

Casa
- Juan Vásquez ††
- María Magdalena ††
- Alonso †

Casa
- Francisco Martín ††
- María Magdalena ††
- Pedro Pascual †
- Ana Isabel †

Casa
- Miguel Felipe ††
- María Magdalena ††

Casa
- Diego Miguel ††
- María Angelina††

Casa
- Juan Francisco ††
- Catalina Juana ††

Casa
- Diego Gaspar ††
- Magdalena Luisa ††
- María Magdalena viuda††

Casa
- Francisco Baltazar viudo††
- Francisco †

Casa
- Pedro Jacobo ††
- Catalina Marta ††

Casa
- Diego Melchor ††
- Ana Justina ††

Casa
- Antón González ††
- María Magdalena ††
- Magdalena González ††

Casa
- Pedro Francisco ††
- Juana Dominga ††
- María Salomé viuda ††

Casa
- Pedro Miguel ††
- María Magdalena ††
- Juana de la Cruz viuda††

Casa
- Pedro Francisco ††
- María de los Ángeles ††

Casa
- Juan Pascual ††
- María Magdalena ††
- María Magdalena viuda††

Casa
- Pedro Gaspar ††
- Catalina Verónica ††
- Ana María †

Casa
- Ana Magdalena ††
- Ana Magdalena viuda ††

Casa
- Juan Gaspar ††
- María Isabel ††

Casa
- Juan Agustín ††
- Magdalena Luisa ††
- Juan †

Casa
- Pedro Gaspar ††
- Catalina Torres ††

Casa
- Diego de Santiago ††
- María Magdalena ††

Casa
- Francisco Nicolás ††
- María Magdalena ††

Casa
- María Magdalena viuda††
- Alonso Sebastián †

Casa
- Francisco Lucas ††
- Justina Lucía ††
- María Magdalena ††
- Catalina Juana†

Casa
- Ana Luisa viuda ††

Casa
- Miguel Ángel ††
- Juana Catalina ††

Casa
- Martín Gaspar ††
- Ana Isabel ††
- María Lucía viuda ††
- Magdalena †
- Catalina Juana ††

Casa
- Juan Francisco ††
- Catalina Juana ††

Casa
- Francisco Ambrosio Hernández ††
- María Magdalena ††

Casa
- María Magdalena ††
- Francisco Alonso ††

Casa
- Diego Melchor ††
- María Salomé ††

Casa
- Pedro Jacobo ††
- Ana Isabel ††

Casa
- Diego Melchor ††
- Ana Catalina ††

Casa
- Francisco Nicolás ††
- Juana Hernández ††

Casa
- Pedro Juan ††
- María Magdalena ††
- Ana María †

Casa
- Juan Martín ††
- María Magdalena ††
- Catalina Marta
- Catalina Veronica

Casa
- Ana Isabel viuda ††
- Juan Martín †
- Juan García †

Pueblo de Mitíc

Casa
- Pedro Baltazar alcalde ††
- María Magdalena ††

Casa
- Juan de Ávalos ††
- Josefa Martínez ††

Casa
• Pascual de Avalos ††
• Juana de la Cruz ††
• Juan Pascual ††
• Juana Francisca ††
• Domingo †
• María †

Casa
• Domingo de Avalos ††
• Magdalena Isabel ††
• María Barrera ††

Casa
• Francisco Gaspar ††
• Melchora de los Reyes††

Casa
• Catalina María viuda ††
• Alonso Hernández †

Casa
• Diego Juan ††
• Josefa Teresa ††

Casa
• Juan Mateo ††
• María de Santiago ††

Casa
• Pablo Ramírez viudo ††

Casa
• Francisco Santos ††
• Petrona Magdalena ††
• Diego Sánchez †
• Pablo Sánchez †
• Agustín Sánchez †

Casa
• Francisco Miguel viudo††

Casa
• Lázaro Domingo ††
• Isabel Juana ††

Casa
• Gaspar Ramos ††
• Petrona Luisa ††
• Francisca †

Casa
• Pedro Miguel ††
• Ana Lucía ††

Casa
• Francisco de la Cruz ††
• Francisca Tomasa ††

Casa
• Isabel Polonia viuda ††

Casa
• José Baltazar ††
• Ana Francisca ††
• María †
• Jusepe Ávalos†

Casa
• Diego Flores ††
• Ana Beatriz ††
• Gabriel José †

Casa
• Gabriel Hernández ††
• Felipa Vásquez ††

Casa
• Juana María viuda ††

Casa
• Pedro Martín ††
• Domingo Juárez ††
• Isabel ††

Casa
• Miguel Santiago ††
• María Melchora ††
• Gargola Santiago †

Casa
• Francisco Luis ††
• Clara Angelina su mujer††

Casa
• José Martín ††
• María Magdalena ††

Casa
• Lázaro Sánchez ††
• María Magdalena ††

Casa
• Luis Salvador viudo ††

Casa
• Baltazar González ††
• Isabel Lucía ††

Casa
• Francisco de la Cruz ††
• Tomasa Francisca ††
• Juan Francisco †

Casa
• Juan Francisco ††
• Isabel de la Cruz ††

Casa
• Alonso Miguel ††
• María Angelina ††

Casa
• Lucas Martín ††
• Magdalena Lucía ††

Casa
• Francisco Nicolás ††
• Felipa de la Cruz ††
• Isabel †

Casa
• Gabriel Sánchez ††
• Juan Luisa ††
• Gabriel José †

Pueblo de Teocaltitán

Casa
- Sebastián Hernández alcalde ††
- María Magdalena ††
- María Margarita ††

Casa
- Miguel Ortega ††
- Catalina de la Cruz ††
- Beatriz Gómez †

Casa
- Sebastián Hernández ††
- Magdalena María ††

Casa
- Francisco Miguel viudo††
- Francisco Lucas

Casa
- Domingo Ledesma ††
- Pascuala de la Cruz ††

Casa
- Miguel Pérez ††
- María Magdalena ††
- Jusepe Pérez †

Casa
- Juan Gutiérrez ††
- Ana María ††

Casa
- Diego Felipe ††
- María Pascuala ††

Casa
- Sebastián de Mendoza††
- Lucía Petrona ††
- Domingo †

Casa
- Juan Hernando ††
- María Susana ††

Casa
- Juan Lorenzo ††
- Juan Clara ††
- Nicolás †

Casa
- Juan Baltazar ††
- María Isabel ††
- Catalina de Mendoza ††
- Lucas †

Casa
- Francisco Sebastián ††
- María Justina ††
- Lorenza de Agundes ††
- Francisca †

Casa
- Juana Clara viuda ††

Casa
- Gaspar Melchor ††
- Ana María ††

Casa
- Juan González ††
- Angelina de Peralta

Casa
- Miguel Mateo ††
- Magdalena Ana ††

Casa
- Francisco González ††
- Josefa Hernández ††

Casa
- Alonso de la Cruz ††
- Melchora de los Reyes††

Casa
- Tomás de la Cruz viudo††

Pueblo de San Miguel

Casa
- Juan Diego alcalde ††
- Ana María ††
- Ana María †
- Salvador †
- Juan de la Cruz †

Casa
- Miguel Bartolomé de Santiago ††
- Juana Margarita ††
- Bernabé de Santiago †
- Miguel Santiago †
- María de la Cruz †

Casa
- Francisco Rodríguez ††
- María Magdalena ††

Casa
- Miguel Hernández ††
- Lucía Clara ††

Casa
- Leonor de Hermosillo ††
- Teresa Muñoz ††
- Isabel Hernández †

Casa
- Juan Tirado ††
- Susana Hernández ††

Casa
- Bernardo Valverde ††
- María Hernández ††

Casa
- Juan Leonicio ††
- Ana María ††
- Melchor Leonicio †
- Baltazar †

Casa
- Juan Francisco ††
- Juana Ágata

Casa
- Gaspar Sánchez ††
- Ana Lucía ††
- Miguel Ángel †
- Juliana Sánchez †

Casa
- Miguel Ángel ††
- Francisca Angelina ††
- Agustina de la Cruz †
- María †
- Isabel †

Casa
- Blas de Santillán Gutiérrez ††
- Juana Vásquez ††

Casa
- Francisco Miguel ††
- María Lucía ††
- Miguel de la Cruz †

Casa
- María viuda ††

Casa
- Francisco de Santiago ††
- Juan de Valdivia †

Casa
- Diego Felipe Santiago ††
- Clara de María de Alba††
- Tomera de la Concepción††
- Leonor de Hermosillo †

<u>Pueblo de Mezquitíc</u>

Casa
- Cristóbal Juan alcalde ††
- Inés Mónica ††
- Clara †
- María †

Casa
- Juan Mateo ††
- María de Ramos ††
- Salvador Gutiérrez †

Casa
- Marcos González ††
- Isabel Vásquez ††
- Bartolomé González †
- Marcos González †

Casa
- Francisco Martín ††
- Tomasa de la Cruz ††

Casa
- Antonio Moreno ††
- Melchora de la Cruz ††
- Baltazar Juárez †

Casa
- Diego Bartolomé ††
- María Magdalena ††
- Baltazar Juan ††

Casa
- Francisco Luis soltero ††
- Lorenzo †

Casa
- Juan Mateo ††
- Ana María ††

Casa
- Catalina Hernández viuda ††
- Melchora †
- María †

Casa
- Juan Miguel ††
- Tomasa de la Cruz ††

Casa
- Pedro Sánchez ††
- Juana Francisca ††

Casa
- Ana Beatriz ††
- Francisca Clara viuda ††

Casa
- Francisco Sánchez ††
- Francisca Magdalena ††

Casa
- Pedro Felipe ††
- Agustina Polonia

Casa
- Baltazar Jacobo ††
- Magdalena Isabel ††

Casa
- Sebastiana viuda ††
- Verónica Pascuala ††

Casa
- Pedro Martín ††
- Pascual de la Cruz ††

Casa
- Juan Gregorio ††
- Ana Becerra ††
- Tomás González ††
- Pascual Becerra ††

Casa
- Juan Marcos ††
- Juana Becerra ††

Casa
- Nicolás Hernández ††
- Micaela González ††

Casa
- Miguel Francisco ††
- Isabel María ††

Casa
- Juan Mateo ††
- Catalina su mujer ††

Casa
- Rafael de la Cruz ††
- Marcelina Ortiz ††

Casa
- Andrea Polonia viuda ††
- Juan Vásquez †
- Angelina María †

Casa
- Juan Vásquez ††
- Ana María ††

Casa
- Juan Baltazar ††
- Juana María ††

Casa
- Catalina Sánchez ††
- Su marido ausente

Casa
- Simón Ferrer ††
- Francisca Cecilia ††

Casa
- Pedro Rodríguez ††
- Lorenza Felipa ††

Casa
- Antonio González ††
- Magdalena María ††

Casa
- Juan Esteban ††
- Luisa de la Cruz ††

Casa
- Bartolomé Rodríguez ††
- María de la Cruz ††
- Juan Rodrigo †
- Lucas ††
- Diego ††
- María Juana ††

Casa
- Mariana viuda ††

Casa
- Juan de la Trinidad ††
- Margarita su mujer ††
- Juan de la Trinidad ††

Pueblo de Nuestra Señora de San Juan

Casa
- Domingo López alcalde ††
- Magdalena Lucía su mujer ††
- María Magdalena su madre ††

Casa
- Juan Hernández ††
- Teresa de la Cruz ††

Casa
- Andrea Juliana ††
- Marta viuda ††

Casa
- Domingo Juárez ††
- Juana Vásquez ††
- Juana †
- Beatriz †

Casa
- Pedro de Gamboa ††
- Pascuala de los Reyes ††

Casa
- Pascual de los Reyes ††
- Catalina María ††

Casa
- José Domingo ††
- Felipa Hernández ††
- Mateo †

Casa
- Juan Salvador ††
- Ana María ††
- María de la Cruz ††
- Pascuala †
- Diego Domingo †
- Gregorio †

Casa
- Felipe Vásquez ††
- María Salomé ††
- Pedro Vásquez †
- Juana Vásquez †
- Felipe Vásquez †

Casa
- Juan Martín ††
- Ana Vargas ††
- Andrea †

Casa
- Juan Miguel ††
- Mónica ††

Casa
- Bartolomé Martín ††
- Ana María ††

Casa
- Juan Agustín ††
- María Angelina ††
- María †

Casa
- Gabriel Vásquez viudo††

Casa
- Juan Miguel ††
- Catalina Juana ††

Casa
- Antonio Rodríguez ††
- Josefa de la Cruz ††
- José Antón †

- Antonio Chávez †
- Isidro †

Casa
- Juan Nicolás ††
- Magdalena Andrea ††
- Juana de la Cruz ††
- Mateo †

Casa
- Juan de la Cruz ††
- María Ana ††

Casa
- Luis Pérez viudo ††

Casa
- Luis Tomás ††
- María de la Cruz ††
- María de los Reyes †

Casa
- Andrés Vásquez ††
- María de la Cruz ††
- Magdalena viuda ††
- Bartolomé Vásquez †
- José Vásquez †

Casa
- Miguel de la Cruz ††
- Ana Jiménez ††

Casa
- Baltazar Juan ††
- María Salomé †

Casa
- Domingo de Silva††
- Nicolasa su mujer ††

Casa
- Melchora de los Reyes ††
- Inés viuda ††
- Francisco †

Casa
- Juan Marcos ††
- María Magdalena ††
- Ana †
- Dominga †
- Marcos †

Casa
- Catalina Ramírez solt. ††
- Catalina la vieja ††
- Bernarda †

Casa
- Juana de la Cruz viuda ††
- María †

Casa
- Ana Lucía viuda ††
- María del Parral viuda ††

Certifico yo Juan Gómez Santiago, Cura Beneficiado propio de este partido de Xalostotitlán, vicario y juez eclesiástico en él por su Señoría Ilustrísimo el Señor Obispo. Como, saqué del padrón, original que queda en mi poder; las personas en este contenidas, que pertenece a este año de mil seiscientos y setenta, y por verdad lo firmé en Xalostotitlán en 8 de mayo de 1670 años. [rúbrica] Juan Gómez Santiago

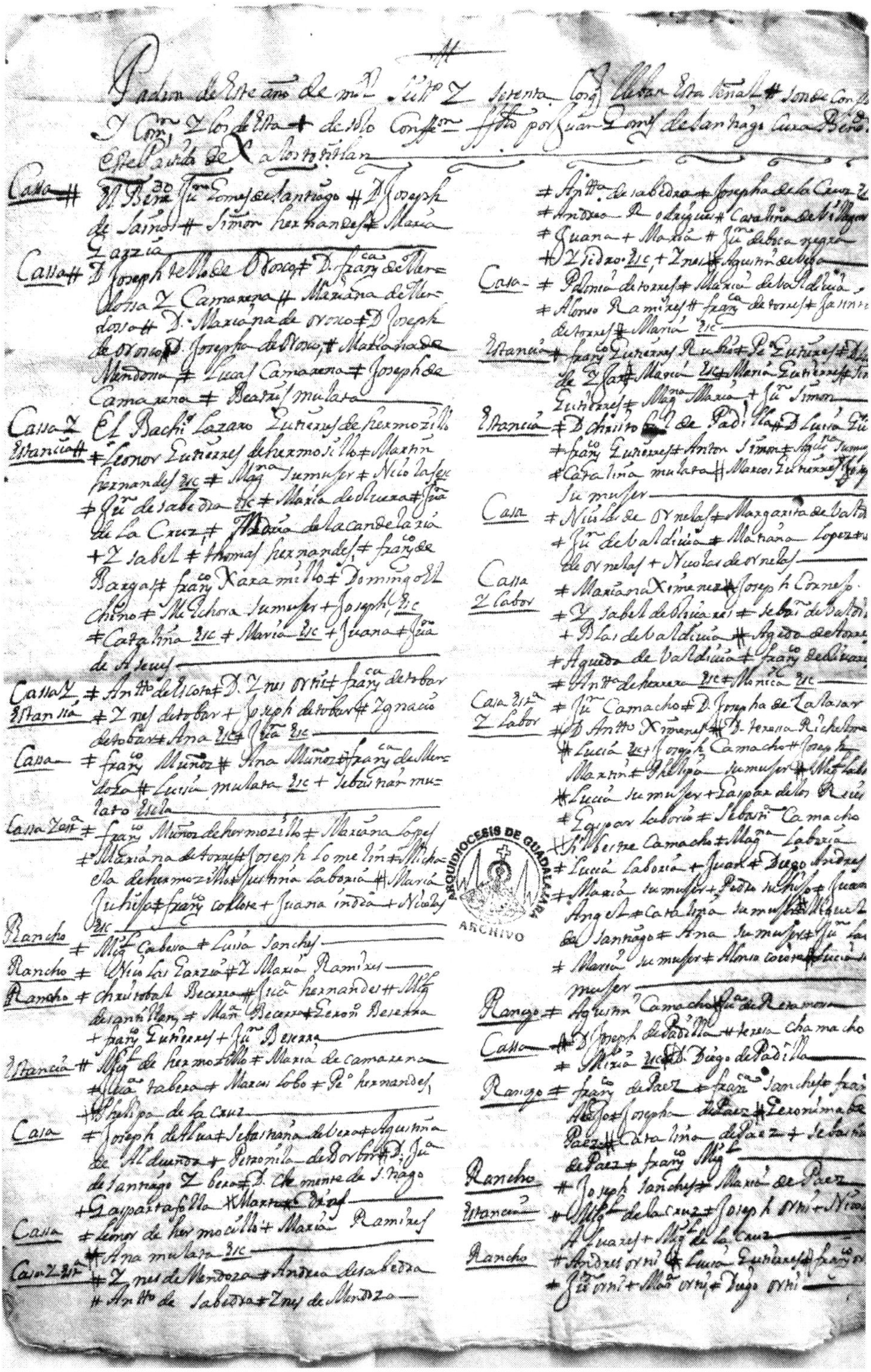

Padron de este año de mil seis[cientos] y setenta ... Esta tonal[?] ... y Com[ulgar] y los de esta ... de d[ic]ho Confe[sio]n ... fho por Juan Gomez de Santiago Cura Ben[eficia]do ... partido de Xalostotitlan

Cassa # Ml. Ben[efici]ado Ju[an] Gomez de Santiago # D. Joseph de Sainos # Simon hernandes # Maria Garzia

Cassa # D. Joseph de Olosa[?] Orosco # D. Fran[cis]ca de Mendoza y Camarena # Mariana de Mendoza # D. Mariana de Orosco # D. Joseph de Orosco # D. Josepha de Orosco # Mathiana de Mendoza # Lucas Camarena # Joseph de Camarena # Beatris mulata

Cassa y Estancia # El Bachi[ller] Lazaro Gutierres de hermozillo # Leonor Gutierres de hermozillo # Martin hernandes etc. # Mag[dale]na su muger # Nicolas ... # Ju[an] de Sabedra etc. # Maria de Aruza[?] # Juana de La Cruz # Maria de la candelaria # Ysabel # thomas hernandes # fran[cis]co de Bargas # fran[cis]co Xaramillo # Domingo el chino # Melchora su muger # Joseph etc. # Catalina etc. # Maria etc. # Juana # Juana de A[...]

Cassa y Estancia # Ant[oni]o de Escoto # D. Ynes Orni # fran[cis]ca de tobar # Ynes de tobar # Joseph de tobar # Ygnacio de tobar # Ana etc. # Juana etc.

Casa # fran[cis]co Muñoz # Ana Muñoz # fran[cis]ca de Mendoza # Lucia mulata etc. # Sebastian mulato etc.

Cassa y est[anci]a # fran[cis]co Muñoz de hermozillo # Mariana Lopes # Mariana de torres # Joseph Lomelin # Micaela de hermozillo # Justina laboria # Maria Juliesa[?] # fran[cis]co Collote[?] # Juana india # Nicolas etc.

Rancho # Mig[ue]l Cabeza # Lucia Sanches

Rancho # Nicolas Garzia # Y Maria Ramires

Rancho # Christobal Becerra # Juana hernandes # Mig[ue]l de Santillan # Martin Becerra # Geron[im]o Becerra # fran[cis]co Gutierres # Ju[an] Becerra

Estancia # Mig[ue]l de hermozillo # Maria de camarena # Juana Cabeza # Marcos lobo # P[edr]o hernandes # Phelipa de la Cruz

Casa # Joseph de Alva # Sebastiana de Vera # Agustina de Aldunza[?] # Petronila de Borbon[?] # Ju[an] de Santiago y Vera # D. Clemente de S[antia]go # Gaspar Castilla # Maria ...

Casa # Leonor de hermozillo # Maria Ramires # Ana mulata etc.

Casa y est[anci]a # Ynes de Mendoza # Andrea de Sabedra # Ant[oni]o de Sabedra # Ynes de Mendoza

Ant[oni]a de Sabedra # Josepha de la Cruz # Andrea de Olaguez[?] # Catalina de Villagomez # Juana # Maria # Juana de Baca negra # Y Pedro etc. # Ynes # Agustin de Vera[?]

Casa # Petronila de torres # Maria de Valdivia # Alonso Ramires # fran[cis]ca de torres # Juana de torres # Maria etc.

Estancia # fran[cis]co Gutierres Rubio # P[edr]o Gutierres # ... de Yzar # Maria etc. # Maria Gutierres # ... Gutierres # Mag[dale]na Maria # Ju[an] Simon

Estancia # D. Christobal Gil de Padilla # D. Lucia Gu[tierres] # fran[cis]co Gutierres # Anton Simon # Agus[ti]na ... # Catalina mulata # Marcos Gutierres # ... su muger

Casa # Nicolas de Ornelas # Margarita de Valdivia # Ju[an] de Valdivia # Mariana Lopez # ... de Ornelas # Nicolas de Ornelas

Cassa y labor # Mariana Ximenez # Joseph Cornejo # Ysabel de Olivares # Sebastian de Valdivia # Blas de Valdivia # Agueda de torres # Agueda de Valdivia # fran[cis]co de Olivares # Ant[oni]o de herrera etc. # Monica etc.

Casa est[anci]a y labor # Ju[an] Camacho # D. Josepha de Lazar # D. Ant[oni]o Ximenez # D. Teresa Richelmo[?] # Lucia etc. # Joseph Camacho # Joseph Martin # Phelipa su muger # Mig[ue]l ... # Lucia su muger # Gaspar de los Reyes # Gaspar laborio # Sebastian Camacho # Alberto Camacho # Mag[dale]na laboria # Lucia laboria # Juan # Diego Andres # Maria su muger # Pedro su hijo # Juan Angel # Catalina su muger # Miguel de Santiago # Ana su muger # Ju[an] ... # Maria su muger # Alonso ... # ... su muger

Rancho # Agustin Camacho # Ju[an] de Renova[?]

Casa # D. Joseph de Padilla # teresa Chamacho # Maria etc. # D. Diego de Padilla

Rancho # fran[cis]co de Paez # fran[cis]ca Sanches # fran[cis]ca ... # Joseph de Paez # Geronima de Paez # Catalina de Paez # Sebastian de Paez # fran[cis]co Mig[ue]l

Rancho # Joseph Sanches # Maria de Paez

Estancia # Mig[ue]l de la Cruz # Joseph Orni # Nicolas Suares # Mig[ue]l de la Cruz

Rancho # Andres Orni # Lucia Gutierres # fran[cis]co # Ju[an] Orni # Mig[ue]l Orni # Diego Orni

Rancho # Maria Tomasina # Ju de … Ma
+ Pedro de Padilla # Maria mulata
+ Ju Moreno esc.
Estancia # Benito Barba # Ana Muñoz # Josepha
Gutierres # Josepha de Torquemada
Rancho # Luis Barba # Ant de la Cruz
fran esclava
Estancia # fran Olivera # Catalina Sanches
Joseph de Isaaias
Rancho # Sebastian Gutierres # Maria Galindo
Catalina Galindo # fran de Mendoza
Ysabel Gonzales # Ma Galindo
+ Sebastian Gutierres
Estancia # Paula de Torres # Al Ramirez
Nicolas Ramirez # fran Muños
Gracia esc. # Nicolas de Santiago esc.
Esta # Ana Ma # Jusepe esc. # fran esc.
Gabriel Gonzales # Ma Albares
Rancho # Jusepe Gonzales + Gabriel Sanches
Balthazar Matias # Luisa Ximenes
+ Nicolas Ximenes # Rodrigo de Olivares
# Ju Maria # Cat esc.
Esta # Po Tenorio # Ma Flores + Ana Flores
Po indio laborio # Jusepe Truxillo + Ju
Esta # D. Po de Estrada + Andrea Beserra # fran
esc. # Ma esc. + Gaspar esc. # Domingo
Mulato # Lazaro de Hermosillo # Ma
Albarez # Luisa Truxillo # Cat Zala-
zar # Ana Maria
Rancho # Juana Flores # Cat Flores # Maria
Tafoia # Lucas Tafoia
Esta # Diego Gonzales # Diego Peres esc. # Cata-
rina esc. # Felipe Gonzales esc. Alonso
Gonzales esc. + Ju Mulata # Ju Gonza-
les Mulato + Ma Mulata # Nicolas …
Ana Salvatierra # Diego Fabi-
an laborio # Ana Lucia su muger
Beatriz de Arebalo # Gregorio laborio
fran Migl # Ma Ana + Blas …
+ Alonso Gonzales
Rancho # Christobal Beserra # Ju Hernandes # Ma
Beserra # Migl de Santistevan # Geronimo
Beserra # Christobal Beserra + Ja Beser-
ra + Migl Beserra
Rancho # Ant de Loa # Cat de los Angeles + Alexo
de Loa
Rancho # fran de Olivares # Magna Cabrera #
fran de Olivares # Ma de Mendoza # Antonio Ponse # Petronila de Olivares

Esta # Migl Gutierres # Ynes de Rodar + Ni…
las de Hermosillo # Gabriel Sanches
esc. + Mariana esc. # Migl Gatica
mulato
Esta # Melchor Gonzales de Hermosillo # …
tris Gonzales # Melchor Gonzales de …
fran de Renteria # Magna Sanches …
Marcos Sanches esc. + Diego de Sant…
ago esc. + Nicolas de Hermosillo …
Andres Gonzales + Ant indio # …
Rancho # Ant de Padilla + Ju Hernandes
Rancho # Diego Gomes # Ysabel Barron…
Sebastian Peres # Pedro Sanches …
Ynes Lopez # Ju Gomes + Lazaro …
Rancho # fran Vasques # Jusepa Ortiz …
Martin Vasques # Maria Ortiz …
Lorenzo Martin # fran Vasques …
dro Rochin # Ysabel de la Cruz …
Rancho # Ju Baptista # Maria Magna # Christ…
Sanches # Ma Hernandes # Nicolas …
Vita # fran Bautista
Rancho # Christobal Sanches # Ma …
Sanches # Nicolas de … # Chri…
stobal Sanches
Rancho # Al Peres # Ma … # Diego …
Esta # Migl Albares de la Cueva + Josepha …
Nicolas Albares + Ju Albares
Esta # Andres Monguecho # Luisa Gutierres
fran Ortiz + Ju Ortiz
Esta # Christobal Vasques de Lara # …
Christobal Garcia # Doña … Gan…
Bernardo Vasques # Diego Vasques
D. Manuel de Alcala # …
D. Ju de Alcala # Beatriz Vasques
de Alcala # Domingo … # …
Ciana esc. # Domingo esc. + Joseph …
Ynes esc. # Andres esc. # Ana …
Ynes esc. + Ma esc. # Ju esc. + Ma…
esc. # Joseph esc. # Isidro su muger
+ Nicolas + Melchor + Paula # Lore…
esc. # fran esc. # Ju indio # Ana esc.
su muger + Salvador esc. # Antonio …
Andres Bautista esc. # Josepha su
muger + Nicolas + Domingo …
Jose # Gaspar indio + Andres …
indio # Ma Martina su muger
Esta # Migl Vasques # … de Mendoza + Ca…
… Vasques + Fabian Vasques
… Josepha su muger + Marga…
… esc. # Joseph

+ Bartholome # M.ª Mulata # ...

Casas, estancias, y Ranchos del Pueblo de S. Ju.º en Contorno

Casa. # ...
Casa ...
Testamento ...
Casa y Estan.ª ...
Casa ...
Casa ...
Casa ...
Casa ...
Casa ...
Casa ...
Casa ...
Casa ...
Casa ...
Casa ...
Casa y Est.ª ...
Est.ª ...
Est.ª ...
Rancho ...
Rancho ...
Rancho ...
Rancho ...
Rancho ...
Rancho ...

Rancho ...
Rancho ...
Rancho ...
Rancho ...
Est.ª ...
Rancho ...
Est.ª ...
Rancho ...
Rancho ...
Est.ª ...
Rancho ...
Est.ª ...
Est.ª ...
Est.ª ...
Est.ª ...
Rancho ...
Est.ª ...

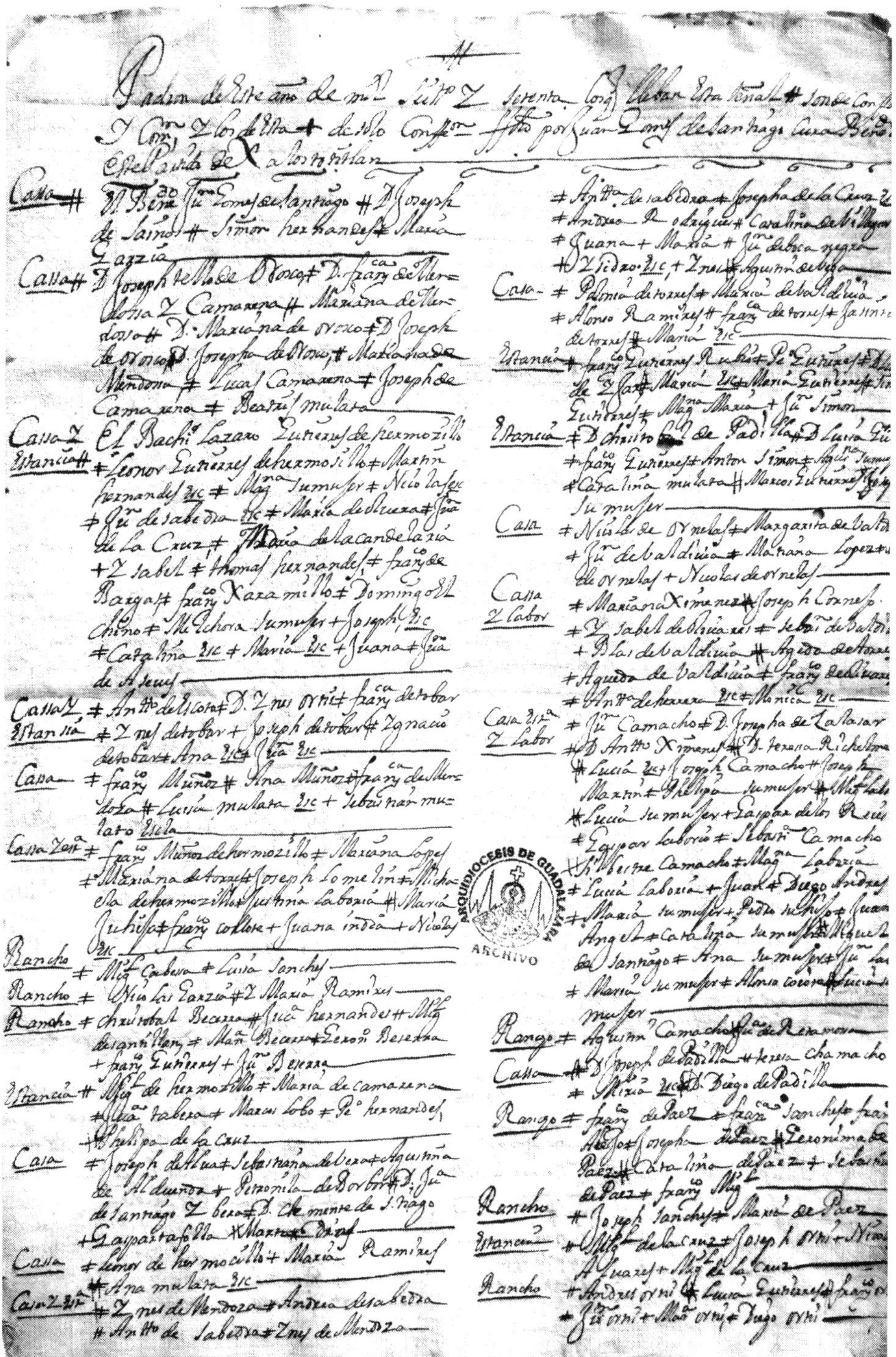
Padron de Este año de mil seis[cient]os y setenta con[fesiones] que ay en este [illegible] de con[fesion] y com[union] y los de esta + de solo confesion fho por Juan Gomez de Santiago Cura Ben[eficia]do [illegible] [illegible] de Xalostotitlan

Casa # El Ben[eficia]do Ju[an] Gomez de Santiago # D. Joseph de Sainos # Simon hernandez # Maria Garzia

Casa # D. Joseph Tello de Orozco # D. Fran[cis]ca de Mendoza y Camarena # Mariana de Mendoza # D. Mariana de Orozco # D. Joseph de Orozco # D. Josepha de Orozco # Maria Ana de Mendoza # Lucas Camarena # Joseph de Camarena # Beatris mulata

Casa y Estancia # El Bachiller Lazaro Gutierrez de hermozillo # Leonor Gutierrez de hermozillo # Martin hernandez [illegible] # Mag[dale]na su muger # Nicolasa [illegible] # Ju[an] de sabedra [illegible] # Maria de [illegible] # Ju[an]a de La Cruz # Maria de la Candelaria # Ysabel # thomas hernandez # fran[cis]co de Bargas # fran[cis]co Xaramillo # Domingo el chino # Melchora su muger # Joseph [illegible] # Catalina [illegible] # Maria [illegible] # Juana # Ju[an]a de [illegible]

Casa y Estancia # Ant[oni]o de Escoto # D. Ynes Ortiz # fran[cis]ca de tobar # Ynes de tobar # Joseph de tobar # Ygnacio de tobar # Ana [illegible] # Ju[an]a [illegible]

Casa # fran[cis]co Muñoz # Ana Muñoz # fran[cis]ca de Mendoza # Lucia mulata [illegible] # Sebastian mulato [illegible]

Casa [illegible] # fran[cis]co Muñoz de hermozillo # Mariana Lopez # Mariana de torres # Joseph Gomez [illegible] # Micaela de hermozillo # Justina Laboria # Maria su hija # fran[cis]co [illegible] # Juana india # Nicolas [illegible]

Rancho # Mig[ue]l Cabeza # Lucia Sanchez

Rancho # Nicolas Garzia # Ysabel Maria Ramirez

Rancho # Christobal Becerra # Ju[an]a hernandez # Mig[ue]l de [illegible] # Mar[tí]n Becerra # Geronimo Becerra # fran[cis]co Gutierrez # Ju[an] Becerra

Estancia # Mig[ue]l de hermozillo # Maria de Camarena # Ju[an]a Tabera # Marcos Lobo # P[edr]o hernandez # Phelipa de la Cruz

Casa # Joseph de Alva # Sebastiana de Vera # Agustina de Aldana # Geronima de Dorbon # D. Ju[an]a de Santiago y bera # D. Clemente de S[antia]go # Gaspar su hijo # Maria [illegible]

Casa # Leonor de hermozillo # Maria Ramirez # Ana mulata [illegible]

Casa y [illegible] # Ynes de Mendoza # Andrea de Sabedra # Ant[oni]o de Sabedra # Ynes de Mendoza

Ant[oni]a de Sabedra # Josepha de la Cruz [illegible] # Andrea de [illegible] # Catalina de Villa[illegible] # Juana # Maria # Ju[an] de [illegible] negro # Ysidro [illegible] # Ynes # Agustin de [illegible]

Casa # Polonia de torres # Maria de Valdivia # Alonso Ramirez # fran[cis]ca de torres # [illegible] de torres # Maria [illegible]

Estancia # fran[cis]co Gutierrez Rubio # P[edr]o Gutierrez # [illegible] de [illegible] # Maria [illegible] # Maria Gutierrez # [illegible] Gutierrez # Mag[dale]na Maria # Ju[an] Simon

Estancia # D. Christobal de Padilla # D. Lucia [illegible] # fran[cis]co Gutierrez # Anton Simon # [illegible] # Catalina mulata # Marcos Gutierrez # [illegible] su muger

Casa # Nicolas de Ornelas # Margarita de Valdivia # Ju[an] de Valdivia # Mariana Lopez # [illegible] de Ornelas # Nicolas de Ornelas

Casa y Labor # Mariana Ximenez # Joseph Cornejo # Ysabel de Olivares # Sebastian de Valdivia # Blas de Valdivia # Agueda de [illegible] # Agueda de Valdivia # fran[cis]co de [illegible] # Ant[oni]o de [illegible] # Monica [illegible]

Casa [illegible] y Labor # Ju[an] Camacho # D. Josepha de Salazar # D. Ant[oni]o Ximenez # D. Teresa [illegible] # Lucia [illegible] # Joseph Camacho # Joseph Martin # Phelipa su muger # [illegible] # Lucia su muger # Gaspar de los Reyes # Gaspar Laborio # Sebastian Camacho # [illegible] Camacho # Mag[dale]na Laboria # Lucia Laboria # Juan # Diego Andres # Maria su muger # Pedro su hijo # Juan Angel # Catalina su muger # [illegible] de Santiago # Ana su muger # Ju[an] [illegible] # Maria [illegible] su muger # Alonso [illegible] # Lucia su muger

Rancho # Agustin Camacho # [illegible] de Renteria

Casa # D. Joseph de Padilla # teresa Camacho # [illegible] # D. Diego de Padilla

Rancho # fran[cis]co de Paez # fran[cis]ca Sanchez # fran[cis]co [illegible] # Joseph de Paez # Geronima de Paez # Catalina de Paez # Sebastian de Paez # fran[cis]co Mig[ue]l

Rancho # Joseph Sanchez # Maria de Paez

Estancia # Mig[ue]l de la Cruz # Joseph Ortiz # [illegible] Suarez # Mig[ue]l de la Cruz

Rancho # Andres Ortiz # Lucia Gutierrez # fran[cis]co [illegible] # Ju[an] Ortiz # Mig[ue]l Ortiz # Diego Ortiz

Casa # Ju.o Vazquez # M.a Juana
Casa # P.o pasqual # M.a Mag.na
Casa # Cat.a Petrona viuda
Casa # fran.co Martin # ana Juarez
Casa # ana luisa viuda
Casa # P.o Jacobo # M.a Mag.na
Casa # anton felipe # luisa Justina
Casa # Migl. felipe # M.a de los angeles
Casa # Ju.o Melchor + M.a
Casa # angelina Mag.na viuda
Casa # L.o Gaspar # ana cat.a + agustin
Casa # P.o andres # M.a Mag.na
Casa # P.o Gaspar viudo
Casa # Cristobal sebastian # Pasquala M.a
Casa # Migl. felipe # ana elvira
Casa # Ju.o Vasquez # M.a Mag.na + alonso
Casa # fran.co Martin # M.a Mag.na + P.o pasqual + ana Ysabel
Casa # migl. felipe # M.a Mag.na
Casa # diego Migl # M.a angelina
Casa # Ju.o fran.co # Cat.a Juana
Casa # diego Gaspar # mag.na luisa # M.a Mag.na viuda
Casa # fran.co Baltasar viudo + fran.co
Casa # P.o Jacobo # Cat.a Marta
Casa # diego Melchor # ana Justina
Casa # anton Gonzalez # M.a Mag.na # Mag.na Gonzalez
Casa # P.o fran.co # Ju.a Dominga # M.a Salome viuda
Casa # P.o Migl # M.a Mag.na # Ju.a de la cruz viuda
Casa # P.o fran.co # M.a de los angeles
Casa # Ju.o pasqual # M.a Mag.na # M.a Mag.na viuda
Casa # P.o Gaspar # Cat.a Veronica + ana M.a
Casa # Ana Mag.na # ana Mag.na viudas
Casa # Ju.o Gaspar # M.a Ysabel
Casa # Ju.o agustin # Mag.na luisa + Ju.o
Casa # P.o Gaspar # Cat.a Ynes
Casa # diego de santiago # M.a Mag.na
Casa # fran.co Nicolas # M.a Mag.na
Casa # M.a Mag.na viuda + al.o Sebastian
Casa # fran.co lucas # Justina lucia # M.a Mag.na viuda + Cat.a Ju.a
Casa # ana luisa viuda
Casa # Migl. angel # Ju.a Cat.a
Casa # Martin gaspar # ana Ysabel # M.a lucia viuda # Mag.na Cat.a + ana Ysabel
Casa # Ju.o fran.co # Cat.a Ju.a
Casa # fran.co ambrosio hern.z # M.a Mag.na
Casa # M.a Mag.na # fran.co al.o
Casa # diego Melchor # M.a Salome
Casa # P.o Jacobo # ana Ysabel
Casa # diego melchor # ana Cat.a
Casa # fran.co nicolas # Ju.a hern.z
Casa # P.o Ju.o # M.a Mag.na + ana M.a
Casa # Ju.o Martin # M.a Mag.na Cat.a Marta, Cat.a Veronica
Casa # ana Ysabel viuda + Ju.o Martin + P.o Garcia

Pueblo de Mitic

Casa # P.o Baltasar alcalde # M.a Mag.na
Casa # Ju.o de abalos # Josepha martinez
Casa # Pasqual de abalos # Ju.a de la cruz + Juan Pasqual # Ju.a fran.ca + domingo
Casa # Maria Dominga de abalos # Mag.na Ysabel + barbara
Casa # fran.co Gaspar # Melchora de los Re[yes]
Casa # Cat.a M.a viuda + al.o hern.dez
Casa # diego Ju.o # Josepha teresa
Casa # Ju.o Matheo # M.a de santiago
Casa # Pablo ramirez viudo
Casa # fran.co sanchez # Petrona Mag.na + diego Melchor + Pablo Sanchez + agustin san[illegible]
Casa # fran.co Migl viudo
Casa # lazaro domingo # Ysabel Juana
Casa # Gaspar ramos # petrona luisa + fran[illegible]
Casa # Pedro Migl # ana lucia
Casa # fran.co de la cruz # fran.ca tomasa
Casa # Ysabel paloma viuda
Casa # Joseph baltasar # ana fran.ca + [illegible] + Josephe abalos
Casa # diego florez # ana beatriz + Gabriel
Casa # Gabriel hernandez # felipa Vazquez
Casa # Ju.a M.a viuda
Casa # P.o martin # Dominga suarez # [illegible]
Casa # Migl santiago # M.a Melchora + Ga[illegible] santiago
Casa # fran.co luiz # su muger clara angelina
Casa # Joseph martin # M.a Mag.na
Casa # lazaro sanchez # M.a Mag.na
Casa # luiz salvador viudo
Casa # baltasar Gonzalez # Ysabel lucia
Casa # fran.co de la cruz # Tomasa fran.ca luiz
Casa # Ju.o fran.co # Ysabel de la cruz
Casa # Al.o migl # M.a angelina
Casa # lucas martin # Mag.na lucia
Casa # fran.co Nicolas # felipa de la cruz + [illegible]
Casa # Gabriel sanchez # Ju.a luisa + Gab[illegible] Joseph

Pueblo de Teocaltitlan

Casa # Sebastian hern.dez alcalde # M.a Mag.na + margarita
Casa # Migl. ortega # Cat.a de la cruz + Beat[illegible] gomez
Casa # Sebastian hern.dez # Mag.na Maria
Casa # fran.co Migl viudo + fran.co lucas
Casa # Domingo ledesma # Pasquala de la cr[uz]
Casa # Migl. perez # M.a Mag.na + Juan perez
Casa # Ju.o Gutierrez # ana M.a
Casa # diego felipe # M.a pasquala
Casa # Sebastian de Mendoza + luisa [illegible] + domingo

Casa # Ju.º hernando # M.ª Susana
Casa # Ju.º lorenzo # Ju.ª Clara + Nicolas
Casa # Juan baltasar # M.ª Ysabel # Catalina de Mendosa + lucas
Casa # fran.co Sebastian # M.ª Paslina # lorensa de [illegible] + fran.ca
Casa # Ju.ª Clara Viuda
Casa # Gaspar melchor # ana m.ª
Casa # Ju.º Gonzales # angelina de peralta
Casa # Mig.l Matheo # Mag.na ana
Casa # fran.co Gonzales # [illegible] her.des
Casa # Al.º de la Cruz # Melchora de torres
Casa # Thomas de la Cruz Viudo

Pueblo de San Miguel

Casa # Ju.º diego alcalde # ana M.ª + ana Maria + Salvador + Ju.º de la cruz
Casa # Mig.l Bartolome de Santiago # Ju.ª Margarita + Bernabe de Santiago + Mig.l Santiago + M.ª de la cruz
Casa # fran.co Rodriguez # M.ª Mag.na
Casa # Mig.l her.z # lucia Clara
Casa # fran.co Gutierrez # M.ª Jacoba # ana Micaela
Casa # leonor de hermosillo # teresa muñoz, + Ysabel her.des
Casa # Ju.º [illegible] # Susana her.des
Casa # bernardo balverde # M.ª her.des
Casa # Ju.º leonicio # ana M.ª + Melchor leonicio + Baltasar
Casa # Ju.º fran.co # Ju.ª agata
Casa # Gaspar sanchez # ana lucia + Mig.l angel + Juliana sanchez
Casa # Mig.l angel # fran.ca angelina + agustina de la cruz + M.ª + Ysabel
Casa # blas de santillan Gutierrez # Ju.ª Vasquez
Casa # fran.co Mig.l # M.ª lucia + Mig.l de la cruz
Casa # M.ª Viuda
Casa # fran.co de santiago + Ju.º de la [illegible]
Casa # Diego felipe santiago # Clara de M.ª de Jesus [illegible] # tomasa de la Concep.on + leonor de hermosillo
Casa # Diego mig.l # agustina Petrona

Pueblo de Mesquitic

Casa # Cristobal Ju.º alcalde # Ines Monica + Clara + M.ª Maria
Casa # Ju.º Mateo # M.ª de ramos + salvador Gutierrez
Casa # Marcos Gonzales # Ysabel Vasquez + bartolome Gonzales + Marcos Gonzales
Casa # fran.co Martin # Tomasa de la cruz
Casa # Matias de la cruz # Pasquala de la cruz
Casa # ant.º moreno # Melchora de los reyes + Baltasar Suarez
Casa # Diego Bartolome # M.ª Mag.na + Baltasar Viudo

Casa # fran.co luis sotero + lorenzo
Casa # Ju.º Mateo # ana maria
Casa # Cat.na her.dez Viuda, + Melchora + M.ª
Casa # Ju.º Mig.l # tomasa de la cruz
Casa # P.º sanchez # [illegible] fran.ca
Casa # ana Beatriz # fran.ca Clara Viuda
Casa # fran.co sanchez # fran.ca Mag.na
Casa # P.º felipe # agustina [illegible]
Casa # Baltasar [illegible] # Mag.na Ysabel
Casa # Sebastiana # Veronica pasquala
Casa # P.º Martin # Pasquala de la cruz
Casa # Ju.º Gregorio # ana becerra # Tomas gonzales # Pasqual Becerra
Casa # Ju.º Marcos # Ju.ª Becerra
Casa # Nicolas her.dez # Micaela Gonzales
Casa # Mig.l fran.co # Ysabel M.ª
Casa # Ju.º Matheo # Cat.na su muger
Casa # Raphael de la cruz # Marcelina Ortiz
Casa # Andrea Polonia Viuda + Ju.º Vasquez + angelina Maria
Casa # Ju.º Vasquez # ana m.ª
Casa # Ju.º Baltasar # Ju.ª M.ª
Casa # Cat.na sanchez # su marido ausente
Casa # simon ferrer # fran.ca Cecilia
Casa # Pedro Rodriguez # lorensa felipa
Casa # ant.º Gonzales # Mag.na M.ª
Casa # Ju.º estevan # lucia de la cruz
Casa # Tomas flores # Mag.na M.ª
Casa # Bartolome rodriguez # M.ª de la cruz + Ju.º rodrigo # lucas # diego # M.ª Juana
Casa # Mariana Viuda
Casa # Ju.º de la trinidad # Margarita su muger # Ju.º de la trinidad

Pueblo de N.S. de S. Juan

Casa # domingo lopez alcalde # Mag.na lucia su muger # M.ª Mag.na su Madre
Casa # Ju.º hernandez # teresa de la cruz
Casa # andrea Juliana, # Marta Viuda
Casa # domingo suarez # Juana Vasquez + Juana + Beatriz
Casa # P.º de Zamora # Pasquala de los Reyes
Casa # Pasqual de los Reyes # Catarina
Casa # Joseph domingo # felipa her.dez + Matheo
Casa # Ju.º Salvador # ana M.ª # M.ª de la cruz [illegible] + Pasquala + diego domingo + [illegible]
Casa # felipe Vargas # M.ª Paloma + Pedro Vasquez + Ju.º Vasquez + felipe Vasq.z
Casa # Ju.º Martin # ana Vargas + andrea
Casa # Matias Lopez # Pasquala de los Reyes
Casa # Ju.º Mig.l # Monica

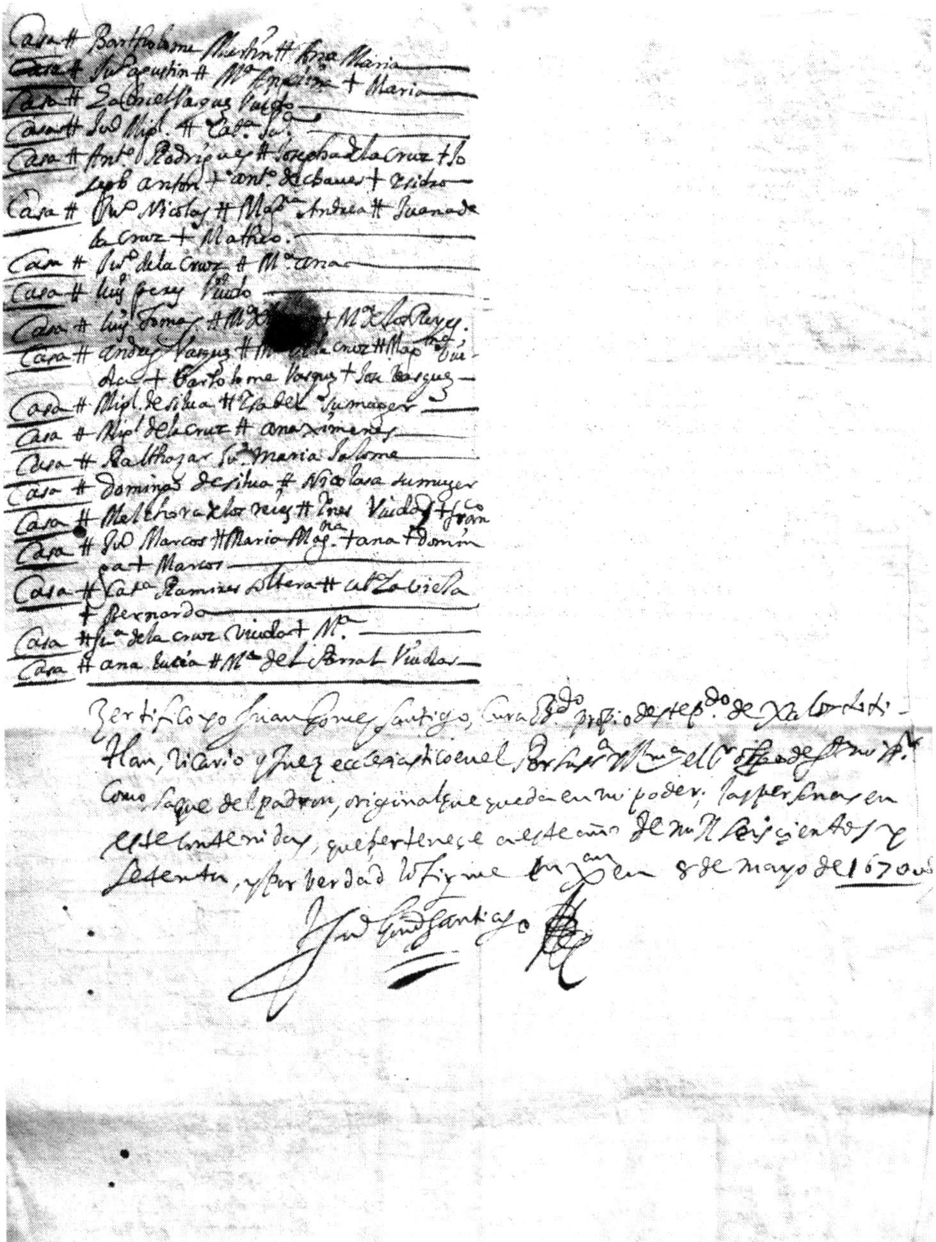

Casa # Bartholome Martin # Ana Maria
Casa # Ju° Agustin # M.ª Ramirez + Maria
Casa # Gabriel Vazquez viudo
Casa # Ju° Miguel # Cat.ª Ju.z
Casa # Ant.º Rodriguez # Josepha de la Cruz + Jo
seph Anton + Ant.º Esteban + Ysidro
Casa # Ju° Nicolas # Mag.ª Andrea # Juana de
la Cruz + Matheo.
Casa # Ju° de la Cruz # M.ª Ana
Casa # Luis Perez viudo
Casa # Luis Tomas # M.ª [illegible] + M.ª de los Reyes.
Casa # Andres Vazquez # M.ª de la Cruz # Mag.ª viu-
da + Bartolome Vazquez + Ju° Vazquez
Casa # Miguel de Silva # Ysabel su muger
Casa # Miguel de la Cruz # Ana Ximenez
Casa # Balthazar Ju.z # Maria Salome
Casa # Domingo de Silva # Nicolasa su muger
Casa # Melchora de los Reyes # Ines viuda + Fran.co
Casa # Ju° Marcos # Maria Mag.na + Ana + Domin
ga + Marcos
Casa # Cat.ª Ramirez soltera # [illegible]
+ Fernando
Casa # Ju.ª de la Cruz viuda + M.ª
Casa # Ana Lucia # M.ª de l[illegible] viudas

Certifico yo Juan Gomez Santiago, Cura Bdo. ... de Xalostotitlan, vicario y juez eclesiastico en el por su M.d ...
como saque del padron original que queda en mi poder, las personas en
el contenidas, que pertenece a este año de mil seiscientos y
setenta, y por verdad lo firme ... en 8 de mayo de 1670 a.s

Ju° Gomez Santiago

BIBLIOGRAFÍA

Gutiérrez Gutiérrez, José Antonio, *Jalostotitlán a través de los siglos,* Volumen Primero, Segunda Edición, Universidad de Guadalajara y Universidad Autónoma de Aguascalientes, Acento, 2001.

Archivo Histórico de la Arquidiócesis de Guadalajara (AHAG), "La Sagrada Mitra de Guadalajara"

- **Padron de 1650**; Sección: Gobierno; Serie: Padrones, Jalostotitlán; Caja: 33; Expediente: 15

- **Padron de 1670**; Sección: Gobierno; Serie: Padrones, Jalostotitlán; Caja: 33; Expediente: 11

Archivo particular del padre José R. Ramírez Mercado, Padrón del Partido de Jalostotitlán de 1649.

Made in the USA
San Bernardino, CA
27 November 2019

60549971R00085